16	3	2	13
5	10	11	8
9	6	7	12
4	15	14	1

Mikhail Bakhtin

Teoria do romance II
As formas do tempo
e do cronotopo

Tradução, posfácio e notas
Paulo Bezerra

Organização da edição russa
Serguei Botcharov e Vadim Kójinov

editora■34

EDITORA 34

Editora 34 Ltda.
Rua Hungria, 592 Jardim Europa CEP 01455-000
São Paulo - SP Brasil Tel/Fax (11) 3811-6777 www.editora34.com.br

Copyright © Editora 34 Ltda. (edição brasileira), 2018
Tradução @ Paulo Bezerra, 2018
Copyright © Mikhail Bakhtin
Published by arrangement with Elena Vladimirovna Ermilova
and Serguey Georgevich Bocharov. All rights reserved.

A FOTOCÓPIA DE QUALQUER FOLHA DESTE LIVRO É ILEGAL E CONFIGURA UMA
APROPRIAÇÃO INDEVIDA DOS DIREITOS INTELECTUAIS E PATRIMONIAIS DO AUTOR.

Título original:
Teória romana: fórmi vriémeni i khronótopa v románe

Capa, projeto gráfico e editoração eletrônica:
Bracher & Malta Produção Gráfica

Revisão:
Danilo Hora, Beatriz de Freitas Moreira

1ª Edição - 2018 (1ª Reimpressão - 2021)

CIP - Brasil. Catalogação-na-Fonte
(Sindicato Nacional dos Editores de Livros, RJ, Brasil)

B142t
Bakhtin, Mikhail (1895-1975)
Teoria do romance II: As formas do tempo
e do cronotopo / Mikhail Bakhtin; tradução,
posfácio e notas de Paulo Bezerra; organização da
edição russa de Serguei Botcharov e Vadim Kójinov
— São Paulo: Editora 34, 2018 (1ª Edição).
272 p.

ISBN 978-85-7326-712-9

Tradução de: Teória romana:
fórmi vriémeni i khronótopa v románe

1. Teoria literária. 2. Linguística.
3. Filosofia da linguagem. I. Bezerra, Paulo.
II. Botcharov, Serguei. III. Kójinov, Vadim
(1930-2001). IV. Título.

CDD - 801

Teoria do romance II
As formas do tempo e do cronotopo

Nota à edição brasileira 7

As formas do tempo e do cronotopo no romance....... 11
1. O romance grego.. 15
2. Apuleio e Petrônio... 47
3. Biografia antiga e autobiografia.......................... 71
4. O problema da inversão histórica
   e o cronotopo folclórico 91
5. O romance de cavalaria.. 99
6. As funções do pícaro, do bufão
   e do bobo no romance 109
7. O cronotopo rabelaisiano..................................... 119
8. Os fundamentos folclóricos
   do cronotopo rabelaisiano 169
9. O cronotopo idílico no romance 193
10. Observações finais.. 217

Folhas esparsas para *As formas do tempo
e do cronotopo no romance*................................... 238

Posfácio, *Paulo Bezerra* 249

Sobre o autor 266
Sobre o tradutor 268

Nota à edição brasileira

A teoria do romance de Mikhail Bakhtin foi originalmente concebida ao longo da década de 1930, mas suas partes só viriam a ser publicadas décadas depois.

Esta segunda parte, *As formas do tempo e do cronotopo no romance*, tem sua primeira versão num manuscrito de 1937-39, período em que o autor, proibido de residir nas capitais soviéticas por uma condenação política de 1928, morou em Saviólovo, no distrito de Kimri, próximo a Moscou, onde foi professor em duas escolas de ensino médio.

Foi apenas em 1973 que Bakhtin editou o manuscrito para publicação; o autor cortou e adicionou trechos, dividiu-o em capítulos e escreveu as "Observações finais" que fecham o livro. Essa versão foi incluída no volume *Questões de literatura e de estética*, publicado em 1975, poucos meses após a morte do autor.

A presente edição brasileira tem como base o mais recente estabelecimento deste texto, realizado por Serguei Botcharov e Vadim Kójinov para o tomo 3 das *Obras reunidas de Mikhail Bakhtin* — *Sobránie sotchiniênii v siémi tomakh, t. 3: Teória romana* (*Obras reunidas em sete tomos, t. 3: A teoria do romance*) — publicado em Moscou pela editora Iazikí Slaviánskikh Kultur em 2012. Esta versão incorpora as correções que o autor fez em manuscritos e cópias datilografadas, apenas recentemente organizadas e disponibilizadas aos pesquisadores.

No acervo do autor foram encontradas também as "Folhas esparsas para *As formas do tempo e do cronotopo no romance*", reproduzidas ao final desta edição, que consistem em rascunhos e variantes das ideias desenvolvidas no capítulo "Observações finais".

Este volume dá sequência a *Teoria do romance I: A estilística*, publicado pela Editora 34 em 2015, também em tradução direta do russo realizada por Paulo Bezerra. As notas do autor, Mikhail Bakhtin, estão assinaladas com (N. do A.); as notas do tradutor, com (N. do T.).

Teoria do romance II
As formas do tempo
e do cronotopo

As formas do tempo e do cronotopo no romance

Um ensaio de poética histórica

Na literatura, o processo de assimilação do tempo e do espaço históricos reais, e do homem histórico e real que neles se revela, transcorreu de forma complexa e descontínua. Assimilaram-se aspectos isolados do tempo e do espaço acessíveis apenas em dada fase histórica do desenvolvimento da humanidade, elaboraram-se nos gêneros os respectivos métodos de representação e formulação artística dos aspectos assimilados da realidade.

Chamaremos de *cronotopo* (que significa "tempo-espaço") a interligação essencial das relações de espaço e tempo como foram artisticamente assimiladas na literatura. Esse termo é empregado nas ciências matemáticas e foi introduzido e fundamentado com base na teoria da relatividade (Einstein). Para nós não importa o seu sentido específico na teoria da relatividade, e o transferimos daí para cá — para o campo dos estudos da literatura — quase como uma metáfora (quase, mas não inteiramente); importa-nos nesse termo a expressão de inseparabilidade do espaço e do tempo (o tempo como a quarta dimensão do espaço). Entendemos o cronotopo como uma categoria de conteúdo-forma da literatura (aqui não comentaremos o cronotopo em outros campos da cultura).[1]

---

[1] O autor dessas linhas assistiu em 1925 a uma palestra de A. A. Ukhtómski sobre o cronotopo na biologia. O palestrante ainda tratou de

No cronotopo artístico-literário[2] ocorre a fusão dos indícios do espaço e do tempo num todo apreendido e concreto. Aqui o tempo se adensa e ganha corporeidade, torna-se artisticamente visível; o espaço se intensifica, incorpora-se ao movimento do tempo, do enredo e da história. Os sinais do tempo se revelam no espaço e o espaço é apreendido e medido pelo tempo. Esse cruzamento de séries e a fusão de sinais caracterizam o cronotopo artístico.

O cronotopo tem um significado fundamental para os *gêneros* na literatura. Pode-se dizer, sem rodeios, que o gênero e as modalidades de gênero são determinados justamente pelo cronotopo, e, ademais, que na literatura o princípio condutor no cronotopo é o tempo. O cronotopo como categoria de conteúdo-forma determina (em grande medida) também a imagem do homem na literatura; essa imagem sempre é essencialmente cronotópica.[3]

Como já dissemos, a assimilação do cronotopo real e histórico na literatura transcorre de modo complexo e descontínuo: assimilaram-se alguns aspectos determinados do cronotopo, acessíveis em dadas condições históricas, elaboraram-se apenas certas formas de representação artística do

---

questões de estética. (N. do A.) [Aleksei Aleksêievitch Ukhtómski (1875-1942) foi um importante fisiologista russo, cujas pesquisas exerceram grande influência sobre a filosofia, a antropologia e parte da crítica literária soviéticas. (N. do T.)]

[2] Ou ficcional. Ver a respeito no posfácio a esta edição. (N. do T.)

[3] Em sua "Estética transcendental" (uma das seções basilares da *Crítica da razão pura*), Kant define o espaço e o tempo como formas necessárias de todo conhecimento, a começar pelas percepções e representações elementares. Aceitamos a apreciação kantiana do significado dessas formas no processo de conhecimento, mas, à diferença de Kant, não as concebemos como "transcendentais" e sim como formas da própria realidade factual. Tentaremos revelar o papel dessas formas no processo do conhecimento artístico concreto (da visão artística) nas condições do gênero romanesco. (N. do A.)

cronotopo real. Essas formas de gênero, produtivas de início, foram respaldadas pela tradição e no desenvolvimento posterior continuaram a existir tenazmente mesmo quando já haviam perdido completamente sua importância realisticamente produtiva e adequada. Daí coexistirem na literatura fenômenos profundamente heterotemporais, o que confere extrema complexidade ao processo histórico-literário.

Nos ensaios de poética histórica que propomos, tentaremos mostrar esse processo usando o material do desenvolvimento das diferentes variedades de gênero do romance europeu, começando pelo chamado "romance grego" e terminando com o romance de Rabelais. A relativa estabilidade tipológica dos cronotopos dos romances elaborados nesses períodos nos permitirá lançar um olhar prospectivo sobre algumas variedades do romance nos períodos posteriores.

Não temos a pretensão de que as nossas formulações e definições teóricas sejam plenas e exatas. Só há pouco tempo iniciou-se em nosso país e no exterior um sério trabalho voltado para o estudo das formas do tempo e do espaço na arte e na literatura. Em seu posterior desenvolvimento, este trabalho completará as características dos cronotopos do romance que apresentamos neste nosso estudo e, talvez, venha a corrigi-las em sua essência.

1

O romance grego

Já no terreno da Antiguidade, foram criados três tipos essenciais de unidade romanesca e, portanto, os três respectivos modos de assimilação artística do tempo e do espaço no romance, ou, em termos breves, três cronotopos do romance. Esses três tipos se mostraram extraordinariamente produtivos e flexíveis, e em grande parte determinaram o desenvolvimento de todo o romance de aventuras até meados do século XVIII. Por isso, é necessário começar por uma análise mais detalhada dos três tipos antigos, para podermos depois desdobrar sucessivamente as suas variações no romance europeu e desvelar um tipo novo, que foi criado já em terreno europeu.

Em todas as análises subsequentes, concentraremos a nossa inteira atenção na questão do tempo (esse princípio condutor no cronotopo) e de tudo que tem uma relação direta e imediata com ele. Deixaremos quase inteiramente de lado todas as questões de ordem histórico-estética.

Por uma questão de convenção, chamaremos de "romance aventuresco de provação" o primeiro tipo de romance clássico (primeiro não no sentido cronológico). Aqui trataremos do chamado romance "grego" ou "sofista" que se desenvolveu durante os séculos II a VI da nossa era.

Mencionarei protótipos que chegaram completos aos nossos dias e estão disponíveis em tradução russa: *Uma história etíope* ou *Etiópica* de Heliodoro, *Leucipe e Clitofonte* de Aquiles Tácio, *Quéreas e Calírroe* de Cáriton, *As efesíacas* de Xenofonte de Éfeso, *Dáfnis e Cloé* de Longo.[4] Alguns exemplos característicos chegaram aos nossos dias em fragmentos ou adaptações.

Nesses romances encontramos um tipo de *tempo aventuresco* alta e sutilmente elaborado, com todas as suas nuanças e particularidades específicas. A elaboração desse tempo e a técnica de seu emprego no romance já são tão elevadas e completas, que todo o posterior desenvolvimento do romance puramente aventuresco até os nossos dias não lhes acrescenta nada de substancial. Por esse motivo as particularidades específicas do tempo aventuresco melhor se revelam em materiais desses romances.

Os enredos de todos esses romances (assim como os de seus sucessores imediatos e diretos — os romances bizantinos) revelam enorme semelhança e, no fundo, constituem-se essencialmente dos mesmos elementos (motivos); em cada um dos romances varia a quantidade desses elementos, seu peso específico no conjunto do enredo, suas combinações. É fácil compor um esquema sinóptico geral e típico do enredo com a indicação dos desvios e variações particulares mais importantes. Vejamos o seguinte esquema:

Um casal de jovens em *idade de casar*. Sua origem é *desconhecida, misteriosa* (não, nem sempre; por exemplo, isso não ocorre em Tácio). Os dois são dotados de uma *beleza rara*. E também excepcionalmente *castos*. Súbito, os dois se encontram; de hábito, numa *festa solene*. Explodem numa paixão mútua *repentina* e *instantânea*, insuperável, como um fado, como uma doença sem cura. Mas o seu casamento não pode se realizar logo. Esbarra em obstáculos que o *retardam*.

---

[4] Dois desses títulos foram publicados pela Edições Cosmos, de Portugal: *Os amores de Leucipe e Clitofonte*, em tradução de Abel N. Pena, e *As efesíacas*, em tradução de Vítor Ruas. A *Etiópica* é por vezes referida como *Teágenes e Cariclèa*. Há uma tradução de *Quéreas e Calírroe*, realizada por Adriane da Silva Duarte, a sair pela Editora 34. (N. do T.)

Os apaixonados *estão separados, procuram* um ao outro, *encontram-se*; tornam a *perder* um ao outro, tornam a encontrar-se. Obstáculos e incidentes habituais com os enamorados: o rapto da noiva na véspera do casamento, a *recusa dos pais* (quando estes existem), que predestinam para os apaixonados outros noivo e noiva (os *falsos casais*), fuga dos apaixonados e sua viagem, a tempestade marinha, o *naufrágio*, o salvamento mágico, o ataque de *piratas, aprisionamento* e *cárcere*, o atentado contra a castidade do herói e da heroína, o sacrifício purificatório da heroína, guerras, batalhas, a *venda como escravos*, as *mortes fictícias, travestimentos*, o reconhecimento/não reconhecimento, traições fictícias, a tentação da castidade e da fidelidade, as falsas acusações de crime, as provações judiciais da castidade e da fidelidade dos apaixonados. Os heróis encontram seus pais (caso eles sejam desconhecidos). Cabe um importante papel aos encontros com amigos ou inimigos inesperados, palpites, vaticínios, sonhos proféticos, pressentimentos, poções para dormir. O romance termina com a feliz união dos apaixonados em matrimônio. Esse é o esquema dos momentos basilares do enredo.

A ação desse enredo se desenrola num meio geográfico amplo e variado, amiúde em três ou cinco países separados por mares (Grécia, Pérsia, Fenícia, Egito, Babilônia, Etiópia, etc.). O romance apresenta descrições às vezes muito detalhadas de algumas particularidades de países, cidades, diversas edificações, obras de arte (quadros, por exemplo), usos e costumes da população, diversos tipos de animais exóticos e maravilhosos e outras curiosidades e raridades. Paralelamente a isso, são incluídas no romance reflexões (às vezes bastante amplas) sobre diferentes temas religiosos, filosóficos, políticos e científicos (sobre o destino, os presságios, o poder de Eros, as paixões humanas, lágrimas, etc.). Têm grande peso específico nos romances os discursos das personagens — os de defesa e de outros tipos —, construídos segundo todas as regras da retórica tardia. Assim, por sua composição o romance grego tende a certo enciclopedismo, em geral inerente a esse gênero.

Todos os referidos elementos do romance (em sua forma abstrata), tanto os do enredo como os descritivos e os retóricos, sem exceção, não têm nada de novos — estavam todos presentes e bem elaborados em outros gêneros da literatura antiga: os motivos amorosos (o primeiro encontro, a paixão à primeira vista, a saudade) foram elaborados na poesia amorosa do helenismo; outros motivos (tempestades, naufrágios, guerras, raptos) foram desenvolvidos pela epopeia antiga; alguns motivos (o reconhecimento) desempenharam um papel substancial na tragédia; os motivos descritivos foram elaborados no romance geográfico antigo e nas obras historiográficas (em Heródoto, por exemplo); as reflexões e os discursos, em gêneros retóricos. Pode-se avaliar de diferentes maneiras o significado da elegia amorosa, do romance geográfico, da retórica, do drama e do gênero historiográfico no processo de nascimento (gênesis) do romance grego, mas não se pode negar certo sincretismo nos elementos do gênero do romance grego. Ele empregou e refundiu em sua estrutura quase todos os gêneros da literatura antiga.

Contudo, todos esses diferentes elementos constituintes do gênero estão aqui refundidos e reunidos numa unidade romanesca nova e específica, cujo elemento constitutivo é o tempo romanesco da aventura. Num *cronotopo* totalmente novo — *um mundo alheio*[5] *no tempo aventuresco* —, os diferentes elementos do gênero ganharam um caráter novo e funções especiais, e por isso deixaram de ser o que eram em outros gêneros.

---

[5] Tradução do original *tchujói*, que significa "alheio", "estranho" ou "estrangeiro" e também "outro", este último mais consentâneo com o papel fundamental que Bakhtin atribui ao *outro* na formação e no desenvolvimento do romance. Por isso, empregamos ora "alheio", ora "outro", ora "estranho", e só muito raramente "estrangeiro". (N. do T.)

Mas qual é a essência do tempo aventuresco nos romances gregos?

O ponto de partida do movimento do enredo é o primeiro encontro do herói com a heroína e a repentina explosão de paixão entre eles; e o ponto de chegada da ação do enredo é a feliz união dos dois em matrimônio. É entre os dois pontos que se desenrolam todas as ações do romance. Tais pontos — limites da ação do enredo — são os acontecimentos essenciais nas vidas dos heróis, e têm por si mesmos um significado biográfico. Entretanto, a construção do romance não se funda neles, mas no que há (realiza-se) *entre* eles. Contudo, não deve haver nada *essencial* entre os dois pontos: desde o início o amor do herói e da heroína não suscita nenhuma dúvida, e esse amor permanece *absolutamente inabalável* ao longo de todo o romance, preserva-se a castidade dos dois, o casamento no final do romance *funde-se naturalmente* com o amor dos heróis que rebentou logo no primeiro encontro, no início do romance, como se nada tivesse acontecido entre esses dois momentos, como se o casamento tivesse sido realizado no dia seguinte ao encontro. Os dois momentos contíguos da vida biográfica e do tempo biográfico fundiram-se de modo natural. Aquela ruptura, aquela pausa, aquele hiato que surge entre esses dois momentos biográficos imediatamente contíguos, e justo no qual se constrói todo o romance, não entra na série biográfica temporal, situa-se fora do tempo biográfico; ele não altera em nada as vidas dos heróis, não acrescenta nada a elas. Trata-se justamente de um hiato extratemporal entre dois momentos do tempo biográfico.

Se a coisa fosse diferente, se, por exemplo, como resultado das provações e das aventuras vividas, a paixão inicial e repentinamente surgida entre os heróis tivesse ganhado força, passado por uma experiência concreta e adquirido as novas qualidades de um amor sólido e experimentado, ou se os próprios heróis tivessem amadurecido e conhecido melhor um ao outro, então estaríamos diante de um tipo de romance muito tardio, sem nada do romance aventuresco europeu e jamais do romance grego. Pois nesse caso, embora os limites do enredo permanecessem os mesmos (a paixão no início, o casamento no final), as próprias peripécias que retardam o casamento ganhariam certo sentido biográfico ou ao menos psicológico, seriam incorporadas ao tempo real da vida dos heróis, tempo esse que muda eles próprios e os acontecimentos (essenciais) de suas vidas. Mas é justamente isso que não existe no romance grego: aqui há um nitidíssimo hiato entre os dois momentos do tempo biográfico, o qual não deixa nenhum *vestígio* nas vidas dos heróis nem em seus caracteres.

Todos os acontecimentos do romance que preenchem tal hiato são mero desvio do curso normal da vida, desprovidos da duração real dos acréscimos a uma biografia normal.

Esse tempo do romance grego carece até de uma duração etária elementarmente biológica. Os heróis se encontram em idade matrimonial no início do romance e, com a mesma idade matrimonial e igualmente belos e viçosos, casam-se no final. Esse tempo, durante o qual eles vivem o mais inverossímil número de aventuras, não é medido nem contado no romance; são simplesmente dias, noites, horas e instantes tecnicamente mensurados apenas no âmbito de cada aventura particular. Esse tempo aventuresco extraordinariamente intensivo, mas indefinido, não conta absolutamente para a idade dos heróis. Aqui também se trata de um hiato extratemporal entre os dois momentos biológicos — o despertar da paixão e sua satisfação.

Quando, em seu *Cândido*, Voltaire criou uma paródia do romance de aventuras do tipo grego, que imperou nos séculos XVII e XVIII (o chamado "romance barroco"),[6] ele, entre outras coisas, não deixou de medir a quantidade de

---

[6] Na França, também conhecidos como *roman héroïque* ou *roman précieuse*. (N. do T.)

tempo real que seria necessária à habitual dose romanesca de aventuras e "reveses da sorte" do herói. No fim do romance, seus heróis (Cândido e Cunegundes), tendo superado todos os reveses, unem-se num enlace feliz e predestinado. Mas infelizmente eles já estão velhos, e a bela Cunegundes se parece com uma bruxa velha e disforme. Quando a paixão dá lugar ao prazer, este já é biologicamente impossível!

É evidente que o tempo aventuresco dos romances gregos carece de qualquer caráter cíclico natural e consuetudinário capaz de pôr ordem temporal e mensuradores humanos nesse tempo, para assim ligá-lo a elementos que se repetem na vida da natureza e do homem. É claro que no tempo aventuresco não se pode nem falar de localização histórica. Em todo o universo do romance grego, com todos os seus países, cidades, edificações, obras de arte, estão de todo ausentes quaisquer indícios do tempo histórico, quaisquer vestígios da época. Isso se explica ainda pelo fato de que até hoje a cronologia dos romances gregos não foi estabelecida de modo científico, e de que até recentemente as opiniões dos pesquisadores sobre a época em que se originaram certos romances divergiam de cinco ou seis séculos.

Desse modo, toda a ação do romance grego, todas as aventuras e os acontecimentos que o povoam ficam de fora das séries temporais, sejam elas históricas, consuetudinárias, biográficas ou elementarmente etário-biológicas. Tais ações, acontecimentos e aventuras situam-se fora dessas séries e das leis e mensuradores humanos a elas inerentes. Nesse tempo nada muda: o mundo permanece o mesmo; em termos biográficos, a vida dos heróis também não muda, seus sentimentos permanecem igualmente inalterados, nesse tempo tampouco as pessoas envelhecem. Esse tempo vazio não deixa vestígio em lugar algum, nenhum sinal conservado do seu curso. Trata-se, repetimos, de um hiato extratemporal, surgido entre dois momentos de uma série temporal real, neste caso, da série biográfica.

Assim é esse tempo aventuresco no seu conjunto. Como é ele em seu interior?

Ele se constitui de uma série de breves fragmentos correspondentes às aventuras isoladas; no interior de cada uma delas o tempo se organiza de modo técnico-externo: o importante é conseguir fugir; conseguir alcançar, ultrapassar, estar ou não estar na hora certa em determinado lugar, encontrar-se ou não, etc. No âmbito de uma aventura isolada, os dias, as noites, as horas, até mesmo os minutos e os segundos contam como em qualquer luta e em qualquer empreendimento ativo e externo. Esses fragmentos temporais são inseridos e cruzados pelos específicos "súbito" e "justamente".

"Súbito" e "justamente" são as características mais adequadas de todo esse tempo, pois em geral ele se inicia e se manifesta plenamente quando é interrompido o curso normal e pragmático, ou casualmente assimilado, dos acontecimentos, tendo lugar a irrupção do *mero acaso* com sua lógica específica. Essa lógica é uma *coincidência casual*, isto é, uma *simultaneidade casual* e uma *ruptura casual*, ou seja, uma *heterotemporalidade casual*. Além disso, nessa simultaneidade ou heterotemporalidade casual, o "antes" e o "depois" também têm uma importância substancial e decisiva. Era só acontecer algo um minuto antes ou um minuto depois, ou seja, faltar certa simultaneidade ou heterotemporalidade casual e não haveria nenhum enredo nem sobre o que escrever um romance.

"Eu estava na casa dos dezenove anos e meu pai preparava meu casamento para o ano seguinte, quando o *Destino começou o seu jogo*", conta Clitofonte (*Leucipe e Clitofonte* (livro I, capítulo 3).[7]

---

[7] Aquiles Tácio, *Leucipe e Clitofonte*, Moscou, 1925. (N. do A.)

É esse "jogo do destino", seu "súbito" e "justamente", que compõe todo o conteúdo do romance.

Inesperadamente começou a guerra entre trácios e bizantinos. No romance não há uma palavra sobre as causas dessa guerra, mas é graças a ela que Leucipe aparece na casa do pai de Clitofonte. "Mal a vi, no mesmo instante me perdi", conta Clitofonte.

Mas outra noiva já havia sido destinada a Clitofonte. Seu pai começa a apressar o casamento, marca-o *para o dia seguinte* e dá início às oblações prévias: "Quando ouvi isso, considerei-me perdido e comecei a inventar um ardil por meio do qual eu conseguisse adiar o casamento. Enquanto eu me ocupava com isso, ouviu-se *inesperadamente* um ruído na metade masculina da casa" (II, 12). Acontece que uma águia roubara a carne sacrificial preparada pelo pai. Isso é um mau agouro, e o casamento teve de ser adiado por alguns dias. E justamente durante esses dias, graças a um acaso, a noiva destinada a Clitofonte foi raptada, confundida por engano com Leucipe.

Clitofonte decide penetrar nos aposentos de Leucipe. "*Assim que* entrei nos aposentos da moça, *aconteceu* o seguinte com a mãe dela: um sonho a deixou alarmada" (II, 23). Ela entra nos aposentos da filha e surpreende Clitofonte, mas ele consegue escapar sem ser reconhecido. No entanto, no dia seguinte, tudo poderia ser descoberto, por isso Clitofonte e Leucipe têm de fugir. Toda a fuga é construída sobre uma cadeia de "súbito" e "justamente" casuais, favoráveis aos heróis. "É preciso dizer que Komar, que nos vigiava, *nesse dia por acaso* deixou a casa a fim de cumprir uma incumbência de sua senhora. [...] Tivemos sorte; tendo chegado ao ancoradouro de Beirute, encontramos lá um navio que ia zarpar e que já se preparava para soltar as amarras."

No navio: "*Por acaso*, a nosso lado instalou-se um jovem" (II, 31-32). Ele se torna um amigo e desempenha um papel considerável nas aventuras posteriores.

Seguem-se a tradicional tempestade e o naufrágio. "No terceiro dia de nossa viagem, uma *repentina* escuridão se espalha pelo céu claro e encobre a luz do dia" (III, 1). Durante o naufrágio todos morrem, mas os heróis se salvam graças a um feliz acaso: "E eis que quando o navio se partiu, uma divindade benfazeja conservou uma parte da proa para nós". Eles são lançados à margem: "E nós, ao anoitecer, *graças a um acaso* fomos levados até Pelúsio, e com alegria chegamos a terra" (III, 5).

Verifica-se posteriormente que todos os outros heróis, que se considerava que haviam morrido no naufrágio, também tinham se salvado graças a felizes acasos. Mais tarde eles aparecem exatamente na hora e no lugar em que os heróis necessitam de ajuda urgente. Clitofonte, convencido de que Leucipe fora sacrificada pelos bandidos, decide suicidar-se: "Eu trouxe a espada para me matar no lugar da imolação de Leucipe. *Súbito*, vejo dois homens — a noite estava enluarada — correndo diretamente na minha direção [...] mas acontece que eram Menelau e Sátiro. Embora fosse tão *inesperada* a visão de meus amigos vivos, não os abracei nem fiquei tomado de felicidade" (III, 17). Evidentemente, os amigos impedem o suicídio e informam que Leucipe está viva.

Já ao término do romance, Clitofonte é condenado à pena de morte por uma falsa acusação, e antes da execução deve ser torturado. "Algemaram-me, tiraram-me a roupa do corpo, penduraram-me numa verga; os carrascos trouxeram os açoites, outros a forca, e acenderam o fogo. Clínias soltou um brado e começou a invocar os deuses — *quando súbito*, à vista de todos, aproxima-se o sacerdote de Ártemis, coroado de louros. Sua aproximação era o sinal da chegada do cortejo solene em honra da deusa. Quando isso acontece, as execuções devem ser interrompidas por vários dias, até que os participantes do cortejo terminem os sacrifícios. Então foi assim que fui libertado das algemas" (VII, 12).

Passados alguns dias, tudo se esclarece e o assunto ganha outro rumo, claro que não sem uma série de novas coincidências e rupturas casuais. Leucipe estava viva. O romance termina com um casamento feliz.

Como vemos (e citamos aqui apenas um número ínfimo de simultaneidades e heterotemporalidades casuais), o tempo aventuresco leva no romance uma vida bastante tensa; um dia, uma hora, e até um minuto *antes* ou *depois* têm em toda parte um significado decisivo e fatal. As próprias aventuras se enfiam umas nas outras numa série extratemporal e, em essência, infinita; ora, ela pode ser prolongada o quanto se quiser, pois não tem em si nenhuma limitação interna substancial. Os romances gregos são relativamente pequenos. No século XVII, o tamanho dos romances de construção análoga aumentou de dez a quinze vezes.[8] Não há nenhum limite interno para tal aumento. Todos esses dias, horas e minutos, mensurados no âmbito de certas aventuras, não estão unificados numa série temporal real, não se tornam os dias e as horas da vida humana. Essas horas e os dias não deixam vestígios em lugar algum, e por isso podem aparecer em qualquer número.

Todos os elementos do infinito tempo aventuresco são guiados por uma força: o *acaso*. Porque, como vemos, todo esse tempo é constituído de simultaneidades casuais e heterotemporalidades casuais. O tempo aventuresco "do acaso" é o peculiar *tempo da interferência das forças irracionais na vida humana*; interferência do destino (*Tykhe*), de deuses e demônios, de magos-feiticeiros nos romances de aventuras tardios — vilões romanescos que, enquanto vilões, usam justamente a simultaneidade casual e a heterotemporalidade ca-

---

[8] Eis as dimensões dos romances mais famosos do século XVII: *L'Astrée* de Honoré d'Urfé, com cinco volumes e mais de 6 mil páginas; *Cléopâtre*, de Gautier de La Calprenède, com doze volumes e mais de 5 mil páginas; *Arminius und Thusnelda*, de Daniel von Lohenstein, com dois volumes enormes e mais de 3 mil páginas. (N. do A.)

sual como seus instrumentos: "espreitam", "aguardam", lançam-se "súbito" e "justamente".

Os elementos do tempo aventuresco situam-se nos pontos de ruptura do curso normal dos acontecimentos, da série normal, casual ou finalística da vida, nos pontos onde essa série é interrompida e dá lugar à interferência de forças não humanas: o destino, os deuses, os vilões. É exatamente a essas forças e não aos heróis que cabe *toda a iniciativa* no tempo aventuresco. Nesse tempo, é evidente que os próprios heróis agem — fogem, defendem-se, lutam, salvam-se —, mas agem, por assim dizer, fisicamente, a eles não cabe a iniciativa; até o amor lhes é enviado inesperadamente pelo todo-poderoso Eros. Nesse tempo, as coisas apenas acontecem às pessoas (por vezes se lhes acontece conquistar um reino); o genuíno homem aventuresco é o homem do acaso; ele ingressa no tempo aventuresco enquanto um homem a quem aconteceu algo. Nesse tempo a iniciativa não cabe às pessoas.

É perfeitamente compreensível que os elementos do tempo aventuresco, todos esses "súbito" e "justamente", não possam ser previstos com ajuda de análise racional, estudo, sábia previsão, experiência, etc. Por outro lado, esses elementos são reconhecidos com a ajuda de adivinhações, auspícios, lendas, predições de oráculos, sonhos proféticos, pressentimentos. Os romances gregos estão repletos de tudo isso. Mal "o Destino começou o seu jogo" com Clitofonte, ele tem um sonho profético que lhe revela o futuro encontro com Leucipe e a aventura dos dois. E daí por diante o romance estará repleto de manifestações semelhantes. O destino e os deuses mantêm em suas mãos a iniciativa dos acontecimentos, e são eles mesmos que comunicam suas vontades às pessoas: "Amiúde a divindade gosta de revelar o futuro às pessoas durante a noite", diz Aquiles Tácio pela boca de seu Clitofonte, "não para que elas evitem os sofrimentos (pois não podem tomar o controle do que foi decretado pelo destino), mas para que possam suportar seus sofrimentos com maior facilidade" (I, 3).

Onde quer que o tempo aventuresco de tipo grego apareça no desenvolvimento posterior do romance europeu, a iniciativa é transferida para o *acaso*, que governa a simultaneidade e a heterotemporalidade dos fenômenos, quer como uma força impessoal e não nomeada no romance, quer como o destino, quer como a providência divina ou como "vilões" e "benfeitores misteriosos" romanescos. Ora, esses últimos também estão presentes nos romances históricos de Walter Scott. Junto com o acaso (em suas várias máscaras) incorporam-se inevitavelmente ao romance vários tipos de profecias, em particular sonhos proféticos e pressentimentos. E, claro, não é obrigatório que todo o romance esteja construído no tempo aventuresco do tipo grego, bastando certa mistura de elementos desse tempo com outras séries temporais para que surjam fenômenos inevitavelmente concomitantes com ele.

Nesse tempo aventuresco do acaso, dos deuses e dos vilões, com sua lógica específica, no século XVII, nos primeiros romances históricos europeus, foram introduzidos também os destinos dos povos, dos reinos e das culturas. Por exemplo, no romance *Artamênis ou o Grande Ciro*, de Scudéry, no romance *Arminius und Thusnelda*, de Lohenstein, e nos romances históricos de La Calprenède. É criada uma "filosofia da história" peculiar, que penetra esses romances e confere àquele hiato extratemporal, formado entre dois momentos da série temporal real, a solução dos destinos históricos.

Através do elo intermediário do "romance gótico", vários elementos do romance histórico barroco penetraram no romance histórico de Walter Scott, determinando algumas de suas peculiaridades: ações secretas de benfeitores misteriosos e vilões, o papel específico do acaso e toda espécie de profecias e pressentimentos. Evidentemente, tais elementos jamais são dominantes no romance de Walter Scott.

Ressalvemos logo que aqui se trata da *casualidade da iniciativa* específica do tempo aventuresco do tipo grego, e não da casualidade em geral. De modo geral, o acaso é uma das formas de manifestação da necessidade e, como tal, pode ter lugar em qualquer romance, como o tem na própria vida. Nas séries temporais humanas mais reais (de variado grau de realidade), aos elementos da casualidade da iniciativa do tipo grego correspondem os elementos (naturalmente, não se pode nem falar de uma *rigorosa* correspondência em termos gerais) do erro humano, do crime (em parte já no romance barroco), da dúvida e da escolha, das decisões humanas centradas numa iniciativa.

Ao concluir nossa análise do tempo aventuresco no romance grego, ainda devemos nos referir a um elemento mais geral — precisamente a alguns motivos que entram como elementos constitutivos nos enredos dos romances. Motivos como encontro/despedida (separação), perda/obtenção, buscas/descoberta, reconhecimento/não reconhecimento, entre outros, entram como elementos constitutivos do enredo não só de romances de várias épocas e de vários tipos, mas em obras literárias de outros gêneros (épicos, dramáticos e até líricos). Esses motivos são cronotópicos por natureza (é verdade que de modo diverso nos diferentes gêneros). Aqui nos deteremos num único motivo que, entretanto, é provavelmente o mais importante: o *motivo do encontro*.

Em qualquer encontro (como já mostramos na análise do romance grego), a definição do tempo ("num mesmo tempo") é inseparável da definição do espaço ("num mesmo lugar"). No motivo negativo — "não se encontraram", "separaram-se" — também é mantida a natureza cronotópica, mas um ou outro membro do cronotopo aparece com um signo negativo: não se encontraram porque não estavam em dado lugar ao mesmo tempo, ou ao mesmo tempo estavam em lugares diferentes. A unidade indissolúvel (mas sem fusão) das definições de tempo e espaço tem no cronotopo do encontro um caráter elementar, preciso, formal e quase matemático. Mas esse caráter é sem dúvida abstrato porque, isolado, o motivo do encontro é impossível: ele sempre entra como elemento constituinte da composição do enredo e da unidade concreta de toda a obra e, por conseguinte, incorpora-se ao cronotopo concreto que o engloba, no nosso caso, ao tempo aventuresco e ao país do outro (sem alteridade). Em diversas obras, o motivo do encontro ganha matizes diferentes e concretos, inclusive valorativo-emocionais (o encontro pode ser desejado ou indesejável, alegre ou triste, às vezes terrível, podendo ser também ambivalente). É claro que, dependendo do contexto, o motivo do encontro ganhará diferentes expressões verbalizadas. Ele pode ganhar um significado semimetafórico ou puramente metafórico, pode, enfim, tornar-se um símbolo (às vezes muito profundo). Muito amiúde o cronotopo do encontro exerce funções composicionais na literatura: serve de ponto de partida, às vezes de culminância ou até de desfecho (final) do enredo. O encontro é um dos mais antigos acontecimentos enformadores do enredo da epopeia (especialmente do romance). Cabe ressaltar sobretudo a estreita relação do motivo do encontro com motivos como *separação*, *fuga*, *aquisição*, *perda*, *casamento*, etc., que pela unidade das definições espaçotemporais são semelhantes ao motivo do encontro. Tem um significado particularmente importante o estreito vínculo do motivo do encontro com o *cronotopo da estrada* ("a grande estrada"): os diferentes tipos de encontro na estrada. No cronotopo da estrada, a unidade das definições espaçotemporais também se revela com excepcional precisão e clareza. É imensa a importância do cronotopo da estrada na literatura: rara é a obra que passa sem certas variantes do motivo da estrada, e muitas obras chegam a ser construídas sobre o cronotopo da estrada, dos encontros e das aventuras que ocorrem pelo caminho.[9]

O motivo do encontro está estreitamente ligado a outros motivos importantes, em particular ao motivo do *reco-*

---

[9] Apresentaremos uma caracterização mais desenvolvida desse cronotopo na conclusão do presente trabalho. (N. do A.)

nhecimento/não reconhecimento, que tem desempenhado um imenso papel na literatura (por exemplo, na tragédia antiga).

O motivo do encontro é um dos mais universais não só na literatura (é difícil encontrar uma obra em que esse motivo absolutamente não exista), mas em outros campos da cultura, assim como em diferentes esferas da vida e dos costumes da sociedade. No campo técnico-científico, onde impera o pensamento genuinamente conceitual, esses motivos não existem como tais, mas encontram (até certo ponto) algum equivalente no conceito de *contato*. Na esfera mitológica e religiosa, o motivo do encontro desempenha, sem dúvida, um dos papéis principais: nas lendas sacras, nas Escrituras Sagradas (tanto na cristã, nos Evangelhos por exemplo, como na budista) e nos rituais religiosos; na esfera religiosa, o motivo do encontro se combina com outros motivos, por exemplo, com o motivo da "aparição" ("epifania"). Em algumas correntes da filosofia, desprovidas de caráter rigorosamente científico, o motivo do encontro também ganha certa importância (por exemplo, em Schelling, Max Scheler, e sobretudo em Martin Buber).

O cronotopo real do encontro tem lugar permanente na organização da vida da sociedade e do Estado. São de conhecimento geral todos os possíveis encontros sociais organizativos e seus significados. Na vida de um Estado, os encontros são também muito importantes; mencionemos ao menos os encontros diplomáticos, sempre regulamentados com rigor, onde tanto o tempo como o lugar e a composição dos participantes são estabelecidos em função da classe de sua representação. Por fim, todos sabem da importância dos encontros (que às vezes definem diretamente todo o destino de um homem) na vida e no cotidiano de todo indivíduo.

É esse o motivo cronotópico do encontro. Ao término dos nossos ensaios ainda retomaremos as questões mais gerais do cronotopo e da natureza cronotópica. Agora voltemos a algumas análises do romance grego.

Em que espaço se realiza mesmo o tempo aventuresco do romance grego?

O tempo aventuresco do tipo grego necessita de uma extensividade espacial *abstrata*. O universo do romance grego é evidentemente cronotópico, mas nele a ligação entre o espaço e o tempo é de caráter não orgânico, mas puramente técnico (e mecânico). Para que a aventura possa desdobrar-se é necessário espaço, muito espaço. A simultaneidade casual e a heterotemporalidade casual dos fatos são inseparáveis do espaço, que se mede antes de mais nada *pela distância* e *pela proximidade* (e por seus diferentes graus). Para que o suicídio de Clitofonte fosse evitado, era indispensável que seus amigos estivessem justamente naquele mesmo lugar onde ele se preparava para cometê-lo; para *consegui-lo*, isto é, encontrar-se no devido *momento* e no devido *lugar*, eles *correram*, ou seja, superaram a *distância espacial*. Para que a salvação de Clitofonte pudesse acontecer no fim do romance, era necessário que a procissão encabeçada pelo sacerdote de Ártemis conseguisse chegar ao lugar da execução antes que ela se realizasse. Raptos pressupõem uma *rápida* transferência do raptado para um *lugar distante* e *desconhecido*. *Perseguição* pressupõe superação da *distância* e de determinados *obstáculos espaciais*. *Aprisionamento* e *cárcere* pressupõem *cercamento* e *isolamento* do herói em *determinado lugar do espaço*, o que obsta o posterior movimento espacial em direção ao seu objetivo, ou seja, as perseguições e as futuras buscas, etc. Raptos, fuga, perseguição, buscas e aprisionamentos desempenham um imenso papel no romance grego. Por isso ele precisa de grandes espaços, precisa de terra e de mar, precisa de diferentes países. O universo desses romances é grande e variado. Mas tanto a dimensão como a diversidade são inteiramente abstratas. Para o naufrágio é necessário um mar, mas como venha a ser esse mar no sentido histórico e geográfico é absolutamente indiferente. Para a fuga é importante passar a um *outro país*, também para os raptores é importante levar a vítima para outro país, mas também é de todo indiferente qual venha a ser esse outro país. Os acontecimentos aventurescos do romance grego não têm quaisquer ligações substanciais com as particularidades de cada país que figura no romance, com sua ordem sociopolítica, sua cultura, sua história. Todas essas particularidades ficam inteiramente de fora do acontecimento aventuresco enquanto elementos definidos; ora, o acontecimento aventuresco é em tudo determinado única e exclusivamente pelo *acaso*, isto é, justamente pela simultaneidade ou heterotemporalidade *casual* em *dado lugar do espaço* (em dado país, cidade, etc.). O caráter desse lugar não se integra ao acontecimento como componente, o lugar entra na aventura apenas como uma extensividade vazia e abstrata.

Por isso todas as aventuras do romance grego são dotadas de mobilidade: o que ocorre na Babilônia poderia ocorrer no Egito ou em Bizâncio e vice-versa. Certas aventuras, concluídas em si, são mobilizáveis também no tempo, porque o tempo aventuresco não deixa nenhuma marca substancial e, consequentemente, é em essência reversível. O cronotopo aventuresco se caracteriza justamente *pelo abstrato vínculo técnico do espaço e do tempo*, pela *reversibilidade* dos elementos da série temporal e por sua *mobilidade* no espaço.

Nesse cronotopo, a iniciativa e o poder cabem apenas ao acaso. Por isso o grau de *determinidade* e *concretude* desse mundo só pode ser extremamente limitado. Porque qualquer concretização — geográfica, econômica, sociopolítica ou consuetudinária — minaria a liberdade e a agilidade das aventuras e limitaria o poder absoluto do acaso. Qualquer concretização, mesmo a simples concretização consuetudinária, introduziria sua *regularidade*, sua *ordem*, seus *vínculos indispensáveis* na vida humana e no tempo dessa vida. Os acontecimentos resultariam entrelaçados nessa regularidade, de um modo ou de outro seriam parte dessa ordem e desses vínculos indispensáveis. Com isso o poder do acaso sofreria uma limitação essencial, as aventuras estariam organicamente localizadas e vinculadas a seu movimento no tempo e no espaço. Mas essa determinidade e essa concretização seriam totalmente inevitáveis (em certo grau) na representação de seu universo pátrio, circundado por sua realidade pátria. Esse grau abstratizante, indispensável ao tempo aventuresco grego, seria totalmente inexequível nas condições da representação de seu universo pátrio (qualquer que ele fosse).

Por isso o universo do romance grego é o *universo alheio*: tudo nele é indefinido, desconhecido, alheio; os heróis estão aí pela primeira vez, não têm quaisquer vínculos ou relações substanciais com esse universo, as regularidades sociopolíticas, consuetudinárias e outras desse universo lhes são estranhas, eles as desconhecem; por isso nesse universo só existem simultaneidades e heterotemporalidades casuais para eles.

Todavia, a alteridade desse universo não é realçada no romance grego, razão pela qual não se deve chamá-lo de exótico. O exótico pressupõe uma intencional *contraposição do alheio ao meu próprio*, nele a alteridade do outro é realçada, por assim dizer, é saboreada e minuciosamente representada no campo daquilo que é subentendido como meu, habitual, conhecido. Isso não existe no romance grego. Aqui tudo é alheio, inclusive a terra natal dos heróis (a terra do herói e a da heroína costumam ser diferentes), assim como falta aquilo que é subentendido como pátrio, habitual, conhecido (a terra natal do autor e de seus leitores), em cujo campo poder-se-ia perceber a estranheza e a alteridade do alheio. É claro que nesses romances existe um grau mínimo do que se subentende por pátrio, habitual, normal (para o autor e seus leitores), e também há certas escalas para a percepção das curiosidades e raridades daquele universo alheio. Mas esse grau é tão mínimo que a ciência não tem praticamente nenhuma possibilidade de desvelar pela análise desses romances o "universo próprio" e a "época própria" de seus autores.

O universo dos romances gregos é um *universo abstrato--alheio* e, ademais, é alheio do início ao fim, uma vez que em nenhuma parte dele aparece a imagem do universo pátrio de onde veio e de onde observa o autor. É por isso que nada nele limita o poder absoluto do acaso, e que todos esses raptos, fugas, prisões, libertações, mortes fictícias, ressurreições e outras aventuras se sucedem com tão surpreendentes facilidade e velocidade.

Mas, como já indicamos, nesse universo abstrato-alheio muitas coisas e fenômenos são descritos com muitos detalhes. Como isso se combina com a abstração? Acontece que nos romances gregos tudo é descrito como algo quase *isolado, único e exclusivo*. Em nenhuma passagem aparece uma descrição do país em seu conjunto, com suas particularidades, com suas diferenças em relação a outros países, com seus vínculos. São descritas apenas as edificações isoladas, sem qualquer ligação com o todo abrangente, certos fenômenos da natureza, por exemplo, animais exóticos que são levados para um dado país. Em nenhuma passagem são descritos os usos e os costumes do povo no seu todo, descrevendo-se tão somente algum costume estranho e isolado, não vinculado a nada. Esse isolamento e essa desconexão recíproca são inerentes a todos os objetos descritos no romance. Por isso, o conjunto de todos esses objetos não caracteriza os países representados (ou melhor, mencionados) no romance, pois cada objeto se basta a si mesmo.

Todos esses objetos isolados, descritos no romance, são extraordinários, estranhos, raros, e é por isso que eles são descritos. Por exemplo, em *Leucipe e Clitofonte* descreve-se um estranho animal chamado de "cavalo do Nilo" (hipopótamo). "Aconteceu que os guerreiros apanharam um animal fluvial *extraordinário*." Assim se inicia essa descrição. Adiante se descreve um elefante e relatam-se "*coisas surpreendentes* sobre seu surgimento no mundo" (IV, 2-4). Em outra passagem descreve-se um crocodilo: "Ainda vi outro animal do

Nilo maior que o cavalo fluvial e *superior em força*. Tem o nome de crocodilo" (IV, 19).

Uma vez que não há escalas para medir todos esses objetos e fenômenos descritos, nem há, como afirmamos, um campo minimamente preciso do meu universo habitual para a recepção de todos esses objetos incomuns, então eles assumem inevitavelmente um caráter de curiosidades, raridades.

Assim, é com essas curiosidades e raridades isoladas e desconexas que são preenchidos os espaços do universo *alheio* no romance grego. Essas curiosidades e raridades autossuficientes são tão casuais e inesperadas como as próprias aventuras: são feitas do mesmo material — os mesmos "súbitos" congelados, que se tornaram objetos aventurescos, frutos do mesmo acaso.

Como resultado, o cronotopo dos romances gregos — o universo alheio no tempo aventuresco — é dotado de uma estabilidade e de uma unidade originais. Ele tem sua lógica coerente, que determina todos os seus elementos. Como já afirmamos, embora os motivos do romance grego, se tomados de forma abstrata, não sejam novos e tenham sido anteriormente elaborados por outros gêneros, eles ganham um significado totalmente novo e funções especiais quando subordinados à lógica coerente do novo cronotopo do romance grego.

Em outros gêneros, esses motivos estavam vinculados a outros cronotopos, mais concretos e condensados. Os motivos amorosos (o primeiro encontro, a paixão repentina, a saudade amorosa, o primeiro beijo, etc.) foram elaborados na poesia alexandrina, predominantemente no cronotopo bucólico-idílico-pastoril; trata-se de um pequeno cronotopo épico-lírico muito concreto e condensado, e que desempenhou um papel considerável na literatura mundial. Aqui temos um tempo idílico específico, marcado por ciclos (mas não puramente cíclico), que é uma combinação do tempo da natureza (cíclico) com o tempo dos costumes da vida convencionalmente pastoril (em parte e mais amplamente agrícola). Esse tempo é dotado de certo ritmo semicíclico e coalesceu fortemente com uma paisagem insular e idílica, elaborada em detalhes. Trata-se do tempo denso e perfumado, como o mel, das pequenas cenas amorosas e desabafos líricos, que se impregnou de um pedacinho rigorosamente delimitado, fechado e totalmente estilizado do espaço natural (aqui nos desviamos das diferentes variações do cronotopo idílico-amoroso da poesia helenística, incluindo a romana). Desse cronotopo evidentemente nada restou no romance grego. A única exceção é o romance *Dáfnis e Cloé* (de Longo), que se mantém à parte. O seu centro é ocupado pelo cronotopo idílico-pastoril, mas envolvido pela desintegração, foram destruídas sua insularidade compacta e sua natureza limitada, ele está cercado de todos os lados por um universo alheio e ele mesmo se tornou semialheio: o tempo idílico natural já não é mais denso, foi rarefeito pelo tempo aventuresco. Sem dúvida, não se pode vincular sem restrições o idílio de Longo ao tipo de romance de aventuras grego, e no posterior desenvolvimento histórico do romance, *Dáfnis e Cloé* tem sua linha própria.

Aqueles elementos do romance grego — do enredo e da *composição* — que são vinculados a uma viagem a vários países estranhos foram elaborados pelo antigo romance geográfico. O universo do romance geográfico não guarda nenhuma semelhança com o universo alheio do romance grego. Antes de mais nada, seu centro é constituído por *sua terra natal*, que fornece os pontos de vista, as escalas, os enfoques e apreciações, que organiza a visão e a compreensão dos países e culturas dos outros (aí não é obrigatória uma análise positiva de seu lado pátrio, mas este forçosamente fornece as escalas e o plano de fundo). Só isso (ou seja, o centro organizativo interno da visão e da representação no aspecto pátrio) muda radicalmente todo o quadro desse universo alheio no romance geográfico. Ademais, o homem nesse romance é o antigo homem *público*, *político*, que se guia por interesses sociopolíticos, filosóficos, utópicos. Depois, o próprio elemento da viagem, do *caminho*, tem caráter real e insere um centro organizativo essencial e real na série temporal desse romance. Por último, também o elemento biográfico é um princípio organizativo essencial para o tempo desses romances. (Aqui também nos desviamos das diferentes modalidades do romance geográfico de viagens, às quais é inerente também o elemento *da aventura*, mas neste caso ele não é o princípio organizativo dominante e sua natureza é diferente.)

Aqui não é lugar para nos aprofundarmos nos cronotopos de outros gêneros da literatura antiga, entre eles a grande epopeia e o drama. Observemos apenas que eles têm por base o tempo mitológico-popular, em cujo centro começa a destacar-se o tempo histórico antigo (em suas limitações específicas). Esses tempos eram profundamente localizados, em nada separados dos sinais do tempo da natureza pátria grega nem dos sinais da "segunda natureza", ou seja, dos sinais das regiões, cidades, estados pátrios. Em cada manifestação da natureza pátria o grego via um vestígio do tempo mitológico, um acontecimento mitológico nele condensado, que podia ser desdobrado numa cena ou minicena mitológica. Tão exclusivamente concreto e localizado era também o tempo histórico, que na epopeia e na tragédia ainda se entrelaçavam intimamente com o tempo mitológico. Esses cronotopos gregos *clássicos* eram quase antípodas do universo alheio dos romances gregos.

Assim, os diferentes motivos e elementos (do enredo e da composição), que foram elaborados e existiram em outros gêneros antigos, tinham nestes um caráter inteiramente diverso e funções dessemelhantes daquelas que vimos no romance de aventuras grego, nas condições de seu *cronotopo específico*. Aqui eles entravam numa unidade artística nova e absolutamente original, claro que muito distante da unificação mecânica dos diferentes gêneros antigos.

Agora que está mais claro para nós o caráter específico do romance grego, podemos levantar a questão da *imagem do homem* nele. Em face disto, elucidam-se também as peculiaridades de todos os elementos do enredo do romance.

Qual pode ser a imagem do homem nas condições do tempo aventuresco que caracterizamos, com a sua simultaneidade casual, sua heterotemporalidade casual e sua absoluta ausência de vestígios, cabendo exclusivamente ao acaso a capacidade de iniciativa? Está claríssimo que em tal tempo o homem só pode ser absolutamente *passivo* e absolutamente *imutável*. Como já dissemos, aí, as coisas apenas *acontecem* com o homem. Ele mesmo carece de qualquer iniciativa. É apenas o sujeito físico da ação. É perfeitamente compreensível que suas ações venham a ter um caráter predominantemente elementar-espacial. No fundo, todas as ações dos heróis do romance grego restringem-se apenas a um *movimento forçado no espaço* (fuga, perseguição, buscas), ou seja, à *mudança* de lugar no *espaço*. O *movimento do homem* no espaço é que fornece os *medidores* basilares para o espaço e o tempo do romance grego, isto é, para o seu cronotopo.

Mas quem se movimenta no espaço é, não obstante, o *homem vivo*, e não um corpo físico na acepção literal da palavra. É verdade que ele é absolutamente passivo em sua vida — o "destino" conduz o jogo —, no entanto ele *sofre* esse jogo do destino. E ele não apenas o sofre como também *o conserva em si* e, desse jogo, de todos os reveses do destino e do acaso, ele extrai, inalterável, sua absoluta *identidade consigo mesmo*.

Essa peculiar *identidade consigo mesmo* é o *centro organizativo* da imagem do homem no romance grego. E não se pode diminuir a importância e a especial profundidade ideológica desse elemento da identidade humana; nele, o romance grego está vinculado às profundezas do *folclore anterior à sociedade de classes* e se apodera de um dos elementos substanciais da ideia popular de homem, a qual vive até hoje em diferentes modalidades de folclore, sobretudo nos contos populares. Por mais empobrecida e esvaziada que seja a unidade humana no romance grego, ainda assim nela se conserva um precioso grão de humanidade popular, transmite-se a fé no poderio indestrutível do homem em sua luta contra a natureza e todas as forças não humanas.

Ao observarmos atentamente os elementos do enredo e da composição do romance grego, nos convencemos do imenso papel que nele desempenham elementos como o *reconhecimento*, o *travestimento*, a troca de trajes (provisória), a morte fictícia (com a subsequente ressurreição), a *traição fictícia* (com o subsequente estabelecimento da fidelidade imutável) e, por último, o motivo composicional (organizativo) fundamental da *provação da fidelidade dos heróis, de sua autoidentificação*. Em todos esses elementos há um jogo direto do enredo com os *sinais da identidade do homem*. Contudo, o complexo basilar de motivos — *encontro/separação*, *buscas/obtenção* — é, por assim dizer, apenas outra expressão refletida no enredo dessa mesma identidade humana.

Detenhamo-nos antes de tudo no elemento organizativo-composicional da *provação* do herói. Logo no início, definimos o primeiro tipo de romance grego como *romance aventuresco de provação*. O termo "romance de provação" (*Prüfungsroman*) já foi há muito assimilado pelos teóricos da literatura em relação ao romance barroco (século XVII), e é um desenvolvimento subsequente do romance do tipo grego em terreno europeu.

No romance grego, o significado organizativo da ideia de provação se manifesta com grande precisão, e ademais aí se confere uma expressão até jurídico-processual à ideia de provação.

A maioria das aventuras do romance grego organizam-se precisamente como provações do herói e da heroína, predominantemente como expressões de sua castidade e da fidelidade de um ao outro. Mas, além disso, são provadas sua nobreza, coragem, força, intrepidez e mais raramente sua inteligência. O acaso dissemina pelo caminho dos heróis não só perigos, mas também toda sorte de tentações, coloca-os nas situações mais delicadas, mas eles sempre saem com honra dessas situações. Na representação habilidosa de situações das mais complexas, manifesta-se com nitidez a refinada casuística da segunda sofística. Por isso, até as provações têm um caráter retórico-judicial meio aparente em termos formais.

Acontece que não se trata apenas da organização de aventuras individuais. É justamente em seu conjunto que o romance é assimilado como uma provação dos heróis. O tempo aventuresco grego, como já sabemos, não deixa vestígios no mundo nem nas pessoas. Nenhuma mudança, interna ou externa, resulta de qualquer acontecimento do romance. Ao término do romance se restabelece o equilíbrio inicial violado pelo acaso. Tudo volta ao seu começo; tudo retoma o seu lugar. Como resultado de todo um longo romance, o herói se casa com sua noiva. E todas as pessoas e objetos passaram por algo que, verdade seja dita, não os modificou, mas que, precisamente por isso, os corroborou, por assim dizer, verificou e estabeleceu sua identidade, sua solidez e imutabilidade. O martelo dos acontecimentos nada tritura e nada forja — limita-se a provar a solidez de um produto já pronto. E esse produto suporta a provação. Nisso reside o sentido artístico-ideológico do romance grego.

Nenhum gênero ficcional pode construir-se com base em um entretenimento vazio. Ademais, para ser entretenimento ele deve tocar alguma substancialidade. Isso porque só a vida humana ou, em todo caso, algo diretamente relacionado com ela pode entreter. E esse lado humano deve ser exposto num aspecto ainda que minimamente substancial, isto é, deve ter algum grau de *realidade* viva.

O romance grego é uma variante de gênero muito flexível e tem uma enorme força vital. Verificou-se particularmente vivaz na história do romance a ideia organizativo-composicional de provação. Nós a encontramos nos romances de cavalaria tanto da Baixa como sobretudo da Alta Idade Média. Ela organiza num grau considerável os *Amadis* e os *Palmeirim*.[10] Já indicamos sua importância no romance barroco: aqui essa ideia é enriquecida por um conteúdo ideológico definido, criam-se ideais definidos de homem, cujas personificações são os heróis objeto de provação — os "cavaleiros destemidos e irrepreensíveis". Essa absoluta irrepreensibilidade dos heróis degenera em empolamento e desperta uma crítica ríspida e essencial de Boileau em seu diálogo luciânico *Os heróis dos romances*.[11]

Depois do barroco, o significado organizacional da ideia de provação diminuiu acentuadamente. Mas ele não morreu, e em todas as épocas posteriores manteve-se como uma das ideias organizacionais do romance. Essa ideia é completada por um variado conteúdo ideológico, e a própria provação leva frequentemente a resultados negativos. No século XIX e início do XX encontramos, por exemplo, tais tipos e variedades da ideia de provação: está difundido o tipo de provação da vocação, da condição de seleto, da genialidade. Uma de suas variedades é a provação do *parvenu* napoleônico no romance francês. Outro tipo é a provação da saúde biológica e da adaptação à vida. Por último, os tipos e variedades tardias da ideia de provação na produção de romances de baixa qualidade, como a provação do reformador moral, do nietzschiano, do amoralista, da mulher emancipada, etc.

---

[10] Novelas de cavalaria que serviram de base para obras futuras, onde constantemente figuravam as mesmas personagens: *Amadis de Gaula* (1496), de Garci Rodríguez de Montalvo, e *Palmeirim de Inglaterra*, de Francisco de Moraes Cabral. (N. do T.)

[11] *Dialogue sur les héros de roman* (1664), sátira de Nicolas Boileau (1636-1711), composta à maneira dos *Diálogos dos mortos* de Luciano. (N. do T.)

Mas todas essas variedades europeias do romance de provação, tanto puras como mistas, afastam-se significativamente da provação da identidade humana naquela sua forma simples, lapidar e ao mesmo tempo vigorosa como era concebida no romance grego. É verdade que os traços da identidade humana permaneceram, porém se tornaram complexos e perderam a força lapidar e a simplicidade iniciais, sinais da identidade humana no desenrolar dos motivos de reconhecimento, mortes fictícias, etc. Aqui, no romance grego, a ligação desses motivos com o folclore é mais direta (embora ele também esteja bem distante do folclore).

Para uma completa elucidação da imagem do homem no romance grego e das particularidades de sua identidade (e, por conseguinte, das peculiaridades da prova dessa identidade), é indispensável considerar que aqui o homem, diferentemente de todos os gêneros clássicos da literatura antiga, é um homem *particular*, *privado*. Esse seu traço corresponde ao *universo abstrato e alheio* dos romances gregos. Nesse universo o homem só pode ser um homem isolado e privado, sem quaisquer laços minimamente substanciais com seu país, sua cidade, seu grupo social, sua linhagem, e até com sua família. Ele não se sente parte do todo social. É um homem solitário, perdido num mundo alheio. Ele não tem nenhuma missão nesse mundo. A natureza privada e o isolamento são traços essenciais da imagem do homem no romance grego, necessariamente vinculados às peculiaridades do tempo aventuresco e do espaço abstrato. Isso faz o homem do romance grego diferir de modo tão acentuado e essencial do homem *público* dos gêneros antigos precedentes e, em particular, do homem *público* e *político* do romance geográfico de viagens.

Mas, ao mesmo tempo, o homem privado e isolado do romance grego comporta-se, em muitas circunstâncias, pela aparência, como homem público, precisamente como o homem público dos gêneros retóricos e históricos: ele pronuncia longos discursos construídos retoricamente, nos quais elucida, não a título de confissão íntima, mas de *relato público*, detalhes íntimo-privados do seu amor, dos seus atos e aventuras. Por último, na maioria dos romances os processos judiciais ocupam lugar essencial, nos quais é feito um balanço das aventuras dos heróis e apresenta-se a confirmação jurídico-processual de sua identidade, sobretudo em seu elemento principal — a fidelidade amorosa de um ao outro (e particularmente da castidade da heroína). Como resultado, todos os momentos basilares do romance ganham elucidação público-retórica, justificativa (apologia) e qualificação jurídico-processual definitiva em seu conjunto. Além disso, se perguntarmos o que no fim de contas define a *unidade da imagem do homem* no romance grego, então devemos responder que essa unidade tem precisamente um *caráter retórico-jurídico*.

Contudo, esses momentos retórico-jurídicos públicos têm um caráter externo e *inadequado* ao conteúdo interno e real da imagem do homem. Esse conteúdo interno da imagem é *absolutamente privado*: a posição fundamental do herói na vida, os objetivos pelos quais ele se orienta, todas as suas vivências e atos têm um caráter absolutamente privado e carecem de qualquer significado sociopolítico, pois o suporte principal do conteúdo são o amor dos heróis e as provações internas e externas a que estes estão sujeitos. Todos os demais acontecimentos ganham importância no romance apenas graças a sua relação com esse suporte do conteúdo. É característico que mesmo fatos como a *guerra* ganhem importância exclusivamente no plano das relações amorosas dos heróis. A ação no romance *Leucipe e Clitofonte*, por exemplo, começa com a guerra entre os bizantinos e os trácios, uma vez que graças a essa guerra Leucipe chega à casa do pai de Clitofonte e dá-se o primeiro encontro entre eles. No fim do romance essa guerra volta a ser mencionada, já que pelo ensejo de seu término realiza-se a procissão religiosa em honra de Ártemis, o que suspende a tortura e a execução de Clitofonte.

Contudo, aqui é característico que não são os acontecimentos da vida privada que são submetidos e assimilados pelos acontecimentos sociopolíticos, mas o inverso: os acontecimentos sociopolíticos só ganham significado no romance graças a sua relação com os acontecimentos da vida privada. E apenas sua relação com os destinos privados é explicada no romance; sua essência sociopolítica permanece fora dele.

Dessa forma, a unidade público-retórica da imagem do homem está em contradição com seu conteúdo puramente privado. Essa contradição é muito característica do romance grego. Também o é, como veremos adiante, em alguns gêneros retóricos tardios (em particular dos autobiográficos).

De modo geral, a Antiguidade não criou uma forma adequada nem uma unidade do homem privado e de sua vida. Enquanto a vida se tornava privada, os homens se isolavam, e esse conteúdo privado passava a preencher a literatura. Ele elaborou formas adequadas a si mesmo apenas nos pequenos gêneros épico-líricos e nos pequenos gêneros dos costumes — na comédia de costumes e na novela de costumes. Nos grandes gêneros, a vida privada do homem isolado revestiu-se de formas público-retóricas e público-estatais externas, inadequadas, e por isso convencionais e formalistas.

A unidade público-retórica do homem e dos acontecimentos por ele vivenciados no romance grego tem igualmente um caráter externo, formalista e convencional. De modo geral, a unificação de toda a heterogeneidade (pelas fontes da origem e pela essência) que encontramos no romance grego, unificação num grande gênero quase enciclopédico, só pode ser conseguida à custa de uma abstração extrema, de um esquematismo e da privação de tudo o que é concreto e local. O cronotopo do romance grego é o mais abstrato de todos os grandes cronotopos romanescos.

Esse cronotopo mais abstrato também é ao mesmo tempo o mais estático. Nele o mundo e o homem estão absolutamente acabados e imóveis. Aí não há quaisquer potencialidades de formação, crescimento e mudança. Como resultado da ação representada no romance, nada no próprio mundo foi destruído, nem refeito, nem modificado, nem recriado. Apenas se confirmou a identidade de tudo o que havia no início. O tempo aventuresco não deixa vestígios.

Assim é o primeiro tipo de romance antigo. Ainda retomaremos alguns de seus elementos, em face do posterior desenvolvimento da assimilação do tempo no romance. Já indicamos que esse tipo de romance, particularmente alguns de seus elementos (sobretudo o próprio tempo aventuresco), dispõe de grande vitalidade e flexibilidade na história posterior do romance.

2

Apuleio e Petrônio

Passemos ao segundo tipo de romance antigo, que chamaremos convencionalmente de "romance aventuresco e de costumes".

Em termos rigorosos, apenas duas obras estão vinculadas a esse segundo tipo: o *Satíricon* de Petrônio (que chegou aos nossos dias em fragmentos relativamente pequenos) e *O asno de ouro* de Apuleio (que chegou inteiro). Contudo, elementos essenciais desse tipo também estão representados em outros gêneros, principalmente nas sátiras (bem como na diatribe helenística) e em algumas variedades da literatura hagiográfica do cristianismo primitivo (uma vida de pecados repleta de tentações, seguida da crise e do renascimento do homem).

Tomaremos por base de nossa análise do segundo tipo de romance antigo *O asno de ouro* de Apuleio. Em seguida, trataremos também das peculiaridades de outras variedades (modelos) desse tipo que chegaram até hoje.

No segundo tipo, salta primeiro à vista a associação do tempo aventuresco com o de costumes, o que chamaremos convencionalmente de "romance aventuresco de costumes". Contudo, é evidente que não se pode nem falar de uma combinação (composição) mecânica desses dois tempos. Nessa combinação, tanto o tempo aventuresco quanto o tempo dos costumes modificam-se de forma substancial nas condições de um cronotopo inteiramente novo, criado por esse romance. Por isso, aqui se forma um novo tipo de tempo aventuresco, acentuadamente distinto do grego, bem como um tipo especial de tempo de costumes.

O enredo de O *asno de ouro* não é, absolutamente, um hiato extratemporal entre dois momentos contíguos da série real da vida. Ao contrário, o que constitui o enredo desse romance é justamente a trajetória vital do herói (Lúcio) em seus momentos essenciais. Mas à representação dessa trajetória vital são inerentes duas peculiaridades que determinam também o caráter especial do tempo nesse romance.

Essas peculiaridades são: 1) a trajetória vital de Lúcio é apresentada num formato de "metamorfose"; 2) a própria *trajetória vital* funde-se com o *caminho real das errâncias/ peregrinações* de Lúcio pelo mundo na imagem de um asno.

A trajetória vital no formato de metamorfose é apresentada no romance tanto no enredo basilar da trajetória vital de Lúcio como na novela intercalada sobre Amor e Psiquê, que é uma variante semântica paralela desse enredo basilar.

A *metamorfose (transformação)* — basicamente, a metamorfose humana — a par com a identidade (também basicamente a identidade do homem) pertence ao acervo do folclore mundial anterior à sociedade de classes. A metamorfose e a identidade se combinam profundamente na imagem folclórica do homem. Essa combinação persiste numa forma particularmente precisa no conto folclórico.[12] A *imagem fabular do homem* — diante de toda a imensa variedade do folclore fabular — sempre se constrói com base nos motivos da *metamorfose* e da *identidade* (por mais diversamente concreto que seja, por sua vez, seu preenchimento com esses mo-

---

[12] No original, *skazka*, obra narrativa da criação popular oral (folclórica) centrada em acontecimentos imaginários, às vezes com a participação de forças mágico-fantásticas do imaginário fabular. Daí vem *volchébnaya skazka*, que é o conto maravilhoso ou conto de fadas, e *naródnaia skazka*, o conto folclórico ou fabular. (N. do T.)

tivos). A partir do homem, os motivos da metamorfose/identidade migram para todo o universo humano — para a natureza e os objetos criados pelo próprio homem. Adiante, quando tratarmos de Rabelais, abordaremos as peculiaridades do tempo do conto folclórico, no qual se desvela essa metamorfose/identidade na imagem do homem.

No terreno da Antiguidade, a ideia de metamorfose passou por uma via de evolução muito complexa e ramificada. Uma das ramificações dessa via é a filosofia grega, onde à ideia de metamorfose, a par com a ideia de identidade, cabe um imenso papel. Além disso, um *formato mitológico* essencial dessas ideias permanece até Demócrito e Aristófanes (aliás, nem nestes ela é inteiramente superada).

Outra ramificação é a evolução cultual da ideia de metamorfose (transformação) nos mistérios antigos, antes de tudo nos mistérios eleusinos. Em sua contínua evolução, os mistérios antigos sofriam cada vez mais e mais a influência dos cultos orientais com suas formas específicas de metamorfose. Nessa série da evolução encontram-se também as formas primordiais do culto cristão. Aqui juntam-se igualmente aquelas rudimentares formas mágicas de metamorfose, extraordinariamente difundidas nos séculos I e II da nossa era, que eram praticadas por diversos charlatães e se tornaram sólidas manifestações dos costumes da época.

A terceira ramificação é a vida seguinte dos motivos da metamorfose no folclore popular. Esse folclore evidentemente não chegou aos nossos dias, mas sabemos de sua existência por suas influências e reflexos na literatura (por exemplo, naquela mesma novela sobre Amor e Psiquê de Apuleio).

Por último, a quarta ramificação é a evolução da ideia de metamorfose na literatura. Aqui é só ela que nos interessa.

É evidente que essa evolução da ideia de metamorfose na literatura não se deu sem a ação de todas as outras vias que enumeramos. Basta apontar a influência da tradição dos mistérios eleusinos na tragédia grega. É claro que estão fora de dúvida a influência das formas filosóficas de metamorfose e a já mencionada influência do folclore na literatura.

No formato mitológico da metamorfose (transformação) mantém-se a ideia de evolução, e não linear, mas aos saltos, com interseções, logo, mantém-se uma determinada forma de *série temporal*. Mas a composição dessa ideia é muito complexa, visto que é a partir dela que se desenrolam séries temporais de diferentes tipos.

Se observarmos a desintegração literária dessa complexa ideia mitológica de metamorfose em Hesíodo (tanto em *Os trabalhos e os dias* como na *Teogonia*), veremos que a partir dela se desenvolve uma série genealógica específica, a série especial de sucessão das idades — das gerações (o mito das cinco idades — de ouro, de prata, de cobre, de Troia e de ferro), a irreversível série teogônica da metamorfose da natureza, a série cíclica da metamorfose do grão, a série analógica da metamorfose da videira. Além disso, em Hesíodo até a série cíclica do trabalho cotidiano agrícola constrói-se como uma espécie de "metamorfose do agricultor". Com isso ainda não esgotamos todas as séries do tempo que se desenvolvem em Hesíodo a partir da *metamorfose* como epifenômeno mitológico dessas séries. A todas essas séries é comum a alternância (ou a sucessão de umas às outras) de formas (ou imagens) inteiramente distintas e dessemelhantes do mesmo. Assim, no processo teogônico, à era de Cronos sucede a era de Zeus, sucedem-se os séculos, as gerações dos homens (as idades de ouro, de prata, etc.), sucedem-se as estações do ano.

São profundamente distintas as imagens das diferentes eras, das diferentes gerações, das diferentes estações do ano, das diferentes fases dos trabalhos agrícolas. Mas por trás de todas essas diferenças mantém-se a unidade do processo teogônico, do processo histórico, da natureza, da vida agrícola.

Assim como nos sistemas filosóficos primordiais e nos mistérios clássicos, em Hesíodo a interpretação da metamorfose é de natureza ampla, e na obra desse escritor o próprio termo "metamorfose" jamais aparece com aquele sentido específico de uma única transformação maravilhosa (limítrofe com a metamorfose mágica) de um fenômeno em outro, sentido que a palavra adquire na época helenístico-romana. A própria palavra com o referido sentido surgiu apenas numa fase tardia da evolução da ideia de metamorfose.

São características dessa fase tardia as *Metamorfoses* de Ovídio. Neste, a metamorfose já se torna praticamente uma metamorfose particular de fenômenos únicos, isolados, e assume o caráter de transformação mágica externa. Resta a ideia da representação, do ponto de vista da metamorfose, de todo o processo cosmogônico e histórico, começando pela criação do cosmo a partir do caos e terminando na transformação de César em astro. Mas essa ideia se realiza pela escolha, dentre toda a herança mitológica e literária, de casos particulares e desconexos, aparentemente nítidos, de metamorfoses num sentido mais restrito do termo, e por sua disposição numa série carente de qualquer unidade interna. Cada metamorfose se basta a si mesma e é um conjunto poético fechado. O formato mitológico da metamorfose já não é capaz de unificar as grandes séries essenciais do tempo. O tempo se desintegra em isolados segmentos temporais autossuficientes, que se constituem por via mecânica numa série. A mesma desintegração da unidade mitológica das antigas séries do tempo pode ser observada no *Fastos* de Ovídio (essa obra é de grande importância para o estudo do sentimento do tempo no período helenístico-romano).

Em Apuleio, a metamorfose assume um caráter ainda mais privado, isolado e já francamente mágico. De sua antiga amplitude e força quase nada restou. A metamorfose tornou-se uma forma de apreensão e representação do *destino privado do homem*, desprendido da totalidade cósmica e histórica. Mas mesmo assim, sobretudo graças à influência direta da tradição direta folclórica, a ideia de metamorfose ainda mantém bastante energia para abranger o *con-*

junto do destino vital do homem em seus momentos *críticos* fundamentais. Nisso reside sua importância para o gênero romanesco.

Quanto à própria forma específica da metamorfose — a transformação de Lúcio em asno, sua transformação inversa em homem e sua purificação pelos mistérios —, em essência aqui não é o lugar para nos aprofundarmos em sua análise. Essa análise é dispensável para as nossas tarefas. Ademais, a própria gênese da metamorfose em asno é muito complexa. É complexa e até hoje seu tratamento em Apuleio não foi plenamente elucidado. No conjunto, isso não tem grande importância para o nosso tema imediato. Importam-nos apenas as funções dessa metamorfose na construção do romance do segundo tipo.

Com base na metamorfose, cria-se um tipo de representação do conjunto da vida humana em seus momentos basilares de reviravolta, *de crise*: momentos em que *o homem se torna outro*. Apresentam-se diversas, e acentuadamente diversas, imagens do mesmo homem, nele reunidas como diferentes épocas, diferentes etapas de seu caminho vital. Aqui não há formação na acepção precisa, há crise e renascimento.

Com isso se definem as diferenças substanciais entre o enredo de Apuleio e os enredos do romance grego. Os acontecimentos apresentados por Apuleio definem a vida do herói, e ademais definem *toda* a sua vida. É claro que aqui não se representa a vida inteira, da infância à velhice e à morte. Por isso aí não há *vida biográfica* em seu conjunto; no tipo crítico representam-se apenas um ou dois momentos que decidem o destino da vida humana e definem todo o seu caráter. Em conformidade com isso, o romance fornece duas ou três diferentes imagens do mesmo homem, separadas e reunidas por suas crises e os renascimentos. No fundamental, o enredo de Apuleio fornece três imagens de Lúcio: Lúcio antes da transformação em asno, Lúcio asno e Lúcio purificado e renovado pelos mistérios. Num enredo paralelo, apresentam-

-se duas imagens de Psiquê — antes da purificação pelos sofrimentos expiatórios e depois destes; aqui é apresentada uma trajetória coerente do renascimento da heroína, que não se desintegra em três imagens acentuadamente distintas.

Nas *hagiografias de crise* do cristianismo primitivo, vinculadas ao mesmo tipo, também só costumam aparecer duas imagens do homem, separadas e reunidas pela crise e pelo renascimento — a imagem do pecador (antes do renascimento) e a imagem do justo, do santo (depois da crise e do renascimento). Por vezes aparecem até três imagens, justamente nos casos em que se destaca e se elabora especialmente um segmento da vida dedicado ao sofrimento purificatório, à ascese, à luta consigo mesmo (segmento esse que corresponde à estada de Lúcio na imagem de asno).

O que foi exposto acima deixa claro que o romance desse tipo não se desenrola no *tempo biográfico* em sentido rigoroso. Ele representa apenas momentos *excepcionais*, absolutamente *incomuns* da vida humana, muito breves em comparação com o longo objetivo da vida. Contudo, esses momentos *determinam* tanto a *imagem definitiva do próprio homem* quanto o *caráter de toda a sua vida posterior*. Mas a própria vida longa, com seu curso biográfico, afazeres e trabalhos, estende-se depois do renascimento e, por conseguinte, situa-se fora do âmbito do romance. Assim, Lúcio, depois de passar por três iniciações, ingressa em sua trajetória biográfico-vital de rétor e sacerdote.

Assim se determinam as peculiaridades do tempo aventuresco do segundo tipo. Não é o tempo do romance grego que não deixa vestígios. Ao contrário, ele deixa um vestígio profundo e inapagável no próprio homem e em toda a sua vida. Mas, por outro lado, é o tempo aventuresco: é o tempo dos acontecimentos excepcionais, incomuns, e esses acontecimentos são determinados pelo acaso e também se caracterizam pela simultaneidade casual e pela heterotemporalidade casual.

Mas aqui essa lógica do acaso está subordinada a uma lógica superior que a engloba. De fato. A camareira da feiticeira, Fótis, pegou *por acaso* a caixinha errada e em vez do unguento para transformação em pássaro deu a Lúcio um unguento para transformação em asno. *Por acaso, justamente* nesse momento não havia na casa as rosas necessárias para a transformação inversa. *Por acaso, justamente* nessa mesma noite bandidos atacam a casa e roubam o asno. E em todas as aventuras posteriores tanto do próprio asno quanto dos seus donos, que se alternam, o destino continua desempenhando o seu papel. O mesmo acaso impede seguidas vezes a transformação inversa do asno em homem. Mas o poder do acaso e sua iniciativa são limitados, ele só age no âmbito da região que lhe é destinada. Não foi o acaso, mas a voluptuosidade, a leviandade juvenil e uma "inoportuna curiosidade" que impeliram Lúcio a uma perigosa brincadeira com a feitiçaria. *Ele mesmo é o culpado.* Com sua inoportuna curiosidade ele desencadeou o jogo do acaso. A *iniciativa*, por conseguinte, é do *próprio herói* e do seu *caráter*. É verdade que essa iniciativa não é *positivamente criadora* (isso é muito importante); é a iniciativa da *falta*, do *equívoco*, do *erro* (do pecado, numa variante hagiográfica cristã). A essa iniciativa negativa corresponde também a primeira imagem do herói — jovem, leviano, desmedido, voluptuoso, ociosamente curioso. Ele atrai para si o poder do acaso. Desse modo, o primeiro elo da série de aventuras é determinado não pelo acaso, mas pelo herói e seu caráter.

Tampouco o último elo — a conclusão de toda a série de aventuras — é determinado pelo acaso. Lúcio é salvo pela deusa Ísis, que lhe indica o que fazer para retornar à imagem de homem. Aqui, a deusa Ísis não atua como sinônimo de "feliz acaso" (como os deuses no romance grego), mas como guia de Lúcio, que o conduz à purificação, exigindo a realização de determinados ritos e asceses purificatórios. É sintomático que as visões e os sonhos em Apuleio tenham um significado diferente daquele do romance grego. Neste, os sonhos e visões enunciam aos homens a vontade dos deuses ou do acaso não para que eles possam evitar os golpes do destino e tomar alguma medida contra eles, mas para que suportem com mais facilidade os seus sofrimentos (Aquiles Tácio). Por isso os sonhos e visões não despertavam atividade alguma nos heróis. Em Apuleio, ao contrário, os sonhos e visões indicam aos heróis o que devem fazer, como agir para mudar o seu destino, ou seja, impelem-nos a determinadas ações, ao ativismo.

Assim, o primeiro e o último elo da cadeia de aventuras está fora do poder do acaso. Como resultado, muda também o caráter de toda a cadeia. Esta se torna eficaz, o próprio herói e o seu destino são mudados. A série de aventuras vividas pelo herói não o leva a uma simples confirmação da sua identidade, mas à construção de uma nova imagem de herói purificado e renascido. Por isso até o próprio acaso, guiado no âmbito de certas aventuras, é assimilado de modo diferente.

Nesse sentido, é característico o discurso do sacerdote de Ísis depois da transformação de Lúcio: "Depois de teres passado tantos e tão variados trabalhos, rudimentos *sacudidos pelo acaso ruinoso*, e pelas mais violentas tempestades, chegaste, enfim, Lúcio, ao porto do Repouso e ao altar da Misericórdia. Nem teu nascimento, nem teu mérito, nem mesmo a ciência que floresce em ti serviram. As tentações da verde juventude te fizeram escolher *volúpias servis*. Tua fatal curiosidade *te valeu fatal castigo*. No entanto, o *destino cego*, expondo-te aos sustos mais angustiosos, *te conduziu, mesmo sem o saber*, na sua malícia imprevidente, *a esta verdadeira beatitude*. Que ela vá então agora, que dê livre curso à sua fúria e procure alguém sobre quem descarregar sua crueldade, pois *não estão mais expostos aos rigores da sorte* aqueles que a deusa majestosa reivindicou para os conservar ao seu serviço. Ladrões, feras, servidão, marchas e contramarchas sobre caminhos aspérrimos, terror cotidiano da morte, de tudo isto que proveito tirou a nefanda Fortuna? Foste recolhido agora sob a proteção de um destino clarividente e que ilumina até os outros deuses com os raios de sua luz".[13]

Aqui é indicado com nitidez que a *própria culpa* de Lúcio o pôs sob o poder do acaso ("destino cego"). Ademais, ao "destino cego" e ao "acaso ruinoso" se contrapõe nitidamente o "destino clarividente", ou seja, a orientação da deusa que salvou Lúcio. Enfim, desvela-se com nitidez também o sentido de "destino cego", cujo poder é limitado pela própria culpa de Lúcio, por um lado e, por outro, pelo poder do "destino clarividente", ou seja, a proteção da deusa. Esse sentido é o "fatal castigo" e o caminho para a "verdadeira beatitude" que levou Lúcio a esse "destino cego", "sem o saber". Assim, toda a série de aventuras é assimilada como *castigo* e *expiação*.

A série aventuresco-fabular também está organizada de maneira absolutamente idêntica num enredo paralelo (na novela sobre Amor e Psiquê). Aqui também serve como primeiro elo da série a própria culpa de Psiquê e, como segundo, a proteção dos deuses. As aventuras e as provações fabulares de Psiquê são assimilados como castigo e expiação. O papel do acaso, do "destino cego" é aqui ainda mais limitado e subordinado.

Desse modo, a série de aventuras com seu acaso está aqui absolutamente subordinada à série que a engloba e assimila: culpa — castigo — expiação — beatitude. Essa série já é guiada por outra lógica bem diferente, não pela lógica da aventura. Essa série é ativa e determina antes de tudo a própria metamorfose, ou seja, a alternância das imagens do herói: Lúcio leviano e ociosamente curioso — Lúcio-asno que

---

[13] Apuleio, *O asno de ouro*, livro XI, capítulo 15. A tradução utilizada, feita direto do latim por Ruth Guimarães (São Paulo, Cultrix, 1963; nova edição: Editora 34, no prelo), foi e doravante será modificada em alguns pontos para melhor se conformar à análise de Bakhtin. (N. do T.)

experimenta sofrimentos — Lúcio purificado e iluminado. Depois, é inerente a essa série uma determinada forma e um grau, de cuja necessidade não há nem sombra no romance de aventuras grego: o castigo necessariamente segue a culpa, o castigo sofrido é por necessidade seguido da purificação e da beatitude. Depois, essa necessidade é de caráter humano, não mecânico. A culpa é determinada pelo caráter do próprio homem; o castigo também é necessário como força que purifica e melhora o homem. A *responsabilidade do homem* é o fundamento de toda essa série. Por último, a própria *alternância de imagens* do mesmo homem torna essa série humanamente essencial.

Tudo isso determina as inquestionáveis vantagens dessa série em comparação com o tempo aventuresco grego. Aqui, partindo da base mitológica da metamorfose, consegue-se o domínio de certo aspecto mais substancial e real do tempo. Aqui ele não é apenas técnico, não é uma simples contiguidade de dias, horas e instantes deslocáveis e interiormente ilimitados; aqui a série temporal é um *todo* substancial e *irreversível*. A consequência disso é o fim da natureza abstrata inerente a todo o tempo aventuresco grego. Essa nova série temporal, ao contrário, requer concretude da exposição.

Mas em paralelo com esses elementos positivos, há limitações essenciais. Aí, como no romance grego, o homem é um homem *privado* e *isolado*. A culpa, o castigo, a purificação e a beatitude têm, por isso, um caráter individual-privado: trata-se de assunto *privado* de um homem *isolado*. O ativismo desse homem também carece de um elemento criador: manifesta-se de forma negativa no ato irrefletido, no erro, na culpa. Por isso, até a eficácia dessa série é limitada pela imagem do próprio homem e do seu destino. Assim como a série grega de aventuras, essa série temporal não deixa quaisquer vestígios no mundo ao redor. Daí resulta que o vínculo entre o destino do homem e o mundo é de natureza *externa*. O homem muda, sofre uma metamorfose de modo absolutamente independente do mundo; o próprio mundo permanece imutável. Por essa razão, a metamorfose é de caráter privado e não criador.

Por isso, a série temporal basilar do romance, ainda que seja de caráter irreversível e integrado, é fechada, isolada e não localizada no tempo histórico (ou seja, não está incluída na série temporal histórica irreversível, uma vez que o romance ainda desconhece totalmente essa série).

Assim é o tempo aventuresco basilar desse romance. Mas no romance ainda existe o tempo dos costumes. Qual é o seu caráter e de que modo ele se combina no conjunto romanesco com o peculiar tempo aventuresco que caracterizamos?

Antes de mais nada, é característica do romance a fusão do caminho vital do homem (nos seus momentos críticos fundamentais) com seu real caminho-estrada no espaço, isto é, com as errâncias. Aqui se apresenta a realização da metáfora "caminho vital". Esse próprio caminho se estende pela terra natal, conhecida, na qual não há nada de exótico, nada de estranho e alheio. Cria-se um cronotopo romanesco original, que desempenhou um imenso papel na história desse gênero. Seu fundamento é o folclore. A realização da metáfora do caminho vital em diversas variações desempenha um importante papel em todas as modalidades do folclore. Pode-se dizer francamente que, no folclore, a trajetória nunca é simplesmente uma estrada, mas sempre é todo ou uma parte do caminho vital; a escolha da estrada é a escolha do caminho vital; o cruzamento sempre é a reviravolta da vida do homem folclórico; a saída da casa paterna para a estrada e o retorno à pátria são de hábito as *fases etárias da vida* (ele sai um jovem, retorna um homem); as marcas da estrada são as marcas do destino, etc. Por isso o cronotopo romanesco da estrada é tão concreto, orgânico, tão profundamente penetrado por motivos folclóricos.

O deslocamento do homem no espaço e suas errâncias perdem aqui aquele caráter técnico-abstrato da combinação das determinações de espaço e tempo (proximidade — distância, simultaneidade — heterotemporalidade) que observamos no romance grego. O espaço se torna concreto e saturado de um tempo mais substancial. O espaço é completado por um sentido vital real e ganha uma relação substancial com o herói e seu destino. Esse cronotopo é tão saturado que elementos como o encontro, a separação, o choque, a fuga, etc. ganham nele uma importância cronotópica bem mais concreta.

Essa concretude do cronotopo da estrada é o que permite que aí se desdobre o *cotidiano*. Entretanto, esse cotidiano se situa, por assim dizer, à margem da estrada e em seus caminhos laterais. A própria personagem central e os principais acontecimentos críticos de sua vida estão *fora do cotidiano*. Ela apenas o observa, por vezes o invade, como uma força forasteira, por vezes ela mesma veste a máscara do cotidiano, mas, em essência, não comunga no cotidiano nem é determinado por ele.

O próprio herói vive acontecimentos *excepcionais extracotidianos*, determinados pela série culpa — castigo — expiação — beatitude. Assim é Lúcio. Mas no processo de castigo — expiação, ou seja, justamente no processo da metamorfose, Lúcio é forçado a descer ao baixo cotidiano e a desempenhar nele o mais reles papel, que não é nem o papel de escravo, mas de asno. Como asno operário ele penetra no próprio seio do baixo cotidiano, onde é arrieiro, gravita em torno de um moleiro, movimentando a mó, trabalha para um hortelão, um soldado, um cozinheiro, um padeiro. É constantemente espancado, perseguido por esposas más (a mulher do arrieiro, a mulher do padeiro). Porém faz tudo isso não como Lúcio, mas como asno. Ao término do romance, depois de livrar-se da máscara de asno, numa procissão solene ele torna a penetrar nas esferas extracotidianas superiores da vida. Além disso, a permanência de Lúcio no cotidiano é sua morte fictícia (os familiares o consideram morto) e sua saída desse cotidiano é sua ressurreição. Logo, o núcleo folclórico mais antigo da metamorfose de Lúcio é a morte, a descida ao inferno e a ressurreição. Aqui o cotidiano corresponde ao inferno, ao túmulo. (Equivalentes mitológicos correspondentes também podem ser encontrados para todos os enredos de *O asno de ouro*.)

Essa posição do herói em face do cotidiano é uma peculiaridade sumamente importante para o segundo tipo de romance antigo. Essa peculiaridade também se mantém (com variações, é claro) em toda a história posterior desse tipo. Nela, a personagem central no fundo não comunga nesse ambiente; ela passa pela esfera dos costumes como um homem de outro mundo. Mais amiúde ele é um pícaro, que alterna entre as diferentes linhas dos costumes e não ocupa no cotidiano nenhum espaço definido, que joga com o cotidiano, não o leva a sério; ou é um ator ambulante, travestido de aristocrata, ou alguém que nasceu nobre mas desconhece sua origem (um "enjeitado"). O cotidiano é a baixa esfera do cotidiano, da qual o herói procura se libertar, e com a qual ele nunca se funde interiormente. Ele tem um caminho vital incomum, fora do cotidiano, e só uma de suas etapas passa pela esfera do cotidiano.

Desempenhando no baixo cotidiano o papel mais ínfimo, Lúcio não comunga interiormente na vida do cotidiano, e assim a observa e estuda melhor em todos os seus segredos. Para ele é uma *experiência* de estudo e conhecimento dos homens: "Lembro-me", diz Lúcio, "com grande satisfação de minha existência em forma de asno, uma vez que *sob o disfarce dessa pele* passei pelos *turbilhões do destino* e me tornei, senão mais sensato, pelo menos *mais experiente*".

A posição de asno é especialmente vantajosa para observar os mistérios da vida cotidiana. Na presença do asno ninguém se acanha, todos se revelam por inteiro: "Nessa vida de tormentos, nenhum consolo a não ser o que a minha curiosidade natural para ela levava de divertimento, pois *sem se importarem com a minha presença, todos falavam diante de mim livremente e à vontade*" (livro IX, capítulo 13).

Além disso, as orelhas do asno são sua vantagem nesse sentido: "Qualquer que fosse o meu ressentimento contra o engano de Fótis, que, querendo fabricar um pássaro, conseguira um burro, restava-me, na cruel deformidade, uma única razão de consolo para me levantar o ânimo: é que, *graças às minhas longas orelhas, eu ouvia tudo sem o menor esforço, mesmo a considerável distância*" (IX, 15).

E essa posição excepcional do asno no romance é um traço de imensa importância.

A vida cotidiana que Lúcio observa e estuda é *uma vida puramente particular, privada*. Pela própria essência dessa vida, não há nada *público* nela. Todos os seus acontecimentos são uma *questão privada* de homens isolados: eles não podem ocorrer "às vistas do mundo", publicamente, na presença de um *coro*, não estão sujeitos a um relato público (para todo o povo) na praça. Eles só ganham um significado público específico onde se tornam crimes. A *delinquência* é aquele momento da vida privada em que ela se torna pública, por assim dizer, *a contragosto*. No mais, essa vida é constituída de segredos de alcova (traições de "esposas más", impotência dos maridos, etc.), segredos do lucro, pequenos embustes do dia a dia, etc.

Por sua própria essência, essa vida privada não deixa lugar para o contemplador, para um "terceiro" com direito de observar constantemente, julgar, apreciar. Ela se passa entre quatro paredes, para dois pares de olhos. Já na vida pública, qualquer acontecimento que tenha a mínima importância social, tende, por essência, à publicidade, pressupõe por necessário um terceiro, um juiz que aprecia, para o qual sempre há um lugar no acontecimento, ele é um participante indispensável (obrigatório) desse acontecimento. O homem público sempre vive e age aos olhos do mundo, e cada momento de sua vida admite por essência e princípio a publicidade.

A vida pública e o homem público são por natureza *abertos*, *visíveis* e *audíveis*. A vida pública dispõe ainda das mais diversas formas de autopublicidade e autorrelato (inclusive na literatura). Por essa razão, aqui não surge o problema da postura especial do contemplador e ouvinte dessa vida (o "terceiro"), não surgem formas especiais de sua publicidade. Por isso, a literatura clássica antiga — literatura da vida pública e do homem público — não conhecia absolutamente esse problema.

Mas quando o homem privado e a vida privada chegaram à literatura (na época do Helenismo), esse problema teria de surgir inevitavelmente. Surgiu a *contradição entre a publicidade da própria forma literária e a privacidade do seu conteúdo*. Teve início o processo de elaboração dos gêneros privados. No terreno da Antiguidade esse processo ficou sem solução.

Essa questão se colocava de modo especialmente agudo em relação às grandes formas épicas ("da grande epopeia"). Foi no processo de sua solução que surgiu o romance antigo.

À diferença da vida pública, aquela vida estritamente privada que passou a integrar o romance é, por sua natureza, *fechada*. Em essência, pode-se apenas *espreitá-la* e *auscultá-la*. A literatura da vida privada é, no fundo, a literatura da espreita e da auscultação — de "como os outros vivem". Ela pode ser revelada e publicada ou num processo criminal, ou inserindo diretamente no romance o processo criminal (e as formas de investigação e perícia) e os crimes na vida privada; ou de forma indireta e convencional (em forma semiaberta), usando formas de depoimentos, confissões de réus, documentos jurídicos, provas, conjeturas investigatórias, etc. Por último, também podem ser empregadas aquelas formas de comunicação e autodesvelamento privado, elaboradas na própria vida privada e no cotidiano — a carta privada, o diário íntimo, a confissão.

Já vimos como o romance grego resolvia esse problema

da representação da vida privada e do homem privado. Ele aplicava formas público-retóricas (naquela época já amortecidas) externas e inadequadas ao conteúdo da vida privada, o que só era possível nas condições do tempo grego da aventura e da natureza extremamente abstrata de toda a representação. Além disso, nessa mesma base retórica o romance grego introduziu também o processo criminal, que nele desempenhou um papel muito importante. O romance grego ainda empregou parcialmente formas do cotidiano como, por exemplo, a carta.

Também na história posterior do romance tiveram grande importância organizativa o *processo criminal*, em sua forma direta e indireta e, de modo geral, as categorias jurídico-processuais. A isso correspondia, no próprio conteúdo do romance, a imensa importância que os crimes aí desempenhavam. Diversas formas e modalidades de romance empregam de diferentes maneiras categorias jurídico-processuais. Basta mencionar o romance policial de aventuras (perícia, vestígios dos crimes e previsão dos acontecimentos com base nesses vestígios), por um lado, e os romances de Dostoiévski (*Crime e castigo* e *Os irmãos Karamázov*) por outro.

O significado e os diferentes modos de emprego de categorias jurídico-processuais no romance como formas especiais de descoberta e publicação da vida privada são uma questão interessante e importante da história do romance.

O elemento criminal desempenha um grande papel em *O asno de ouro* de Apuleio. Algumas novelas intercaladas são diretamente construídas como relatos de crimes (a sexta, a sétima, a décima primeira e a décima segunda novelas). Contudo, o essencial para Apuleio não é a matéria criminal, mas os segredos cotidianos da vida privada que desvelam a natureza do homem, ou seja, tudo aquilo que só pode ser espreitado e escutado de trás da porta.

Para essa espreita e essa escuta da vida privada, a condição de Lúcio asno é excepcionalmente favorável. Por isso essa condição foi reforçada pela tradição e a encontramos em diversas variações na história posterior do romance. Da metamorfose em asno conserva-se justamente a posição específica do herói como "terceiro" em relação à vida privada cotidiana, o que lhe permite espreitar e escutar atrás da porta. É essa a condição do *pícaro* e do *aventureiro*, que interiormente não comungam na vida cotidiana, não têm nela um lugar consolidado definido e ao mesmo tempo passam por essa vida e são forçados a estudar o seu mecanismo e todas as suas molas. Mas é essa, em particular, a condição do *criado* que troca de senhor diversas vezes. O criado é o eterno *terceiro* na vida privada do senhor. O criado é predominantemente uma testemunha da vida privada. Dele as pessoas se acanham quase tão pouco como se acanham do asno, e ao mesmo tempo ele é chamado a ser participante de todos os aspectos íntimos da vida privada. Por isso o criado substituiu o asno na história posterior do romance de aventuras do segundo tipo (ou seja, no romance aventuresco de costumes). Do *Lazarilho de Tormes* ao *Gil Blas*, a posição do criado é amplamente empregada pelo romance picaresco. Nesse tipo clássico (puro) de romance picaresco, continuam vivos outros elementos e motivos de *O asno de ouro* (eles conservam, antes de qualquer coisa, o mesmo cronotopo). No romance aventuresco de costumes do tipo complicado, não puro, a figura do criado passa a segundo plano, mas mesmo assim se conserva o seu significado. Contudo, também em outros tipos romanescos (assim como em outros gêneros) a figura do criado tem importância substancial (veja-se *Jacques, o fatalista* de Diderot, a trilogia dramatúrgica de Beaumarchais e outros). O criado é um ponto de vista peculiarmente encarnado sobre o mundo e a vida privada, sem o qual a literatura da vida privada não poderia passar.

Um lugar análogo ao do criado (por sua função) no romance é ocupado pela *prostituta* e pela *cortesã* (veja-se, por exemplo, *Moll Flanders* e *Roxana*, de Defoe). A posição das duas também é sumamente vantajosa para espreitar e escutar a vida privada, seus segredos e molas íntimas. Importância idêntica, mas como figura secundária, tem a *alcoviteira*; ela costuma aparecer como narradora. Assim, já em O *asno de ouro*, a nona novela intercalada é narrada por uma velha alcoviteira. Menciono o magnificentíssimo relato da velha alcoviteira no *Francion*, de Sorel,[14] que, pela força realista da exibição da vida privada, é quase igual a Balzac (e incomparavelmente superior a manifestações análogas em Zola).

Por último, como já afirmamos, um papel análogo por suas funções no romance costuma ser desempenhado pelo *aventureiro* (no sentido amplo), e em particular pelo *parvenu*. A posição do aventureiro e do *parvenu* — que ainda não ocuparam um lugar definido e consolidado na vida, mas procuram sucesso na vida privada ao construir uma carreira, obter riqueza, conquistar fama ("para si" do ponto de vista do interesse privado) — estimula-os a estudar essa vida privada, desvendar seu mecanismo oculto, espreitar e ouvir clandestinamente seus mais íntimos segredos. E eles começam sua trajetória de baixo (onde contatam com criados, prostitutas e alcoviteiras e através delas se inteiram da vida "como ela é"), ascendem (geralmente através das cortesãs) e chegam ao ápice da vida privada ou sofrem uma derrocada em sua trajetória, ou então continuam até o fim como aventureiros do submundo (aventureiros da baixa sociedade). Essa sua posição é extremamente vantajosa para desvelar e mostrar todas as camadas e segmentos da vida privada. Por isso a posição do aventureiro e do *parvenu* determina a construção dos romances aventurescos de costumes de tipo complicado: aventureiro num amplo sentido (e, claro, não *parvenu*) é também Francion de Sorel (veja-se o romance homônimo); também são colocados na condição de aventureiros os heróis de O *roman-*

---

[14] *La Vraie histoire comique de Francion*, romance episódico de Charles Sorel (*c.* 1602-1674), publicado em 1623-33. (N. do T.)

ce cômico de Scarron[15] (século XVI); os heróis dos romances picarescos (não no sentido preciso) de Defoe (*Capitão Singleton, Coronel Jack*) são também aventureiros — os *parvenu* aparecem pela primeira vez em Marivaux (*O camponês parvenu*);[16] são aventureiros os heróis de Smollett.[17] Em Diderot, o sobrinho de Rameau encarna e condensa com excepcional profundidade e plenitude toda a especificidade das posições do asno, do pícaro, do vagabundo, do criado, do aventureiro, do *parvenu* e do artista: ele apresenta precisamente uma *filosofia do "terceiro" na vida privada*, notável por sua profundidade e força. É a filosofia do homem que conhece apenas a vida privada e só a ela almeja, mas nela não comunga, não tem lugar, e por isso a vê por inteiro, em toda a sua nudez, e representa todos os papéis que ela oferece, mas não se funde com nenhum deles.

Nos complexos e sintéticos romances dos grandes realistas franceses — Stendhal e Balzac —, a posição do aventureiro e do *parvenu* mantém plenamente seu significado orgânico. No segundo plano desses romances também se movimentam todas as outras figuras dos "terceiros" da vida privada — cortesãs, prostitutas, alcoviteiras, criados, escrivãs, agiotas, médicos.

O papel do aventureiro-*parvenu* no romance clássico inglês — Dickens e Thackeray — é menos significativo. Aqui eles desempenham papéis secundários (uma exceção é Becky Sharp em *A feira das vaidades* de Thackeray).

Observo que, em todas essas manifestações que analisamos, conserva-se até certo ponto e de certa forma também o

---

[15] *Le Roman comique*, romance de Paul Scarron (1651-1657) publicado em 1651-57. (N. do T.)

[16] *Le Paysan parvenu*, romance inacabado de Pierre de Marivaux (1688-1763). (N. do T.)

[17] Tobias Smollett (1721-1771), poeta e escritor escocês conhecido por seus romances de inspiração picaresca. (N. do T.)

elemento da metamorfose: a alternância dos papéis-máscaras pelo pícaro, a transformação do miserável em ricaço, do vagabundo sem lar em rico aristocrata, do bandido e gatuno em bom e arrependido cristão, etc.

Além da imagem do pícaro, do criado, do aventureiro e da alcoviteira, para espreitar e escutar atrás da porta a vida privada o romance ainda inventou outros procedimentos complementares, às vezes muito espirituosos e sutis, mas que não ganharam importância típica e substancial. Por exemplo, o diabo coxo de Lesage (no romance homônimo)[18] tira os telhados das casas e desvela a vida privada naqueles momentos em que ela não permite um "terceiro". Em *O peregrino Pickle*, de Smollett,[19] o herói conhece o inglês Cadwallader, que é completamente surdo, em cuja presença ninguém se acanha a falar de todos os assuntos (como na presença de Lúcio-asno); verifica-se posteriormente que Cadwallader não tem nada de surdo, mas apenas assumira a máscara da surdez para escutar os segredos da vida privada.

Assim é a condição excepcionalmente importante de Lúcio-asno como observador da vida privada. Em que momento se desvela essa vida privada cotidiana?

O tempo da vida cotidiana em *O asno de ouro* e outros protótipos do romance aventuresco de costumes antigo jamais é cíclico. De modo geral, nele não se projeta o elemento da repetição, do retorno periódico dos mesmos elementos (fenômenos). A literatura antiga conhecia apenas o idealizado tempo agrário e cíclico da vida cotidiana, que se entrelaça com o tempo da natureza e dos mitos (as etapas fundamen-

---

[18] *Le Diable boiteux*, romance de Alain-René Lesage (1668-1747) publicado em 1707. Tanto o tema, porém, como o exemplo citado podem ser encontrados já em *El diablo cojuelo* (1641) de Luis Vélez de Guevara (1579-1644). (N. do T.)

[19] *The Adventures of Peregrine Pickle* (1751). (N. do T.)

tais do seu desenvolvimento são Hesíodo — Teócrito — Virgílio). Desse tempo cíclico (em todas as suas variações) distingue-se acentuadamente o tempo romanesco da vida cotidiana. Este, antes de mais nada, está totalmente afastado da natureza (e dos ciclos mitológico-naturais). Até se ressalta esse afastamento do plano cotidiano em relação à natureza. Em Apuleio, os motivos da natureza aparecem unicamente na série vinho — redenção — beatitude (veja-se, por exemplo, a cena à beira-mar perante a transformação inversa de Lúcio). O cotidiano é o inferno, o túmulo onde nem o sol brilha nem há um céu estrelado. Por isso a vida cotidiana é dada aqui como o avesso da vida autêntica. Em seu centro estão as indecências, ou seja, o avesso do amor sexual, afastado da procriação, da alternância de gerações, da construção da família e da linhagem. O cotidiano aqui é priápico, sua lógica, a lógica das indecências. Mas em torno desse núcleo sexual da vida cotidiana (traições, assassinatos por motivo sexual, etc.) dispõem-se ainda outros elementos do cotidiano: violências, roubalheiras, embustes de toda sorte, espancamentos.

Nessa voragem cotidiana da vida privada, o tempo carece de unidade e integridade. Ele está fracionado em segmentos separados, que abrangem episódios cotidianos únicos. Os episódios individuais (sobretudo nas novelas de costumes intercaladas) estão harmonizados e concluídos, mas são isolados e se bastam a si mesmos. O universo da vida cotidiana está disperso e fracionado e carece de vínculos substanciais. Ele não é penetrado por uma série temporal com suas leis e necessidades específicas. Por isso os fragmentos temporais dos episódios cotidianos estão dispostos como que perpendicularmente à série nuclear básica do romance: vinho — castigo — expiação — purificação — beatitude (justamente em relação ao elemento castigo — expiação). O tempo cotidiano não é paralelo a essa série basilar nem se entrelaça com ela, mas alguns de seus fragmentos (nos quais se decompõe esse tempo cotidiano) são perpendiculares à série basilar e a cruzam em um ângulo reto.

A despeito de todo o fracionamento e do caráter naturalista desse tempo cotidiano, ele não é absolutamente inativo. Em seu conjunto, ele é assimilado como o castigo que purifica Lúcio, em seus momentos isolados ele serve a Lúcio como *experiência* que lhe revela sua natureza humana. O próprio mundo cotidiano em Apuleio é *estático*, nele não há formação (por isso não existe um tempo *uno* nos costumes). Contudo, nele se revela uma *diversidade social*. Nessa diversidade ainda não se revelaram as *contradições* sociais, mas ela já está prenhe delas. Se essas contradições se revelassem, o mundo entraria em movimento, ganharia um impulso para o futuro, o tempo ganharia plenitude e historicidade. Mas no terreno da Antiguidade, particularmente em Apuleio, esse processo não se concluiu.

É verdade que em Petrônio esse processo avançou um pouco. Em seu universo, a diversidade social se torna quase contraditória. Em face disto, em seu universo aparecem também marcas embrionárias do tempo histórico — marcas da época. Mas, apesar de tudo, nele esse processo nem de longe se conclui.

Como já dissemos, o *Satíricon* de Petrônio pertence ao mesmo tipo de romance aventuresco de costumes. Mas aqui o tempo aventuresco está intimamente entrelaçado com o dos costumes (por isso *Satíricon* está mais próximo do tipo europeu de romance picaresco). Na base das errâncias e aventuras dos heróis (Encólpio e outros) não há uma nítida metamorfose nem a peculiar série vinho — castigo — expiação. É verdade que aqui isto é substituído pelo motivo análogo porém abafado e paródico da perseguição do enfurecido deus Príapo (paródia da causa épica primordial das errâncias de Odisseu e Eneias). Contudo, a posição dos heróis em relação ao cotidiano da vida privada é a mesma de Lúcio-asno. Eles passam pela esfera do cotidiano da vida privada, mas internamente não comungam nela. São pícaros — espias, charlatães e parasitas, que espreitam e escutam por trás da porta todo o cinismo da vida privada. Aqui ela mesma é ainda mais priápica. Mas, repetimos, na diversidade social desse universo da vida privada aparecem vestígios ainda instáveis do tempo histórico. Na descrição do banquete de Trimalquião e em sua própria imagem já se desvelam marcas da época, ou seja, de certo *conjunto temporal*, que abrange e unifica episódios particulares da vida cotidiana.

Nos protótipos hagiográficos do tipo aventuresco de costumes, o elemento da metamorfose aparece em primeiro plano (vida pecaminosa — crise — expiação — santidade). O plano aventuresco dos costumes é fornecido em forma de desmascaramento da vida pecaminosa ou em forma de uma confissão arrependida. Essa forma (sobretudo a última) já é contígua com o terceiro tipo de romance antigo.

3

Biografia antiga e autobiografia

Ao passar ao terceiro tipo de romance antigo, é necessário antes de tudo fazer uma ressalva muito substancial. Por terceiro tipo temos em vista o *romance biográfico*, mas esse tipo de *romance*, ou seja, uma grande obra biográfica que por nossa terminologia poderia ser chamada de romance, a Antiguidade não criou. Contudo, ela elaborou uma série de formas autobiográficas e biográficas essenciais no mais alto grau, que exerceram enorme influência não só na evolução da biografia e da autobiografia europeia, como também na evolução de todo o romance europeu. Na base dessas formas antigas jazem um novo tipo de *tempo biográfico* e uma nova imagem especificamente construída do homem que percorre seu *caminho vital*.

É sob o ângulo de visão desse novo tipo de tempo e dessa nova imagem do homem que faremos um breve apanhado das formas autobiográficas e biográficas antigas. Em consonância com isso, em nosso apanhado não aspiramos nem à plenitude do material, nem à sua abrangência multilateral. Destacaremos apenas aquilo que tem relação direta com os nossos objetivos.

Observamos dois tipos essenciais de autobiografias em base clássica grega.

Por convenção, chamaremos o primeiro de tipo platônico, uma vez que ele encontrou expressão mais precisa e primordial em obras de Platão como a *Apologia de Sócrates* e

Fédon. Esse tipo de consciência autobiográfica do homem está vinculado a formas vigorosas da metamorfose mitológica. Em sua base encontra-se um cronotopo — o "caminho vital de quem pretende o autêntico conhecimento". A vida desse pretendente se desmembra em épocas ou degraus limitados com precisão. O caminho passa por uma ignorância presunçosa, por um ceticismo autocrítico e pelo conhecimento de si mesmo no sentido do verdadeiro conhecimento (a matemática e a música).

Esse primordial esquema platônico do caminho do pretendente é complicado em solo helenístico-romano por elementos de suma importância: a passagem do pretendente por várias escolas filosóficas e a provação destas, e a orientação do desmembramento temporal do caminho das próprias obras. É a esse esquema tornado complexo, e a seu importante significado, que voltaremos posteriormente.

No esquema de Platão há também o elemento da crise e do renascimento (as palavras do oráculo como uma reviravolta do caminho vital de Sócrates). O caráter específico do caminho do pretendente desvela-se de modo ainda mais nítido numa comparação com o esquema análogo do caminho da ascensão da alma à contemplação da ideia (*O Banquete*, *Fedro*, etc.). Aqui se manifestam claramente os fundamentos mitológicos e centrados nos mistérios e cultos desse esquema. Daí também fica claro o parentesco que têm com esse esquema aquelas "histórias de transformação" de que falamos no capítulo anterior. A trajetória de Sócrates, na forma como é desvelada na *Apologia*, é uma expressão público-retórica da mesma metamorfose. Aí o tempo biográfico real está quase inteiramente dissolvido no tempo ideal e até abstrato dessa metamorfose. A significação da imagem de Sócrates não se revela nesse esquema biográfico-ideal.

O segundo tipo grego é a autobiografia e a biografia.

Esse tipo se funda no encômio — o discurso civil de homenagem proferido ao pé do caixão, que substituiu a antiga "lamentação" (*threnos*). A forma do encômio determinou também a primeira autobiografia antiga: o discurso defensivo de Isócrates.

Ao falar desse tipo clássico, cabe antes de tudo observar o seguinte. Essas formas clássicas de autobiografia e biografia não eram obras de natureza livresco-literária, dissociadas do acontecimento político-social concreto de sua ruidosa publicação. Ao contrário, eram inteiramente determinadas por esse acontecimento, eram atos cívico-políticos verbalizados de louvação pública ou autoprestação pública de contas de homens reais. Por isso, aqui importa não só e nem tanto o seu cronotopo interno (isto é, o espaço-tempo da vida representada) como, e acima de tudo, aquele cronotopo externo real no qual se realiza essa representação da vida de alguém, ou do próprio falante, como ato cívico-político de louvação pública ou autoprestação de contas. É justamente nas condições desse cronotopo real em que se revela (publica-se) a vida do próprio ou a do outro, que se lapidam as faces da imagem do homem e da sua vida, em que se opera certa elucidação destas.

Esse cronotopo real é a praça (ágora). Foi na praça que pela primeira vez se revelou e se enformou a consciência autobiográfica (e biográfica) do homem e de sua vida em base clássica antiga.

Quando Púchkin dizia que a arte teatral "nasceu na praça", ele tinha em vista a praça onde ficavam a "gente simples", o bazar, os teatros de feira, os botequins, isto é, a praça das cidades europeias dos séculos XVIII, XIX e posteriores. Ele também tinha em vista que o Estado oficial, a sociedade oficial (ou seja, as classes privilegiadas) e suas ciências e artes oficiais se encontravam (basicamente) nessa praça. Mas a praça antiga é o próprio Estado (e ademais todo o Estado com todos os seus órgãos), o tribunal superior, toda a ciência, toda a arte e, nela, o povo todo. Era um impressionante cronotopo em que todas as instâncias — desde o Estado até a verdade — estavam concretamente representadas e corporificadas, estavam visivelmente presentes. E nesse cronotopo concreto e como que todo abrangente davam-se a revelação e a revisão de toda a vida do cidadão, produzia-se sua verificação público-civil.

Compreende-se perfeitamente que nesse homem biográfico (imagem do homem) não havia nem podia haver nada de íntimo-privado, secreto-individual, voltado para si mesmo, principialmente[20] isolado. Aqui o homem está aberto em todos os sentidos, todo exteriorizado, nele não há nada "só para si", não há nada que não esteja sujeito a um controle e a um informe público-estatal. Tudo ali, de ponta a ponta, era totalmente público.

É perfeitamente compreensível que em tais condições não poderia haver quaisquer diferenças principiais entre o enfoque da vida alheia e o enfoque de uma vida própria, ou seja, entre os pontos de vista biográfico e autobiográfico. Mais tarde, no período helênico-romano, quando a unidade pública do homem desintegrou-se, Tácito, Plutarco e alguns rétores levantaram especialmente a questão da admissibilidade da autolouvação. A questão foi resolvida num sentido positivo. Plutarco recolhe material começando por Homero (em quem os heróis cuidam da autolouvação), estabelece a admissibilidade da autolouvação e indica em que formas ela deve transcorrer para evitar tudo o que há de repulsivo. Aristides, o rétor secundário, também recolhe um vasto material sobre essa questão e chega à conclusão de que a autolouvação orgulhosa é um traço puramente helenístico; a autolouvação é perfeitamente aceitável e correta.

---

[20] São recorrentes no russo erudito a adjetivação e a adverbialização do substantivo "princípio", que tem praticamente todos os valores semânticos que encontramos em português. Por isso o emprego de "principial" e "principialmente", apesar de não estarem dicionarizados. (N. do T.)

Mas é muito peculiar que semelhante questão pudesse surgir. Porque a autolouvação é apenas uma manifestação mais acentuada e flagrante da solidão do enfoque biográfico e autobiográfico da vida. Por isso, por trás da questão especial da admissibilidade da autolouvação esconde-se uma questão mais geral — a da admissibilidade do mesmo enfoque da própria vida e da vida do outro, de mim mesmo e do outro. A colocação de semelhante questão sugere que a clássica *integralidade pública* do homem desintegrou-se e teve início uma diferenciação principial das formas biográficas e autobiográficas.

Contudo, nas condições da praça grega, onde teve início a autoconsciência do homem, ainda não se poderia falar de tal diferenciação. Ainda não havia o homem interior — o "homem para si" (o eu para si mesmo) nem o enfoque particular de si mesmo. A unidade do homem e sua autoconsciência eram puramente públicas. O homem era *completamente exteriorizado*, e isso no sentido literal desse termo.

Essa exterioridade total é uma peculiaridade muito importante da imagem do homem na arte clássica e na literatura. Ela se manifesta de modo muito diversificado, numa imagem multidiferenciada. Aponto aqui uma de suas manifestações sociais.

O homem grego na literatura — já em Homero — é representado como extraordinariamente descomedido. Os heróis de Homero exprimem seus sentimentos de modo muito ríspido e muito ruidoso. Impressiona em particular como frequentemente esses heróis choram e soluçam alto. Na célebre cena com Príamo, Aquiles soluça tão alto em sua tenda que seus bramidos se espalham por todo o campo grego. Esse traço tem sido explicado de diferentes maneiras: pelas peculiaridades da psicologia primitiva, pela convenção do cânone literário, pelas particularidades do vocabulário de Homero, do qual resulta que diferentes graus de sentimento podem ser transmitidos apenas pela indicação dos diversos graus de sua expressão externa, ou se tem sugerido uma relatividade geral no enfoque da expressão dos sentimentos (sabe-se, por exemplo, que os homens do século XVIII — os mesmos iluministas — muito amiúde choravam de bom grado). Acontece, porém, que na imagem do herói antigo esse traço nada tem de único, combina-se harmoniosamente com outros traços dessa imagem e tem uma base mais principial do que se costuma imaginar. Esse traço é uma das manifestações daquela exterioridade total do homem público de que falamos.

Para o grego da época clássica, todo ser era *visível e sonoro*. Em princípio (em essência), ele desconhece um ser invisível e mudo. Isso dizia respeito a todo ser e, é claro, antes de tudo ao ser do homem. A vida interior muda, a tristeza muda, o pensamento mudo eram absolutamente alheios ao grego. Tudo isso — ou seja, toda a vida interior — só podia existir manifestando-se exteriormente numa forma sonora e visível. O pensamento, por exemplo, era entendido por Platão como um diálogo do homem consigo mesmo (*Teeteto*, *Sofista*). O conceito de pensamento calado apareceu pela primeira vez apenas na base da mística (as raízes desse conceito são orientais). Além disso, o pensamento enquanto diálogo consigo mesmo, na concepção de Platão, não pressupõe absolutamente uma relação especial consigo mesmo (diferente da relação com o outro); o diálogo consigo mesmo transforma-se diretamente em diálogo com o outro, e aqui não há nem sombra de limites principiais.

No próprio homem não existe nenhum núcleo mudo e invisível: ele é todo visível e audível, todo externo. Também não há absolutamente quaisquer esferas mudas e invisíveis nas quais o homem comungue e pelas quais ele seja definido (o reino platônico das ideias era todo visível e audível). E por isso estava ainda mais distante da cosmovisão clássica grega situar os centros direcionais basilares da vida humana em centros mudos e invisíveis. É isso que determina a admirável e total exterioridade do homem clássico e de sua vida.

Só a partir dos períodos helênico e romano é que tem início o processo de transferência de esferas inteiras do ser, tanto no próprio homem quanto fora, para um *registro mudo* e uma *invisibilidade principial*. Esse processo também esteve longe de se concluir no terreno da Antiguidade. É característico que ainda não se possa ler "para si mesmo" as *Confissões* de Santo Agostinho, devendo-se declamá-la em voz alta, tão viva ainda é em sua forma a praça grega, onde se formou pela primeira vez a autoconsciência do homem europeu.

Quando falamos da exterioridade total do homem grego, evidentemente aplicamos aqui o nosso ponto de vista. O grego desconhecia exatamente nossa divisão em externo e interno (mudo e invisível). Para o grego, nosso "interior" na imagem do homem situava-se na mesma série do nosso "exterior", ou seja, era tão visível e audível e existia *externamente*, tanto *para os outros* quanto *para si*. Nesse sentido, todos os elementos da imagem eram homogêneos.

Contudo, essa exterioridade total do homem não se realizava num espaço vazio ("debaixo do céu estrelado numa terra deserta"), mas numa coletividade humana orgânica, "no povo". É por isso que o "exteriormente", em que se desvelava e existia o homem inteiro, não era algo estranho e frio (um "mundo desértico"), mas era o próprio povo. Ser externamente é ser para os outros, para uma coletividade, para o seu povo. O homem era todo exteriorizado no próprio elemento popular, no *medium* popular humano. Por isso, a *unidade* dessa totalidade exteriorizada do homem era de caráter *público*.

Tudo isso determina a originalidade singular da imagem do homem na arte clássica e na literatura. Nela, todo o corpóreo e o externo é espiritualizado e intensificado, todo o espiritual e interno (de nosso ponto de vista) é corpóreo e exteriorizado. Como a natureza em Goethe (para a qual essa imagem serviu como "epifenômeno"), ela "não tem núcleo nem formato", não é externa nem interna. Nisso consiste a

Biografia antiga e autobiografia

mais profunda diferença em relação a essas imagens do homem das épocas posteriores.

Nas épocas posteriores, as esferas mudas e invisíveis nas quais o homem passou a comungar deturparam a sua imagem. A mudez e a invisibilidade penetraram o seu interior. Com elas veio também a solidão. O homem privado e isolado — o "homem para si" — perdeu a unidade e a integralidade que haviam sido determinadas pelo princípio público. Sua autoconsciência, tendo perdido o cronotopo popular da praça, não conseguiu encontrar um cronotopo tão real, único e integral; por isso ela se desintegrou e desuniu-se, tornou-se abstrata e ideal. Na vida privada do homem privado surgiram muitas esferas e objetos que em geral não estavam sujeitos à publicidade (a esfera pública e outros) mas apenas a uma expressão de alcova íntima e convencional. A imagem do homem tornou-se pluriestratificada e pluricomposicional. Nela se separaram o núcleo e o formato, o externo e o interno.

Mostraremos posteriormente como Rabelais fez, na literatura universal, a mais magnífica tentativa de criar uma exteriorização nova e total do homem, e ademais sem estilizar a imagem antiga.

Outra tentativa de fazer renascer a antiga integralidade e exterioridade, se bem que em bases absolutamente novas, foi empreendida por Goethe.

Voltemos ao encômio grego e à primeira autobiografia. Pela peculiaridade da autoconsciência antiga que estudamos determina-se a identidade do enfoque biográfico e autobiográfico e sua coerente publicidade. Mas a imagem do homem no encômio é extraordinariamente simples e plástica, e nela quase não existe o elemento de formação. O ponto de partida do encômio é a imagem ideal de uma determinada forma de vida, de uma determinada posição — de chefe militar, rei, político. Essa é a forma ideal, o conjunto de exigências que se apresenta a dada posição: como deve ser o chefe militar, a enumeração de qualidades e virtudes do chefe militar. São todas essas qualidades e virtudes que mais tarde se revelam na vida da pessoa enaltecida. Fundem-se o ideal e a imagem do morto. A imagem do enaltecido é plástica e é habitualmente apresentada no momento de sua maturidade e plenitude vital.

Com base nos elaborados esquemas biográficos do encômio surgiu a primeira autobiografia em forma de discurso defensivo — a autobiografia de Isócrates, que exerceu enorme influência em toda a literatura universal (sobretudo através dos humanistas italianos e ingleses). Trata-se de um relato apologético público da própria vida. Os princípios de construção de toda essa imagem são os mesmos que na construção das imagens de políticos no encômio. Toma-se por base o ideal do rétor. A própria atividade retórica é enaltecida por Isócrates como forma superior de atividade vital. Essa autoconsciência profissional de Isócrates é de caráter absolutamente concreto. Ele caracteriza sua situação material, menciona os seus ganhos como rétor. Elementos meramente privados (do nosso ponto de vista), elementos estritamente profissionais (do nosso ponto de vista), elementos público-estatais e, por fim, ideias filosóficas estão situados na mesma série concreta, intimamente entrelaçados. Todos esses elementos são percebidos como totalmente homogêneos e se constituem numa imagem plástica única e ideal do homem. Aqui a autoconsciência do homem se baseia apenas em elementos de sua personalidade e de sua vida que estão voltados para fora, que existem para os outros assim como para si próprio; só neles a autoconsciência procura seu apoio e sua unidade, ignorando por completo outros elementos igualmente íntimo-pessoais, "egoicos", singular-individuais da autoconsciência.

Daí o peculiar caráter pedagógico-normativo dessa primeira autobiografia. Ao final dela coloca-se um ideal francamente educativo e formador. Contudo, a elucidação normativo-pedagógica é feita para todo o material da autobiografia.

Mas não se pode esquecer que a época de criação dessa primeira autobiografia já era a época da incipiente desagregação da integralidade pública do homem (como esta se revelou na epopeia e na tragédia). Daí certo caráter retórico-formal e abstrato nessa obra.

As autobiografias e memórias romanas se formam em outro cronotopo real. A base vital para elas foi a *família* romana. Aqui a autobiografia é um documento da autoconsciência familiar-tribal. Mas nessa base familiar-tribal a autoconsciência autobiográfica não se torna privada nem íntimo-pessoal. Ela conserva um caráter profundamente público.

A família romana (patriciana) não é a uma família burguesa, ela é símbolo de todo o íntimo privado. Era justamente como família que ela se fundia diretamente com o Estado; transferiam-se ao chefe da família certos elementos do poder estatal. Os cultos religiosos familiares (tribais), cujo papel era imenso, serviam como uma continuação imediata dos cultos do Estado. Os ancestrais eram os representantes do ideal nacional. A autoconsciência se orientava pela memória concreta da família e dos ancestrais e ao mesmo tempo era orientada para os descendentes. As tradições familiar-tribais deviam ser passadas de pai para filho. A família possuía o seu arquivo, no qual conservava registros escritos de todos os elos da linhagem. A autobiografia era escrita numa ordem de transmissão das tradições familiar-tribais, de um elo a outro, e colocada em arquivo. Isso torna a consciência autobiográfica *público-histórica* e *estatal*.

Essa específica historicidade romana da consciência autobiográfica a distingue da grega, que se voltava para os contemporâneos vivos presentes ali mesmo, na praça. A autoconsciência romana se sente antes de tudo como um elo de uma cadeia entre os ancestrais mortos e os descendentes que ainda não ingressaram na vida política. Por isso ela não é tão plástica, mas em compensação o tempo a traspassa de forma mais profunda.

Outra peculiaridade específica da autobiografia (e da biografia) romana é o papel dos *prodigia*, isto é, de toda sorte de presságios e suas interpretações. Aqui não se trata de um indício externo do enredo (como nos romances do século XVII), mas de um princípio muito importante de conscientização e enformação do material autobiográfico. A esse indício também está intimamente vinculada a importantíssima categoria autobiográfica genuinamente romana de "ventura".

Nos *prodigia*, ou seja, nos presságios do destino enquanto assuntos e iniciativas particulares do homem, assim como de toda a sua vida, o individual e o público-estatal se fundem de modo indissolúvel. Os *prodigia* são um importante elemento no início e no aperfeiçoamento de todas as iniciativas e atos do Estado. O Estado não dá um passo adiante sem passar pelos presságios.

Os *prodigia* são indicativos dos destinos do Estado, e lhe antecipam ventura ou desventura. Daí eles passam à pessoa individual do ditador ou chefe militar, cujo destino é inseparável do destino do Estado, fundem-se com os indicadores do seu destino pessoal. Surgem o ditador do braço venturoso (Sulla), da estrela venturosa (César). Nessa base, a categoria da ventura tem um especial significado formador de vida. Torna-se uma forma do indivíduo e de sua vida ("a fé em sua estrela"). Esse princípio determina a autoconsciência de Sulla em sua autobiografia. Mas, repetimos: na ventura de Sulla ou na ventura de César os destinos do Estado e do indivíduo se fundem em um todo. O que isso menos tem a ver é com a evasiva ventura privada. Porque esta é uma ventura nos afazeres, nas iniciativas do Estado, nas guerras. É absolutamente inseparável dos afazeres, da criação, do trabalho, do objetivo conteúdo público-estatal. Assim, o conceito de ventura incorpora aqui também os nossos conceitos de "dom", "intuição" e aquele específico conceito de "genialidade"[21] de tão grande importância na filosofia e na

---

[21] No conceito de "ventura" fundem-se genialidade e sucesso; o gênio não reconhecido é uma *contradictio in adjecto*. (N. do A.)

estética do século XVIII (Edward Young, Johann Georg Hamann, Johann Gottfried Herder, gênios de "tempestade e ímpeto"). Nos séculos posteriores, a categoria da ventura foi fracionada e privatizada. Todos os elementos criativos e público-estatais abandonaram a categoria da ventura — que se tornou um princípio individual-privado e não criativo.

Em paralelo com esses traços especificamente romanos, operam também as tradições autobiográficas greco-helenísticas. Em terreno romano, os antigos lamentos fúnebres (*naenia*) também foram substituídos pelos discursos fúnebres, as "laudações". Aqui dominam os esquemas retóricos greco-helenísticos.

Uma forma autobiográfica essencial em terreno helenístico-romano são os trabalhos relativos aos "escritos de próprio punho". Como já indicamos, essa forma recebeu uma influência substancial do esquema platônico da trajetória vital do cognoscente. Mas aqui foi encontrado para ela um suporte objetivo bem diferente. Apresenta-se um catálogo das obras de próprio punho, desvelam-se os seus temas, ressalta-se o seu sucesso com o público e faz-se um comentário autobiográfico a elas (Cícero, Galeno e outros). Uma série de obras de próprio punho oferece um suporte firme e real para a tomada de consciência do curso temporal da vida própria do autor. Na sequência de obras próprias é oferecido um vestígio substancial do tempo biográfico, sua objetivação. Em paralelo com isso, aqui a autoconsciência se revela não diante de "alguém" em geral, mas diante de um círculo definido de leitores das obras próprias de um autor. Para eles se constrói a autobiografia. A concentração autobiográfica em si mesmo e na própria vida do autor ganha aqui um mínimo de publicidade essencial de tipo absolutamente novo. A esse tipo autobiográfico pertence também as *Retractationes* de Santo Agostinho. Na Idade Moderna deve-se incluir uma série de obras dos humanistas (de Chaucer, por exemplo), mas em épocas posteriores esse tipo se torna apenas um elemento (é verdade que muito importante) das autobiografias criadoras (por exemplo, em Goethe).

São essas aquelas formas autobiográficas antigas que podem ser chamadas de formas da *autoconsciência pública do homem*.

Abordemos sucintamente as formas autobiográficas maduras da época helenístico-romana. Aqui cabe observar antes de tudo a influência de Aristóteles sobre os métodos caracterológicos dos biógrafos antigos, justamente a doutrina da enteléquia como objetivo último e ao mesmo tempo a causa primeira do desenvolvimento. Essa identificação aristotélica do objetivo com o princípio não podia deixar de exercer uma influência essencial nas peculiaridades do tempo biográfico. Daí a maturidade perfeita do caráter ser o autêntico princípio do desenvolvimento. Aqui ocorre uma peculiar inversão "caracterológica" que exclui a plena formação do caráter. Toda a juventude do homem é tratada apenas como uma prévia indicação da maturidade. Um certo elemento de movimento é introduzido apenas pela luta dos pendores e afetos e pelo exercício da virtude com vistas a lhe conceder permanência. Essa luta e esses exercícios apenas fortalecem as propriedades do caráter já existentes, mas não criam nada de novo. Continua como fundamento a essência estável do homem concluído.

Nessa base formaram-se dois tipos de construção da biografia antiga.

O primeiro tipo pode ser chamado de energético. Ele se funda no conceito aristotélico de energia. O pleno ser e a essência do homem não são um estado, mas uma ação, uma força ativa ("energia"). Essa "energia" desdobra-se em atos e expressões. Além disso, os atos, as palavras e as outras expressões do homem não são, em absoluto, apenas uma manifestação externa (para os outros, para um "terceiro") de alguma essência interna do caráter já existente além dessas manifestações, antes delas e fora delas. São essas manifestações que constituem o ser do próprio caráter, que não possui existência alguma fora de sua "energia". Além de sua manifestação externa, de sua expressividade, maturidade e audibilidade, o caráter carece de plenitude de realidade, de plenitude de existência. Quanto mais plena a expressividade, tanto mais plena a sua existência.

Por isso, não se deve representar a vida humana (*bios*) e o caráter por meio de uma enumeração analítica das qualidades caracterológicas do homem (das virtudes ou vícios) e da sua junção numa sólida imagem dele, mas pela representação dos atos, discursos e outras manifestações e expressões do homem.

Esse tipo energético de biografias é representado por Plutarco, cuja influência sobre a literatura universal (e não só a biográfica) foi excepcionalmente grande.

Em Plutarco, o tempo biográfico é específico. É o tempo da *revelação do caráter*, mas de modo algum o tempo da formação e do crescimento do homem.[22] É verdade que fora dessa revelação, dessa "manifestação", o caráter dele não existe, mas é predeterminado enquanto "entelequia", e só pode desvelar-se num determinado sentido. A própria realidade histórica na qual se realiza a revelação do caráter serve apenas como arena para essa revelação, ela fornece os motivos para a manifestação do caráter em atos e palavras, mas não tem influência determinante sobre o próprio caráter, não o forma, não o cria, apenas o atualiza. A realidade histórica é a arena para a revelação e o desdobramento dos caracteres humanos, e só.

O tempo biográfico não é reversível em relação aos próprios acontecimentos da vida, que são inseparáveis dos acontecimentos históricos. Mas em relação ao caráter esse tempo é reversível: esse ou aquele indício do caráter poderia por si

---

[22] O tempo é fenomenal, a essência do caráter está ela mesma fora do tempo. A substancialidade do caráter é dada fora do tempo. (N. do A.)

só manifestar-se antes ou depois. Os próprios indícios do caráter são cronológicos, suas manifestações são deslocáveis no tempo. O próprio caráter não nasce nem muda, apenas *se completa*: no início ele não é pleno, não foi revelado, é fragmentário, mas torna-se *pleno* e harmonizado no fim. Consequentemente, o meio de revelação do caráter não conduz à sua mudança e à formação em face da realidade histórica, mas apenas ao seu *acabamento*, ou seja, apenas à complementação da forma que foi prescrita desde o início. Assim é o tipo biográfico de Plutarco.

O segundo tipo biográfico pode ser chamado de analítico. Este se baseia num esquema com rubricas determinadas pelas quais se distribui todo o material biográfico: a vida social, a vida familiar, o comportamento na guerra, a relação com os amigos, sentenças dignas de memória, virtudes, vícios, aparência, *habitus*, etc. Diversos indícios e qualidades do caráter são retirados de vários acontecimentos e casos da vida do herói, registrados em *diferentes épocas* e distribuídos segundo as referidas rubricas. Um ou dois exemplos da vida de uma pessoa são apresentados como provas para formar um indício desse caráter.

Desse modo, quebra-se aqui a série biográfica temporal: sob a mesma rubrica reúnem-se elementos da vida de diferentes épocas. O princípio diretor é a *totalidade* do caráter, de cujo ponto de vista são indiferentes o tempo e a ordem de manifestação de uma ou outra parte dessa totalidade. As primeiras linhas (as primeiras manifestações do caráter) predeterminam os sólidos contornos dessa totalidade e todo o resto já é disposto no interior desses contornos, em ordem quer temporal (o primeiro tipo de biografia), quer sistemática (o segundo tipo).

O principal representante desse segundo tipo antigo de biografias foi Suetônio. Se Plutarco exerceu uma enorme influência sobre a literatura, especialmente sobre o drama (porque o tipo energético de biografia é essencialmente dramático), Suetônio influenciou de forma predominante o gênero estritamente biográfico, sobretudo na Idade Média. (Até hoje se mantém o tipo de construção de biografias por rubricas: tanto do homem como do escritor, tanto do chefe de família, quanto do pensador, etc.)

Todas as formas até agora mencionadas, tanto as autobiográficas como as biográficas (entre essas formas não havia diferenças principiais no enfoque do homem), têm um caráter essencialmente público. Agora devemos abordar aquelas formas autobiográficas em que já se manifesta a desintegração dessa exterioridade pública no homem, onde começam a abrir caminho a autoconsciência desenvolvida do homem isolado e solitário e a revelar-se as esferas privadas de sua vida. No terreno da Antiguidade, encontramos no campo da autobiografia apenas o início do processo de privatização do homem e de sua vida. Por isso, aqui ainda não haviam sido elaboradas novas formas de expressão autobiográfica da *autoconsciência solitária*. Haviam sido feitas apenas modificações específicas das formas público-retóricas existentes. Observamos fundamentalmente três tipos dessa modificação.

A primeira modificação é a representação satírico-irônica ou humorística de si mesmo e de sua própria vida, em sátiras e diatribes. Destacamos em particular as autobiografias irônicas e caracterizações pessoais em versos em Horácio, Ovídio e Propércio, que são amplamente conhecidas e incorporam um elemento de parodização das formas público-heroicas. Aqui (sem encontrar formas positivas para a sua expressão), o *particular* e o *privado* se revestem de uma forma de *ironia* e *humor*.

A segunda modificação — muito importante por sua ressonância histórica — é representada pelas cartas de Cícero a Ático.

As formas público-retóricas da unidade da imagem do homem foram se necrosando, tornando-se oficiais e convencionais, enquanto a heroificação e a glorificação (e autoglorificação) tornavam-se estereotipadas e empoladas. Além disso, os gêneros público-retóricos existentes, em essência, não deixavam lugar para a representação da vida privada, cuja esfera crescia cada vez mais tanto em amplidão quanto em profundidade e cada vez mais se fechava em si mesma. Em tais condições começam a ganhar uma grande importância as formas íntimo-retóricas, antes de tudo a forma da *carta de amizade*. No clima íntimo-amistoso (semiconvencional, é claro) começa a desvelar-se a nova consciência íntimo-privada do homem. Toda uma série de categorias da autoconsciência e da enformação da vida privada — sorte, ventura, mérito — começa a perder sua importância público-estatal e a passar ao plano pessoal-privado. A própria natureza incorporada a esse novo universo íntimo-privado começa a mudar substancialmente. Começa a medrar a "paisagem", ou seja, a natureza como um círculo (objeto de visão) e um entorno (um plano de fundo, uma situação) de um homem privado e solitariamente inativo. Essa natureza difere acentuadamente da natureza do idílio pastoral ou das geórgicas, isso já sem falar da natureza na epopeia e na tragédia. No universo íntimo do homem privado, a natureza entra como fragmentos pictóricos nas horas de passeio, de repouso, nos momentos de contemplação casual da visão que se descortina. Esses fragmentos pictóricos estão entrelaçados com a unidade instável da vida privada do romano culto, mas não integram o único, vigoroso, espiritualizado e independente conjunto da natureza como na epopeia e na tragédia (por exemplo, a natureza em *Prometeu acorrentado*). Esses fragmentos pictóricos podem ser apenas em parte harmonizados em paisagens verbalizadas fechadas. Outras categorias sofrem uma transformação análoga nesse novo universo íntimo-privado. Ganham importância inúmeros detalhes da vida privada nos quais o homem se sente à vontade, e nos quais começa a basear-se sua autoconsciência privada. A imagem do homem começa a movimentar-se em espaços privados fechados, num ambiente quase íntimo, onde ele perde sua monumentalidade plástica e a total exterioridade pública.

Assim são as cartas a Ático. Mas mesmo assim ainda há nelas muito de público-retórico, tanto do convencionalmente necrosado como do ainda vivo e essencial. Aqui, fragmentos do futuro homem absolutamente privado estão como que disseminados (fundidos) na velha unidade público-retórica da imagem do homem.

Podemos chamar convencionalmente a terceira e última modificação de tipo estoico de autobiografia. Aqui se deve incluir antes de tudo as chamadas "consolações". Estas consolações eram construídas em forma de diálogo com uma "filosofia consoladora". Cabe mencionar antes de mais nada a *Consolatio* de Cícero, que chegou aos nossos dias e foi escrita depois da morte de sua filha. Aqui também se inclui seu *Hortensius*. Em épocas posteriores, encontramos tais consolações em Santo Agostinho, em Boécio e, por último, em Petrarca.

Na terceira modificação cabe ainda incluir as cartas de Sêneca, o livro autobiográfico de Marco Aurélio (*Para mim mesmo*) e, por último, as *Confissões* e outras obras autobiográficas de Santo Agostinho.

É característica de todas as referidas obras o surgimento de uma nova forma de relação consigo mesmo. Essa última relação é mais bem caracterizada pelo termo de Santo Agostinho, *Soliloquia*, ou seja, "Conversas solitárias consigo mesmo". Nas consolações, tais conversas solitárias também são, evidentemente, conversas com a filosofia consoladora.

Trata-se de uma nova relação consigo mesmo, com o próprio "eu", sem testemunhas, sem concessão do direito à voz a um "terceiro", independentemente de quem ele seja. A autoconsciência do homem solitário procura aqui um suporte e uma instância judiciosa, superior em si mesma, e no campo imediato das ideias: na filosofia. Aqui ocorre até uma luta contra o ponto de vista "do outro", por exemplo, em Marco Aurélio. Esse ponto de vista "do outro" sobre nós, que levamos em conta e com o qual avaliamos a nós mesmos, é uma fonte de vaidade, de orgulho fútil ou de ressentimento. Ela turva a nossa consciência e a nossa autoavaliação: cabe nos libertarmos dela.

Outra peculiaridade da terceira modificação é o brusco aumento do peso específico dos acontecimentos da vida íntimo-pessoal, de acontecimentos que, a despeito da grande importância que têm na vida de um dado homem, são de importância ínfima para os outros e de quase nenhuma importância político-social: por exemplo, a morte de uma filha (na *Consolatio* de Cícero); em tais acontecimentos o homem se sente como que principialmente solitário. Mas também nos acontecimentos de importância pública começa a acentuar-se seu lado pessoal. Neste sentido, manifestam-se de modo muito acentuado as questões da perecibilidade de todos os bens, da mortalidade do homem; de modo geral, o tema da morte começa a desempenhar em diferentes variações um papel essencial na consciência autobiográfica do homem. Na autoconsciência pública, o papel da morte, evidentemente é (quase) nulo.

Apesar desses elementos novos, a terceira modificação também acaba se tornando consideravelmente público-retórica. Ainda não havia aquele autêntico homem solitário que surge na Idade Média e posteriormente desempenha tão grande papel no romance europeu. Aqui, a solidão ainda é muito relativa e ingênua. A autoconsciência ainda tem um apoio público bastante sólido, embora também já esteja parcialmente necrosado. O mesmo Marco Aurélio, que excluía o "ponto de vista do outro" (na luta contra o sentimento de ressentimento) é imbuído de um profundo sentimento de dignidade pública e agradece orgulhosamente ao destino e aos homens por suas virtudes. A própria forma autobiográfica da terceira modificação também é de caráter público-retórico. Já dissemos que até as *Confissões* de Santo Agostinho requerem declamação em voz alta.

São essas as formas basilares da autobiografia antiga e da biografia. Elas exerceram enorme influência tanto na evolução dessas formas na literatura europeia quanto na evolução do romance.

4

O problema da inversão histórica e o cronotopo folclórico

Para concluir o nosso resumo das formas antigas de romance, ressaltemos as peculiaridades gerais da assimilação do tempo que elas contêm.

Como anda a questão da plenitude do tempo no romance antigo? Já dissemos ser necessário algum mínimo de plenitude do tempo em qualquer imagem temporal (e as imagens da literatura são imagens temporais). Ademais, não se pode nem falar da reverberação de uma época fora do curso do tempo, fora de uma relação com o passado e o futuro, fora da plenitude do tempo. Onde não há um curso do tempo, não há tampouco o elemento temporal na acepção plena e essencial desse termo. A atualidade, tomada fora de sua relação com o passado e o futuro, perde sua unidade, dissipa-se em fenômenos e objetos singulares, tornando-se um conglomerado destes.

Até no romance antigo existe um mínimo de plenitude do tempo. Ele é, por assim dizer, mínimo no romance grego e um pouco mais significativo no tempo aventuresco e de costumes. No romance antigo essa plenitude do tempo tem um duplo caráter. Em primeiro lugar, ela tem suas raízes na plenitude mitológico-popular do tempo. Entretanto, essas formas temporais específicas já se encontravam em estado de desintegração e, nas condições da acentuada estratificação social que então se iniciava, não podiam, evidentemente, abranger e enformar adequadamente o novo conteúdo. Mas ainda assim essas formas de plenitude folclórica do tempo continuavam a agir no romance antigo.

Por outro lado, há no romance antigo frágeis embriões de novas formas de plenitude do tempo, vinculadas aos desvelamentos das contradições sociais. Todo desvelamento de contradições sociais desloca inevitavelmente o tempo para o futuro. Quanto mais profundo é esse desvelamento e, consequentemente, quanto mais maduro, tanto mais substancial e ampla pode vir a ser a plenitude do tempo nas imagens do artista. Percebemos embriões dessa unidade real do tempo no romance de aventuras e costumes. Contudo, eles eram demasiado frágeis para evitar plenamente a desintegração novelesca das formas da grande epopeia.

Aqui precisamos nos deter numa das peculiaridades da sensação do tempo, que exerceu uma influência enorme e determinante na evolução das formas e imagens literárias.

Essa peculiaridade se manifesta antes de tudo na chamada "inversão histórica". A essência dessa inversão resume-se ao fato de que o pensamento mitológico e artístico localiza no passado categorias como objetivo, ideal, justiça, perfeição, estado harmonioso do homem e da sociedade, etc. São os mitos do paraíso, da Idade de Ouro, da era dos heróis, da verdade antiga; são expressões dessa inversão histórica concepções mais tardias do estado natural, dos direitos naturais e congênitos, etc. Definindo-a de modo um tanto simplificado, pode-se dizer que aí se representa como já tendo existido no passado aquilo que em verdade pode ou deve ser realizado apenas no futuro, aquilo que, em essência, é um objetivo, um dever ser e em hipótese nenhuma uma realidade do passado.

Esse original "deslocamento", "inversão" do tempo, característico do pensamento mitológico e artístico de diferentes épocas do desenvolvimento da humanidade, é determinado por uma concepção peculiar de tempo, sobretudo pelo futuro. Por conta do futuro enriquecia-se o presente e particularmente o passado. A força e a demonstrabilidade do real, da realidade, pertencem apenas ao presente e ao passado — ao "há" e ao "houve" —, ficando com o futuro uma realidade de outra espécie, mais efêmera, por assim dizer, um "haverá" desprovido daquela materialidade e densidade, daquela ponderabilidade real que é inerente ao "há" e ao "houve". O futuro não é homogêneo com o presente nem com o passado e, por mais duradouro que o concebamos, é desprovido de concretude de conteúdo, meio vazio e rarefeito, uma vez que tudo o que há de positivo, ideal, devido e desejado está, pela via da inversão, situado no passado ou só parcialmente no presente, visto que por essa via tudo se torna mais ponderável, real e demonstrável. Para investir de realidade esse ou aquele ideal, concebe-se tal ideal como já tendo existido outrora e em "estado natural" na Idade de Ouro, ou o concebem como existente no presente num reino dos confins, além-mar, se não na terra ao menos debaixo dela, se não debaixo da terra ao menos no céu. Quem assim procede se dispõe antes a superestruturar a realidade (o presente) pela vertical, para o alto e para baixo, a avançar pela horizontal do tempo. Suponhamos que essas superestruturas verticais sejam declaradas ideais e sobrenaturais, extratemporais; esse extratemporal e eterno é concebido como simultâneo ao momento atual, ao presente, isto é, concebido como atual, como aquilo que já existe, que é melhor do que o futuro que ainda não existe e que nunca existiu. Do ponto de vista da realidade, a inversão histórica, na acepção precisa do termo, prefere o passado, como mais ponderável e mais denso, a esse futuro. Já as superestruturas verticais sobrenaturais preferem a esse passado o extratemporal e eterno como já reais e como que já atuais. Cada uma dessas formas esvazia e rarefaz a seu modo o futuro, dessangrando-o. Nas respectivas construções filosóficas, à inversão histórica corresponde uma declaração de "princípios" como fontes puras e não turvadas de todo o ser e uma declaração de valores eternos, de formas ideais e extratemporais do ser.

Outra forma na qual se manifesta a mesma atitude em face do futuro é a escatologia. Aqui o futuro se esvazia de outra maneira. É concebido como o fim de todo o existente, como o fim do ser (em suas formas passadas e presentes). Nessa relação não faz diferença se o fim é concebido como catástrofe e pura destruição, como outro caos, como o crepúsculo dos deuses ou como a chegada do reino de Deus — importa apenas que o fim seja concebido para tudo o que existe e, ademais, que o fim esteja relativamente próximo. A escatologia sempre concebe esse fim de tal forma que aquele fragmento de futuro que separa o presente desse fim desvaloriza-se, deixa de ser importante e interessante: trata-se de uma continuação desnecessária do presente por uma duração indefinida.

São essas as formas específicas da relação da mitologia e da literatura ficcional com o futuro. Em todas essas formas esvazia-se e dessangra-se o futuro real. Mas no âmbito de cada uma delas há possíveis variações concretas que diferem pelo valor.

Mas antes de abordarmos certas variações, é necessário precisar a relação de todas essas formas com o futuro real. Ora, de qualquer maneira, tudo para essas formas se reduz ao futuro real, exatamente àquilo que ainda não existe, mas que deverá existir. Em essência, elas visam a tornar real o que é tido como devido e verdadeiro, a dotá-lo de existência, a familiarizá-lo com o tempo, a contrapô-lo, enquanto algo de fato existente e ao mesmo tempo verdadeiro, à atualidade presente, também existente, porém má, não verídica.

As imagens desse futuro localizavam-se inevitavelmente no passado ou eram transferidas ao reino dos confins, para além de mares e de oceanos; aquilo que as diferençava da atualidade dura e cruel era medido pela distância temporal ou espacial. Contudo, essas imagens não eram retiradas do tempo como tais, não eram arrancadas da atualidade real e material do nosso mundo. Ao contrário, toda a energia do futuro almejado, por assim dizer, intensificava profundamente as imagens da realidade material daqui, e sobretudo a imagem do homem corpóreo vivo: esse homem crescia por conta do futuro, transformava-se num tipo hercúleo comparado a seus contemporâneos ("Não sois vós os bogatires"),[23] revestia-se de surpreendente força física, de grande capacidade de trabalho, heroificava-se sua luta com a natureza, heroificava-se sua inteligência prática e realista, heroificavam-se até seu saudável apetite e sua sede. Aqui, a grandeza e força ideal, a importância ideal do homem, nunca se separavam das dimensões espaciais e da duração temporal. Um grande homem era também um homem fisicamente grande, que andava a passos largos, que exigia vastos espaços e vivia no tempo uma vida física real e longa. É verdade que, às vezes, em certas formas de folclore, esse grande homem sofre uma metamorfose, durante a qual se apequena e não consegue realizar o seu valor no espaço e no tempo (ele desaparece como o sol, desce ao inferno, embaixo da terra), mas no fim das contas sempre realiza toda a plenitude do seu valor no espaço e no tempo, torna-se grande e também longevo. Simplificamos um pouco esse traço do autêntico folclore, mas nos importa frisar que esse folclore não conhece uma idealidade hostil ao espaço e ao tempo. Ao fim e ao cabo, tudo o que é significativo também pode e deve ser significativo tanto no espaço como no tempo. O homem do folclore exige espaço e tempo para a sua realização, está todo e por inteiro neles e neles se sente bem. É totalmente estranha ao folclore qualquer contraposição premeditada da grandeza ideal às dimensões físicas (no amplo sentido da palavra), o abrandamento dessa grandeza ideal em formas espaçotemporais deliberadamente míseras com o objetivo de aviltar todo o espaço-tempo.

---

[23] Verso do poema *Borodinó* (1837) de Mikhail Liérmontov (1814-1841). Os bogatires são heróis gigantes da épica folclórica russa. (N. do T.)

Além disso, cabe salientar mais um aspecto do autêntico folclore: aí o homem mesmo é grande, e não às custas de outrem, ele mesmo é alto e forte, ele sozinho pode rechaçar vitoriosamente todo um exército inimigo (como Cú Chulainn[24] durante a inércia hibernal dos ulaides), ele é a contraposição direta do régulo que reina sobre um grande povo, ele mesmo é esse grande povo, e grande por sua própria conta. Ele subjuga apenas a natureza, e ele mesmo é servido apenas por feras (e aliás nem elas são suas escravas).

Esse crescimento do homem no espaço e no tempo nas formas da nossa realidade (material) manifesta-se no folclore não só nas referidas formas do crescimento e da força — suas manifestações têm formas muito variadas e sutis —, mas sua lógica é sempre e em toda parte a mesma: é o crescimento direto e honesto do homem, por conta própria e neste mundo real, sem nenhuma falsa pertença, sem quaisquer compensações ideais de fraqueza e necessidade. Das outras formas de expressão desse crescimento do homem em todas as direções trataremos em especial quando analisarmos o genial romance de Rabelais.

Por isso, o fantástico do folclore é um fantástico realista: este jamais extravasa o âmbito do nosso mundo material e real, não remenda os seus rasgões com nenhum elemento ideal sobrenatural, ele opera nas vastidões do espaço e do tempo, sabe sentir esses espaços e empregá-los em sentido amplo e profundo. Esse fantástico se apoia nas possibilidades reais do desenvolvimento do homem — possibilidades não no sentido de um programa de ação prática imediata, mas no sentido das possibilidades-necessidades do homem, no sentido das eternas e sempre irremovíveis possibilidades da real natureza humana. Tais necessidades sempre existirão enquanto existir o homem, não podem ser reprimidas, são reais co-

---

[24] Herói das sagas medievais irlandesas. (N. do T.)

mo a própria natureza do homem e, por isso, cedo ou tarde, não podem deixar de abrir caminho à sua plena realização.

Por isso que o realismo folclórico é uma fonte inesgotável de realismo para toda a literatura em livros, inclusive para o romance. Essa fonte de realismo teve uma importância especial na Idade Média, particular na época do Renascimento; mas ainda voltaremos a essa questão ao analisarmos o livro de Rabelais.

5

O romance de cavalaria

Abordaremos de modo muito sucinto as peculiaridades do tempo e, consequentemente, do cronotopo, no romance de cavalaria (somos forçados a deixar de analisar algumas obras).

O romance de cavalaria opera com o tempo aventuresco — basicamente do tipo grego, embora em alguns romances haja uma grande aproximação com o tipo apuleico de aventuras e costumes (sobretudo no *Parzival* de Wolfram von Eschenbach). O tempo se decompõe numa série de segmentos-aventuras, em cujo interior ganha uma organização técnico-abstrata e um vínculo igualmente técnico com o espaço. Aqui encontramos a mesma simultaneidade e a mesma heterotemporalidade casuais dos fenômenos, o mesmo jogo com a distância e a proximidade, os mesmos retardamentos. O cronotopo desse romance — um universo variadamente estranho[25] e um tanto abstrato — também é próximo do grego. O mesmo papel organizativo é aqui desempenhado pela prova de identidade dos heróis e dos objetos (em essência, a prova de fidelidade ao amor e ao código-dever do cavaleiro). Também surgem, de modo inevitável, elementos ligados à ideia de identidade: mortes fictícias, reconhecimento/não re-

---

[25] Ou "alheio", "estrangeiro", "outro" — possíveis traduções de *tchujói*. (N. do T.)

conhecimento, troca de nomes, etc. (e um jogo mais complexo com a identidade, como, por exemplo, as duas Isoldas, a amada e a não amada em *Tristão e Isolda*). Aqui (no fim das contas) surgem motivos também de natureza fabular-oriental vinculados à identidade — encantamentos de todo tipo, que desprendem provisoriamente o homem dos acontecimentos, transportando-o para um outro mundo.

Mas, em paralelo a isso, no tempo aventuresco dos romances de cavalaria há algo de essencialmente novo (logo, também em todo o seu cronotopo). Em todo o tempo aventuresco tem lugar a intervenção do acaso, do destino, dos deuses, etc. Porque esse mesmo tempo surge nos pontos de ruptura (no hiato que surge) das séries temporais normais, reais, regulares e no ponto em que essa regularidade (seja ela qual for) é *de súbito* violada e os acontecimentos ganham um rumo inesperado e imprevisto. Nos romances de cavalaria, esse "súbito" como que se normatiza, torna-se algo universalmente determinante, quase habitual. O mundo inteiro se torna maravilhoso[26] e o próprio maravilhoso se torna habitual (sem deixar de ser maravilhoso). O eterno "imprevisto" mesmo deixa de ser algo imprevisto. O imprevisto é esperado e só o imprevisto se espera. O mundo inteiro é enquadrado na categoria do "súbito", na categoria do acaso maravilhoso e imprevisto. O herói dos romances gregos procurava restabelecer a regularidade, reatar os elos rompidos do curso normal da vida, desprender-se do jogo do acaso e retornar à vida habitual, normal (é verdade que já fora do âmbito do romance); ele vivenciava as aventuras como desgraças lançadas sobre ele, mas não era um aventureiro, ele mesmo não as procurava (neste sentido, carecia de iniciativa). O herói do romance de cavalaria se precipita para as aventuras como que para o seu elemento familiar, para ele o mundo só existe sob

---

[26] No original, *tchudiêsni*, que pode também ser traduzido como "mágico" ou "feérico". (N. do T.)

o signo do maravilhoso "de súbito" — é essa a condição normal do mundo. Ele é um aventureiro, mas um aventureiro desinteressado (aventureiro, evidentemente, não no sentido do uso tardio do termo, ou seja, não no sentido do homem que sobriamente persegue seus objetivos cobiçosos pelos insólitos caminhos da vida). Por sua própria essência, ele só pode viver nesse mundo de acasos maravilhosos e só neles conservar sua identidade. E o próprio "código" pelo qual se mede a sua identidade é concebido justamente para esse mundo de acasos maravilhosos.

No romance de cavalaria, a própria coloração do acaso — de todas essas simultaneidades e heterotemporalidades casuais — é diferente daquela que ocorre no romance grego. Aqui se trata de um puro mecanismo de divergências e convergências temporais num espaço abstrato repleto de raridades e curiosidades. Aí mesmo o acaso tem todo o atrativo do mágico e do misterioso, personifica-se na imagem de fadas boas e más, de feiticeiros bons e maus, espreita em bosques e castelos encantados, etc. Na maioria das vezes, o herói não experimenta "desgraças" que só interessam ao leitor, mas "aventuras maravilhosas", interessantes (e encantadoras) também para ele mesmo.

A aventura ganha um novo tom devido a todo esse mundo mágico onde ela transcorre.

Depois, nesse mundo mágico realizam-se atos heroicos que *glorificam* os próprios heróis e com os quais eles *glorificam* os outros (o seu suserano, a sua senhora). O elemento da façanha distingue acentuadamente a aventura cavalheiresca da aventura grega e a aproxima da *aventura épica*. O elemento da glória, da glorificação, também era totalmente estranho ao romance grego e de igual maneira aproxima o romance de cavalaria da epopeia.

À diferença dos heróis do romance grego, os heróis do romance de cavalaria são *individuais* e ao mesmo tempo *representam*. Os heróis dos diversos romances gregos se parecem uns com os outros, mas têm nomes diferentes, sobre cada um deles pode-se escrever apenas um romance, em torno deles não se criam ciclos, variantes, série de romances de vários autores, cada um deles é posse privada de seu autor e lhe pertence como um objeto. Como vimos, eles todos não representam nada nem ninguém, são "cada um por si". Os vários heróis dos romances de cavalaria em nada se parecem uns com os outros, nem pelas feições, nem pelo destino. Lancelote não tem nenhuma semelhança com Parzival, Parzival não se parece com Tristão. Em compensação, sobre cada um deles foram criados vários romances. Em termos rigorosos, eles não são heróis de romances isolados (e, ainda em termos rigorosos, não há absolutamente romances de cavalaria individuais *isolados*, fechados em si mesmos): eles são heróis de *ciclos*. E, claro, não pertencem a certos romancistas como propriedade privada (não se trata, evidentemente, da ausência de direito autoral e de noções a ele vinculadas); a exemplo dos heróis épicos, pertencem ao tesouro comum de imagens, ainda que um tesouro internacional e não nacional como na epopeia.

Por último, o herói e o mundo maravilhoso onde ele atua são feitos de um só fragmento, não há divergências entre eles. É bem verdade que esse mundo não é a pátria nacional, por toda parte ele é igualmente alheio (sem acentuação da alteridade), o herói passa de um país a outro, confronta-se com diferentes suseranos, realiza viagens marítimas, mas em toda parte o mundo é único e sempre preenchido pela mesma glória, pela mesma concepção de façanha e desonra; o herói pode glorificar a si e aos outros por todo esse mundo; em toda parte são gloriosos os mesmos nomes gloriosos.

Nesse mundo o herói está "em casa" (mas não em sua pátria); ele é tão maravilhoso como esse mundo: maravilhosa é sua origem, maravilhosas são as circunstâncias do seu nascimento, de sua infância e juventude, maravilhosa é sua natureza física e assim por diante. Ele é carne da carne e sangue do sangue desse mundo maravilhoso, e seu melhor representante.

Todas essas peculiaridades do romance aventuresco de cavalaria diferenciam-no acentuadamente do romance grego e o aproximam da epopeia. O romance inicial de cavalaria em versos situa-se, em essência, na fronteira entre a epopeia e o romance, o que define seu lugar especial na história do romance. Pelas referidas peculiaridades define-se também o cronotopo original desse romance — *um mundo maravilhoso no tempo da aventura*.

Esse cronotopo é, a seu modo, muito limitado e comedido. Já não é mais repleto de raridades e de curiosidades, mas do maravilhoso; nele, cada objeto — uma arma, uma roupa, uma fonte, uma ponte, etc. — tem algumas propriedades mágicas ou é simplesmente encantatório. Nesse mundo também há muito de simbólico, mas sem o caráter grosseiro de um rébus e sim próximo do simbólico da fábula oriental.

É em face de tudo isso que se forma o próprio tempo aventuresco no romance de cavalaria. No romance grego, ele era tecnicamente verossímil nos limites de certas aventuras, um dia era igual a um dia, uma hora, a uma hora. No romance de cavalaria, o tempo se torna até certo ponto mágico. Surge um hiperbolismo fabular do tempo, as horas se alongam, os dias se reduzem a instantes, e o próprio tempo pode encantar; aqui surge até a influência dos sonhos sobre o tempo, ou seja, surge a distorção específica das perspectivas temporais que caracteriza os sonhos; os sonhos já não são apenas um elemento do conteúdo, mas começam a adquirir uma função também enformadora, assim como as "visões" análogas ao sonho (forma organizativa muito importante na literatura medieval).[27] De modo geral, surge no romance de ca-

---

[27] A Antiguidade, é claro, também conhecia uma forma externa de construção narrativa à feição do sonho e das visões do sonho. Basta mencionar *O sonho, ou A vida de Luciano*, de Luciano de Samósata (um acon-

valeria um *jogo subjetivo com o tempo*, seus alongamentos e encolhimentos lírico-emocionais (além das referidas deformações fabulares e oníricas), o desaparecimento de episódios inteiros como se não tivessem existido (assim, no *Parzival*, desaparece e passa a não havido o episódio de Montsalvat, no qual o herói não reconhece o rei) e outros. Esse jogo subjetivo com o tempo é totalmente estranho à Antiguidade. Já no romance grego, no âmbito de aventuras particulares o tempo se distinguia por uma precisão seca e prática. A Antiguidade tratava o tempo com profundo respeito (ele era consagrado pelos mitos) e não se permitia um jogo subjetivo com ele.

A esse jogo subjetivo com o tempo, a essa violação das elementares correlações e perspectivas temporais corresponde no cronotopo do universo maravilhoso o mesmo jogo subjetivo com o espaço, a mesma violação das elementares correlações e perspectivas espaciais. Além disso, na maioria dos casos aí não se manifesta, absolutamente, uma liberdade folclórico-fabular positiva do homem no espaço, mas uma deformação subjetivo-emocional e em parte simbólica do espaço.

Assim é o romance de cavalaria. A integralidade quase épica e a unidade do cronotopo do universo maravilhoso posteriormente se desintegram (já no romance tardio de cavalaria em prosa, no qual se intensificam os elementos do romance grego) e nunca mais se restabelecem plenamente. Contudo, alguns elementos desse cronotopo original, sobretudo o jogo subjetivo com as perspectivas espaçotemporais, renascem reiteradamente (é claro que com alguma mudança de funções) na história posterior do romance: nos românticos (por exemplo, em *Heinrich von Ofterdingen*, de Novalis), nos simbolistas, nos expressionistas (por exemplo, realiza-se

tecimento autobiográfico crucial da vida em forma de sonho). Mas inexiste nessa obra uma lógica interna específica do sonho. (N. do A.)

um jogo muito sutil com o tempo em *Der Golem*, de Gustav Meyrink), em parte nos surrealistas.

No fim da Idade Média, aparecem obras de um tipo especial, enciclopédicas (e sintéticas) por seu conteúdo e construídas em forma de "visões". Temos em vista o *Roman de la Rose* (Guillaume de Lorris) e sua continuidade (Jean de Meung), *Piers Plowman* de William Langland e, por último, a *Divina Comédia*.

Num segmento da questão do tempo, essas obras são de grande interesse, porém só podemos nos referir ao que nelas há de mais geral e essencial.

A influência da vertical sobrenatural da Idade Média é aqui excepcionalmente forte. Aí todo o universo espaçotemporal passa por uma assimilação simbólica. O tempo, pode-se dizer, é inteiramente excluído da própria ação da obra. Ora, essa "visão", que dura muito pouco no tempo real, é o sentido extratemporal (embora vinculado ao tempo) da própria coisa visível. Em Dante, o próprio tempo real da visão e sua coincidência com um determinado momento do tempo biográfico (o tempo da vida humana) e histórico é de natureza puramente simbólica. Todo o espaço-tempo — tanto as imagens dos homens e dos objetos como as ações — tem caráter ou alegórico (predominantemente no *Roman de la Rose*) ou simbólico (em parte em Langland e em maior grau em Dante).

O mais notável nessas obras (sobretudo as duas últimas) é que em suas bases há uma sensação muito aguda das contradições da época como plenamente maduras e, em essência, uma sensação do fim dessa época — daí o empenho em apresentar uma síntese crítica dela. Essa síntese requer que nas obras seja representada, com certa plenitude, toda a diversidade contraditória de tal época. E essa diversidade contraditória deve ser confrontada e mostrada no corte de um único momento. Langland reúne em um prado (durante a peste), e em seguida em torno da imagem de Piers, representantes de todos os segmentos e camadas da sociedade feudal, do rei ao miserável, representantes de todas as profissões, de todas as correntes ideológicas, e todos eles participam da ação simbólica (a peregrinação em busca da verdade junto a Piers, ao ajudarem-no no trabalho agrícola, etc.). Tanto em Langland quanto em Dante, essa diversidade contraditória é, em essência, profundamente histórica. Mas Langland e sobretudo Dante a movimentam para cima e para baixo, dilatam-na pela vertical. Dante realiza de modo literal e com uma coerência e força genial essa dilatação do mundo (em essência histórica) pela vertical. Ele constrói um fascinante quadro plástico do universo, que, de modo constrito, vive e se movimenta pela vertical de alto a baixo: nove ciclos do inferno abaixo da terra, acima deles sete círculos do purgatório, sobre estes dez céus. Embaixo a grosseira materialidade dos homens e dos objetos, e só luz e voz no alto. A lógica temporal desse universo vertical é a pura simultaneidade de tudo (ou a "coexistência de tudo na eternidade"). Tudo o que na terra foi separado pelo tempo conflui na eternidade numa pura coexistência simultânea. Essas divisões, esses "antes" e "depois", inseridos pelo tempo, não são essenciais, é preciso eliminá-los para compreender o mundo, cabe confrontar tudo *em um só tempo*, ou seja, no corte de um único momento, cabe ver o mundo inteiro como *simultâneo*. Só na pura simultaneidade ou, o que é a mesma coisa, na extratemporalidade, é possível desvelar o verdadeiro sentido daquilo que existiu, há e haverá, pois o que os dividia — o tempo — carece de autêntica realidade e força assimiladora. Tornar o heterotemporal simultâneo e substituir todas as divisões e relações histórico-temporais por divisões e vínculos puramente semânticos, hierárquico-extratemporais — eis a aspiração enformadora de Dante, que determinou a construção da imagem do universo pelo puro verticalismo. Contudo, as imagens dos homens que preenchem (povoam) esse universo vertical são profundamente históricas, são sinais do tempo, vestígios de uma época encarnada em cada um deles. Além disso, também foram incorporadas à hierarquia vertical a concepção histórica e política de Dante, sua concepção das forças progressistas e reacionárias do desenvolvimento histórico (uma concepção muito profunda). Por isso, as imagens e ideias que preenchem o universo vertical são completadas pela vigorosa aspiração de arrancar-se desse universo e sair para uma horizontal histórica produtiva, posicionar-se não em direção ao alto, mas para a frente. Cada imagem é repleta de uma potência histórica e por isso tende, com todo o seu ser, para a participação no acontecimento histórico num cronotopo histórico-temporal. Mas a poderosa força do artista o condena a um lugar eterno e imóvel na vertical extratemporal. Em parte, essas potências temporais se realizam em alguns relatos novelísticos concluídos. Relatos como a história de Francesca e Paolo, do conde Ugolino e do arcebispo Ruggieri são como que ramificações horizontais e repletas de tempo oriundas da vertical extratemporal do universo de Dante.

Daí a excepcional constrição de todo o universo de Dante. Ela é criada pela luta do tempo histórico vivo com a idealidade sobrenatural extratemporal. A vertical como que comprime em si a horizontal, que se investe poderosamente para a frente. Entre o princípio formador do todo e a forma histórico-temporal de determinadas imagens há uma contradição, uma luta. Vence a forma do todo. Mas a própria luta e a profunda constrição de sua solução artística faz da obra de Dante uma expressão — excepcional pela força — de sua época, ou melhor, da fronteira entre duas épocas.

Na história posterior da literatura, o cronotopo vertical de Dante nunca mais renasceu com tal coerência e moderação. Mas reiteradamente se empreendeu a tentativa de resolver contradições históricas, por assim dizer, por uma vertical de sentido extratemporal, a tentativa de negar a essencial força assimiladora do "antes" e "depois", isto é, as divisões e os vínculos temporais (desse ponto de vista, tudo o que é essencial pode ser simultâneo), a tentativa de desvelar o mundo no segmento da pura simultaneidade e coexistência (a recusa da "evidência histórica da assimilação"). Depois de Dante, foi Dostoiévski quem empreendeu esse tipo de tentativa mais profunda e coerente.

6

As funções do pícaro, do bufão e do bobo no romance

Em simultaneidade com as formas da grande literatura, na Idade Média desenvolveram-se formas folclóricas e semifolclóricas de caráter satírico e paródico. Essas formas tendem parcialmente a uma configuração cíclica, surgem epopeias paródico-satíricas. Nessa literatura das camadas sociais inferiores da Idade Média, destacam-se três figuras de grande importância para a posterior evolução do romance europeu. São elas o *pícaro*, o *bufão* e o *bobo*. É evidente que nem de longe tais figuras são novas: já eram conhecidas na Antiguidade e no Oriente Antigo. Se deitarmos sobre essas imagens uma sonda histórica, veremos que esta não chegará ao fundo em nenhuma delas, tamanha é a profundidade destes. O significado cultual das máscaras antigas que a elas correspondem é relativamente próximo, em plena luz do dia histórico, mas depois elas se adentram nas profundezas do folclore anterior à sociedade de classes. No entanto, a questão da gênese não nos interessa nem aqui nem no resto de nosso trabalho — nos importam aquelas funções especiais que elas assumem na literatura da Idade Média tardia e que, posteriormente, exercerão uma influência capital no desenvolvimento do romance europeu.

O pícaro, o bufão e o bobo criam microcosmos, cronotopos especiais a seu redor. Nenhuma dessas figuras tiveram um espaço minimamente substancial nos cronotopos e nos tempos que analisamos (a não ser, em parte, no cronotopo da aventura e dos costumes). Essas figuras trazem para a literatura, em primeiro lugar, um vínculo essencial com os palcos teatrais e as mascaradas da praça pública, estão ligadas a um setor particular, porém capital da praça pública; em segundo lugar — e isso evidentemente está ligado ao referido vínculo —, o próprio ser dessas figuras não tem um *significado* direto, mas *figurado*: sua própria aparência, tudo o que fazem e dizem tem um significado não direto nem imediato, mas figurado, às vezes inverso, elas não podem ser entendidas literalmente, não são o que são; em terceiro e último lugar — e de novo isso decorre da afirmação anterior —, o ser dessas figuras é o reflexo de algum outro ser, e ademais um reflexo não direto. Elas são atores da vida, seu ser coincide com o seu papel, e fora desse papel elas não existem absolutamente.

A essas figuras são inerentes um direito e uma peculiaridade original — o de serem *estranhas* nesse mundo; elas não se solidarizam com nenhuma das posições de vida aí existentes, nenhuma destas lhes serve, elas enxergam o avesso e a falsidade de cada posição. Por isso podem aproveitar qualquer posição na vida apenas como máscara. O pícaro ainda tem fios que o ligam à realidade; o bufão e o bobo "não são deste mundo", e por isso têm direitos e privilégios especiais. Essas figuras tanto riem elas mesmas como são objeto de riso. Seu riso tem a natureza pública da praça pública. Elas restabelecem a natureza pública da imagem do homem: ora, todo o ser dessas figuras como tais é integralmente exteriorizado, elas, por assim dizer, levam tudo à praça, toda a sua função consiste justamente em exteriorizar (é verdade que não o seu ser, mas o ser do outro nelas refletido, pois elas não têm outro ser além deste). Assim se cria um modo especial de exteriorização do homem por meio do riso paródico.

Quando essas figuras permanecem nos palcos reais, são perfeitamente compreensíveis e tão habituais que parecem não suscitar nenhum problema. Mas elas passaram dos palcos à literatura ficcional, levando para lá todas as peculiaridades que ressaltamos. Aqui — na literatura romanesca — elas mesmas passaram por várias transformações e transformaram alguns elementos essenciais do romance.

Aqui podemos desvendar só parcialmente esse problema muito complexo, na medida em que isso seja necessário para a análise posterior de algumas formas de romance, em particular o de Rabelais (e em parte o de Goethe).

A influência transformadora das imagens analisadas seguiu por dois caminhos. Antes de tudo, elas influenciaram a colocação do próprio autor no romance (e da sua imagem, caso ela se desvelasse de algum modo no romance), influenciaram o ponto de vista dele.

Ora, a posição do autor do romance em face da vida representada é, em geral, muito complexa e problemática, se comparada com a epopeia, o drama e a lírica. A questão geral da autoria pessoal (inteiramente nova e específica, uma vez que a literatura do "autor pessoa" ainda era uma gota d'água no oceano da literatura popular) aí se torna complexa pela necessidade de ter alguma máscara essencial não inventada que determine tanto a posição do autor em face da vida representada (como e *de onde* ele, um homem privado, vê e desvela toda essa vida privada), como também a sua posição em relação aos leitores, ao público (na qualidade de que ele se apresenta com o "desmascaramento" da vida — na qualidade de árbitro, juiz de instrução, "secretário-protocolar", político, pregador, bufão, etc.) É claro que essas questões existem para todo autor-pessoa e nunca são resolvidas pela palavra "literato-profissional", mas no que tange aos outros gêneros literários (epopeia, lírica e drama) elas são colocadas num plano filosófico, cultural e político-social; a posição imediata do autor, o ponto de vista necessário à enformação do material são fornecidos pelo próprio gênero — pelo drama, a lírica e suas modalidades, onde essa posição criativa imediata é imanente aos próprios gêneros. O gênero romanesco não dispõe dessa posição imanente. Alguém pode publicar um autêntico diário e chamá-lo de romance; com o mesmo nome pode-se publicar um amontoado de documentos comerciais, podem-se publicar cartas privadas (um romance epistolar), pode-se publicar um manuscrito "que não se sabe quem escreveu, não se sabe para que escreveu, e não se sabe quem e onde o encontrou". Por isso, para o romance a questão da autoria não surge apenas no plano geral, como para outros gêneros, mas também no plano formal do gênero. Em parte, já abordamos essa questão quando tratamos das formas de espreita e escuta clandestina da vida privada.

O romancista precisa de alguma máscara essencial da forma do gênero, que determine tanto a sua posição para produzir uma visão da vida como de uma posição para dar publicidade a essa vida. E é justo aí que as máscaras do bufão e do bobo, claro que transformadas de diversos modos, vêm em socorro do romancista. Essas máscaras não inventadas, que têm profundíssimas raízes populares vinculadas ao povo pelos consagrados privilégios da *não comunhão* do próprio bufão na vida e da *inviolabilidade* de sua palavra, estão ligadas ao cronotopo da praça pública e aos palcos dos teatros. Tudo isso é de suma importância para o gênero romanesco. Foi encontrada a forma de ser do homem — um indiferente participante da vida, seu eterno espreitador e refletidor, e também foram encontradas as formas específicas do reflexo-publicação. (E a publicação de esferas especificamente não públicas, o campo sexual, por exemplo, é também uma função antiquíssima do bufão. Veja-se a descrição do carnaval em Goethe.)

Além disso, um elemento muito importante é o significado indireto ou figurado de toda a imagem do homem, seu sentido totalmente alegórico. Esse elemento tem evidente ligação com a metamorfose. O bufão e o bobo são uma metamorfose do rei e do deus que se encontram no inferno, em estado de morte (veja-se um traço análogo da metamorfose do deus e do rei em escravo, em criminoso e bufão nas saturnais romanas e nas paixões cristãs do deus). Aqui o homem se encontra em estado de alegoria. Para o romance, esse *estado de alegoria* tem um imenso significado enformador.

Tudo isso adquire uma importância especial visto que uma das tarefas mais basilares do romance vem a ser a denúncia de qualquer convencionalismo mau e falso em todas as relações humanas.

Esse mau convencionalismo, que impregnara a vida humana, é constituído, antes de tudo, pela ordem feudal e pela ideologia feudal, com a sua depreciação de todo o espaço-tempo. A hipocrisia e a mentira impregnaram todas as relações humanas. As sadias funções "naturais" da natureza humana realizavam-se, por assim dizer, por via contrabandeada e selvagem, porque a ideologia não as consagrava. Isso introduzia a falsidade e a duplicidade em toda a vida humana. Todas as formas — instituições — ideológicas tornavam-se hipócritas e falsas, ao passo que a vida real, carente de compreensão ideológica, tornava-se grosseiramente animalesca.

Nos *fabliaux*, *Schwänke*,[28] farsas e ciclos paródicos satíricos, trava-se uma luta contra o campo feudal e o mau convencionalismo, e contra a mentira que impregnara todas as relações humanas. A esses elementos contrapõem-se como força desmascaradora a inteligência lúcida, alegre e sagaz do pícaro (na imagem de vilão, de pequeno contramestre urbano, de jovem clérigo errante e, em geral, de vagabundo desclassificado), os escárnios paródicos do bufão e a incompreensão ingênua do bobo. Ao embuste pesado e sombrio contrapõe-se o logro alegre do pícaro, à falsidade interessei-

---

[28] O *fabliau* é um pequeno conto burlesco, geralmente anônimo, que circulou na literatura francesa entre os séculos XII e XIV; o *Schwank* é uma peça ou narrativa folclórica alemã de teor semelhante ao do *fabliau* e comumente em forma de diálogo. (N. do T.)

ra e à hipocrisia, a simplicidade desinteressada e a sadia incompreensão do bobo, e a todo o convencional e falso, a forma sintética do desmascaramento (paródico) do bufão.

O romance continua essa luta contra as convenções numa base mais profunda e principial. Além disso, a primeira linha, a linha da transformação do autor, vale-se das imagens do bufão e do bobo (da ingenuidade que não compreende o mau convencionalismo). Na luta contra o convencionalismo e a inadequação de todas as presentes formas de vida ao homem autêntico, essas máscaras ganham um significado excepcional. Elas dão o direito de não compreender, de confundir, de arremedar, de hiperbolizar a vida; o direito de falar parodiando, de não ser literal, de o indivíduo não ser ele mesmo; o direito de conduzir a vida pelo cronotopo intermediário dos palcos teatrais, de representar a vida como uma comédia e as pessoas como atores; o direito de arrancar as máscaras dos outros; o direito de insultar com um insulto essencial (quase cultual); por último, o direito de dar publicidade à vida privada com todos os seus esconderijos mais secretos.

A segunda tendência da transformação das imagens do pícaro, do bufão e do bobo é a sua inserção no conteúdo do romance como protagonistas (em forma direta ou transformada).

Muito amiúde ambas as tendências se unificam no uso das referidas imagens, ainda mais porque o protagonista é quase sempre o portador dos pontos de vista do autor.

De uma forma ou de outra e em diferentes graus, todos os elementos que analisamos se manifestam no "romance picaresco", no *Dom Quixote*, em Quevedo, em Rabelais, na sátira humanista alemã (Erasmo, Sebastian Brant, Thomas Murner, Johann Michael Moscherosch, Georg Wickram), em Grimmelshausen, Charles Sorel (*Le Berger extravagant*, e em parte também em *Francion*), em Paul Scarron, em Alain-René Lesage, em Marivaux; mais tarde, na época do Iluminismo, em Voltaire (com particular precisão no *Cândido*), em

Fielding (*Joseph Andrews*, *Jonathan Wild*, em parte também em *Tom Jones*), em parte em Smollett, e especial em Swift.

É característico que o *homem interior* — pura subjetividade "natural" — só tenha podido ser revelado com a ajuda das imagens do bufão e do bobo, porquanto não foi possível encontrar para ele uma forma de vida adequada, direta (não alegórica do ponto de vista da vida prática). Surgiu a imagem do excêntrico, que exercera um papel muito importante na história do romance: em Sterne, Oliver Goldsmith, Gottlieb von Hippel, Jean Paul, Dickens e outros. A peculiar excentricidade, o shandismo (o termo é do próprio Sterne)[29] torna-se uma forma importante para descobrir "o homem interior", "a subjetividade livre e autossuficiente", forma análoga ao "pantagruelismo", que serviu para descobrir o homem exterior integral na época do Renascimento.

A forma da "incompreensão", proposital no autor e ingênua nas personagens, é um elemento organizativo quase sempre que se trata de denunciar o mau convencionalismo. Esse denunciável convencionalismo — nos costumes, na moral, na política, na arte, etc. — é habitualmente representado do ponto de vista do homem que nele não comunga e não o compreende. A forma da "incompreensão" foi amplamente empregada no século XVIII para denunciar a "insensatez feudal" (seu emprego em Voltaire é de conhecimento geral; citarei ainda as *Cartas persas* de Montesquieu, que criaram todo um gênero de análogas cartas exóticas, que representavam o regime francês do ponto de vista de um estrangeiro que não o compreendia; Swift emprega essa forma de diferentes maneiras nas *Viagens de Gulliver*). Tolstói fez um amplo emprego dessa forma: por exemplo, a descrição da batalha de Borodinó (sob influência de Stendhal) do ponto de

---

[29] Ou seja, o termo é utilizado por Tristram Shandy, narrador do romance homônimo de Laurence Sterne publicado entre 1759 e 1767. (N. do T.)

vista de Pierre, que não a compreende, a representação das eleições dos nobres ou da assembleia da Duma moscovita do ponto de vista de Lióvin,[30] que não as compreende, a representação cênica de um espetáculo, a representação de um julgamento, a célebre representação de uma missa (*Ressurreição*), etc.

O romance picaresco opera basicamente com o cronotopo do romance de aventuras e de costumes — com a estrada pelo universo pátrio. E a postura do pícaro, como já dissemos, é análoga à do Lúcio-asno.[31] Aqui a novidade é o brusco reforço do elemento da denúncia do mau convencionalismo e de toda a ordem existente (sobretudo em *Guzmán de Alfarache* e em *Gil Blas*).

É característico de *Dom Quixote* o cruzamento paródico do cronotopo do "maravilhoso universo alheio" dos romances de cavalaria com a "estrada real no universo pátrio" do romance picaresco.

Na história da assimilação do tempo histórico, o romance de Cervantes tem uma importância enorme que, evidentemente, não é determinada apenas por esse cruzamento dos cronotopos que conhecemos, ainda mais porque seu caráter muda radicalmente nesse cruzamento: ambos ganham um significado indireto e entram em relações totalmente novas com o mundo real. Contudo, aqui não nos deteremos na análise do romance de Cervantes.

Na história do realismo, todas as formas de romance vinculadas à transformação das imagens do pícaro, do bufão e do bobo têm um significado imenso que até hoje não foi plenamente compreendido em sua essência. Para um estudo mais profundo dessas formas é necessária, antes de mais na-

---

[30] Pierre Bezúkhov é personagem do romance *Guerra e paz*, de Tolstói; Konstantin Lióvin é personagem de *Anna Kariênina*, do mesmo autor (N. do T.).

[31] Há, sem dúvida, uma imensa identidade de motivos. (N. do A.)

da, uma análise genética do sentido e das funções das imagens universais do pícaro, do bufão e do bobo desde as profundezas do folclore anterior à sociedade de classes até a época do Renascimento. É necessário considerar seu imenso papel (em essência, a nada comparável) na consciência popular, é necessário estudar a diferenciação nacional e local dessas imagens (provavelmente não havia menos bufões locais do que santos locais) e o seu papel especial na autoconsciência nacional e local do povo. Ademais, representa uma dificuldade particular o problema da transformação dessas imagens e de sua passagem para a literatura em geral (não dramática) e para o romance em particular. Costuma-se subestimar o fato de que aqui, por caminhos particulares e específicos, restabelecia-se a ligação rompida da literatura com a praça pública. Além disso, aqui foram encontradas as formas para a publicação de todas as esferas não oficiais e proibidas da vida humana — sobretudo a esfera sexual e vital (a cópula, a comida, o vinho) — e deu-se a decifração dos seus respectivos símbolos dissimuladores (consuetudinários, rituais e religioso-oficiais). Por fim, constitui uma dificuldade especial a questão da *alegoria prosaica* ou, se preferir, daquela metáfora prosaica (embora sem nenhuma semelhança com a metáfora poética) que aquelas formas trouxeram para a literatura e para a qual não há sequer um termo adequado ("paródia", "gracejo", "humor", "ironia", "grotesco", "charge", etc., havendo dela apenas variedades e nuanças verbalmente estreitas). Ora, trata-se do ser alegórico de todo homem, incluindo até sua visão de mundo, que de modo algum coincide com a interpretação de um papel por um ator (ainda que exista um ponto de contato). Termos como "bufonaria", "afetação", "absurdeza", "excentricidade" ganharam um significado trivial específico e restrito. Por isso, os grandes representantes dessa alegoria prosaica criaram para ela os seus próprios termos (derivados dos nomes dos seus heróis): "pantagruelismo", "shandismo". Junto com essa alegoria, incorporaram-se ao romance uma complexidade particular e uma multiplicidade de planos, surgiram cronotopos intermediários, por exemplo, o cronotopo do teatro. O exemplo mais nítido (um dos muitos) de sua introdução patente é a *A feira das vaidades* de Thackeray. Numa forma dissimulada, o cronotopo intermediário do teatro de marionetes está na base do *Tristram Shandy*. O estilo sterniano é o estilo da marionete de madeira, manipulada e comentada pelo autor (assim também é, por exemplo, o cronotopo oculto em "O nariz" de Gógol, um Petruchka).[32]

Na época do Renascimento, as formas de romance que mencionamos destruíram aquela vertical do outro mundo que haviam desintegrado as formas do universo espaçotemporal e o seu conteúdo qualitativo e vivo. Elas prepararam o restabelecimento da totalidade material espaçotemporal do universo num grau de desenvolvimento novo, aprofundado e mais complexo. Elas prepararam a assimilação, pelo romance, daquele mundo no qual, naquele mesmo tempo, descobriam-se a América, o caminho marítimo para as Índias, um mundo que se abria para as novas ciências naturais e a nova matemática. Preparava-se tanto uma visão absolutamente nova como uma representação do tempo no romance.

Na análise do romance *Gargântua e Pantagruel*, esperamos concretizar todas as teses basilares da presente parte.

---

[32] Personagem tradicional do teatro de marionetes russo, semelhante ao Mr. Punch inglês. (N. do T.)

7

O cronotopo rabelaisiano

Em nossa análise do romance de Rabelais, assim como em todas as análises antecedentes, fomos forçados a abstrair todas as questões especialmente genéticas; só nos referiremos a elas em casos de extrema necessidade. Trataremos o romance como um todo único, penetrado pela unidade da ideologia e do método artístico. É verdade que todas as teses basilares de nossa análise se apoiam nos quatro primeiros livros de Rabelais, uma vez que o quinto acaba se desviando acentuadamente do todo em termos de métodos artísticos.

Cabe observar, antes de tudo, as extraordinárias *vastidões espaçotemporais* que saltam nitidamente à vista nos romances de Rabelais. No entanto, aqui não se trata apenas de que a ação do romance ainda não se concentrou nos espaços íntimos da vida privada familiar, mas transcorre a céu aberto em movimentos pela terra, campanhas militares e viagens, abrange diversos países — tudo isso também observamos no romance grego e no romance de cavalaria e observamos ainda no romance burguês de aventuras dos séculos XIX e XX. Trata-se de um vínculo especial do homem e de todas as suas ações e todos os acontecimentos de sua vida com o universo espaçotemporal. Designamos esse vínculo especial como uma adequação e proporcionalidade direta dos graus qualitativos ("valores") às grandezas (dimensões) espaçotemporais. Isso, é claro, não significa que no universo de Rabelais as pérolas e pedras preciosas sejam inferiores a um seixo por serem incomparavelmente menores do que ele. Mas isso significa que se as pérolas e pedras preciosas são boas, então são necessárias em volume cada vez maior e devem estar em toda parte. São levados anualmente à abadia de Thélème sete navios carregados de ouro, pérolas e pedras preciosas. Na própria abadia havia 9.332 toaletes (um em cada quarto) e todos com espelho com moldura de ouro puro incrustada de pérolas (livro I, capítulo XV). Isso significa que tudo o que é valioso, que é qualitativamente positivo, deve realizar sua significação qualitativa numa significação espaçotemporal, expandir-se o máximo possível, ter a existência mais longa possível; que tudo o que tem significação de fato qualitativa também sempre tem forças para essa expansão espaçotemporal, ao passo que o qualitativamente negativo — o pequeno, o mesquinho e impotente — é o que deve ser destruído por completo e confrontar sua morte sem forças. Não há hostilidade mútua entre um valor, seja ele qual for — comida, bebida, verdade, bem, beleza —, e as dimensões espaçotemporais; não há contradição, eles são diretamente proporcionais entre si. Por isso, todo o bem cresce, cresce em todos os sentidos e em todas as direções, não pode deixar de crescer porque crescer é da sua própria natureza. O mal, ao contrário, não cresce, mas degenera, depaupera-se e morre, mas nesse processo compensa a sua diminuição real através de uma falsa idealidade sobrenatural. A *categoria do crescimento*, e ademais de um crescimento espaçotemporal real, é uma das categorias mais basilares do universo rabelaisiano.

    Ao falar de proporcionalidade direta não temos em vista, em absoluto, que a qualidade e sua expressão espaçotemporal no universo de Rabelais estejam primeiro separadas e depois se reúnam; ao contrário, desde o início elas estão vinculadas na unidade indissolúvel de suas imagens. Mas essas imagens são deliberadamente contrapostas à desproporcionalidade da cosmovisão eclesiástico-feudal, onde os valores são hostis à realidade espaçotemporal como a um princípio fútil, frágil e pecaminoso, sob o qual o grande é simbolizado pelo pequeno, o forte pelo fraco e impotente, o eterno pelo momentâneo.

Essa proporcionalidade direta serve de base àquela crença excepcional no espaço terrestre e no tempo, àquela ênfase nas distâncias e vastidões espaciais e temporais tão características de Rabelais e de outros grandes representantes da época do Renascimento (Shakespeare, Camões, Cervantes).

Contudo, essa ênfase da adequação espaçotemporal tem em Rabelais um caráter nem de longe ingênuo, próprio da epopeia antiga e do folclore: como já dissemos, ele se contrapõe à vertical medieval, está polemicamente afiado contra ela. A tarefa de Rabelais é depurar o universo espaçotemporal dos elementos da cosmovisão sobrenatural que o desintegram, das assimilações simbólicas e hierárquicas desse universo em linha vertical, do contágio da Antifísia (*Antiphysis*) que o afetou. Rabelais combina essa tarefa polêmica com outra, positiva: a criação de um universo espaçotemporal adequado enquanto um novo cronotopo para um novo homem, harmonioso e integral, e para novas formas de contato humano.

Através dessa combinação das tarefas polêmica e positiva — tarefas de depuração e restauração do mundo real e do homem — definem-se as peculiaridades do método artístico de Rabelais, a originalidade do seu fantástico realista. A essência desse método se resume, antes de tudo, à destruição de todos os vínculos habituais, das *contiguidades habituais* das coisas e ideias, e à criação de *contiguidades inesperadas*, de vínculos inesperados, inclusive dos mais imprevistos vínculos lógicos ("alogismos") e linguísticos (a específica etimologia rabelaisiana, sua morfologia e sintaxe).

Entre as belas coisas deste nosso mundo foram estabelecidos laços falsos consolidados pela tradição, consagrados pela religião e pela ideologia oficial, os quais deformam a verdadeira natureza das coisas. As coisas e ideias foram unificadas por falsas relações hierárquicas hostis à sua natureza, foram separadas e distanciadas umas das outras por toda sorte de segmentos ideais sobrenaturais que impedem as coisas de se contatarem em sua viva corporeidade. O pensamento escolástico, a falsa casuística teológica e jurídica e, por último, a própria língua penetrada por uma mentira secular e milenar consolidam esses falsos vínculos entre as belas coisas materiais e as ideias efetivamente humanas. Era necessário destruir e reconstruir todo esse falso quadro do mundo, romper todos os falsos vínculos hierárquicos entre as coisas e ideias, destruir entre elas todos os segmentos ideais que desunem. Era necessário libertar todas as coisas, permitir-lhes entrar em livres combinações inerentes à sua natureza, por mais extravagantes que essas combinações parecessem do ponto de vista dos vínculos tradicionais comuns. Era necessário permitir que as coisas se contatassem com sua viva corporeidade em sua diversidade qualitativa. Era necessário criar novas contiguidades entre as coisas e ideias, que correspondessem à sua natureza real, pôr lado ao lado e combinar aquilo que fora falsamente desunido e afastado, e separar aquilo que havia sido falsamente aproximado. Com base nessa nova contiguidade das coisas devia desvelar-se um novo quadro do mundo, penetrado por uma necessidade interior real. Assim, a destruição do velho quadro do universo e a construção de um novo estão indissoluvelmente entrelaçados em Rabelais.

Na solução da tarefa positiva, Rabelais se apoia no folclore e na Antiguidade, onde a contiguidade dos objetos melhor correspondia a suas naturezas e já era estranha ao falso convencionalismo e à idealidade sobrenatural. Já na solução da tarefa negativa, aparece em primeiro plano o riso rabelaisiano, diretamente vinculado aos gêneros medievais da bufonaria, da picaresca e da parvoíce, cujas raízes remontam às profundezas da sociedade anterior à de classes. Contudo, o riso rabelaisiano não se limita a destruir os vínculos tradicionais e eliminar os segmentos ideais: ele desvela a grosseira contiguidade imediata deles com aquilo que desune os homens através da mentira farisaica.

Mediante a construção das mais diversas séries, que ora são paralelas, ora se cruzam, Rabelais consegue desunir o tradicionalmente vinculado e aproximar o tradicionalmente distante e desunido. Com o auxílio dessas séries Rabelais combina e desune. A construção de *séries* é uma peculiaridade específica do método artístico de Rabelais. Em sua obra, as séries mais diversas podem ser resumidas aos seguintes grupos basilares: 1) as séries do corpo humano num corte físico e anatômico; 2) as séries do vestuário humano; 3) as séries da comida; 4) as séries da bebida e da embriaguez; 5) as séries sexuais (cópula); 6) as séries da morte; 7) as séries dos excrementos. Cada uma dessas sete séries é dotada de sua lógica específica, cada série tem as suas dominantes. Todas essas séries se cruzam entre si; seu desenvolvimento e seus cruzamentos permitem a Rabelais aproximar ou desunir tudo o que lhe é necessário. Quase todos os temas do vasto, tematicamente rico romance de Rabelais são desenvolvidos nessas séries.

Citemos uma série de exemplos. O corpo humano, todas as suas partes e membros, todos os seus órgãos e funções são apresentados por Rabelais num aspecto anatômico, fisiológico e filosófico-natural ao longo de todo o romance. Essa peculiar exibição artística do corpo humano é um elemento muito importante do romance de Rabelais. Era importante mostrar toda a singular complexidade e profundidade do corpo humano e de sua vida e desvelar o novo significado, o novo lugar da corporeidade humana no universo espaçotemporal real. Correlacionado com a corporeidade humana concreta, até o resto do mundo ganha um novo sentido e uma realidade concreta, uma materialidade, que entra em um contato espaçotemporal não simbólico, mas material com o homem. Aqui, o corpo humano se torna o medidor concreto no mundo, medidor do seu peso real e do seu valor para o homem. Aqui se empreende pela primeira vez uma tentativa coerente de construir todo um quadro do universo em torno de um homem corpóreo, por assim dizer, na zona do contato físico com ele (mas, para Rabelais, essa zona é infinitamente ampla).

Esse novo quadro do mundo se contrapõe polemicamente ao mundo medieval, em cuja ideologia o corpo humano era visto apenas sob o signo da decomposição e da superação e em cuja prática real de vida dominava uma libertinagem física, grosseira e sórdida. A ideologia não enfocava nem assimilava a vida do corpo, negava-a; por isso, privada da palavra e de um sentido, a vida do corpo podia ser apenas libertina, grosseira, sórdida e destrutiva para si mesma. Entre a palavra e o corpo havia uma ruptura desmedida.

Por isso, Rabelais contrapõe a corporeidade humana (e o mundo ao redor, na zona de contato com essa corporeidade) não só à ideologia ascética sobrenatural da Idade Média, mas também à libertina e grosseira prática medieval. Ele quer devolver à corporeidade a palavra e o sentido, a idealidade antiga, e ao mesmo tempo devolver à palavra e ao sentido sua realidade e materialidade.

Rabelais representa o corpo humano em vários aspectos. Antes de tudo no aspecto científico anatômico-fisiológico. Depois, no aspecto bufão e cínico. E em seguida no aspecto de analogia fantástica e grosseira (o homem é um microcosmo). E, por último, no aspecto propriamente folclórico. Esses aspectos se entrelaçam e só raramente aparecem em sua forma pura. Assim, o nascimento de Gargântua, representado no aspecto do cinismo bufão, apresenta detalhes fisiológicos e anatômicos precisos: o prolapso retal da mãe de Gargântua, que se empanturrara de tripas e tivera uma forte diarreia (a série das evacuações), e o próprio nascimento: "Por causa desse inconveniente, foram relaxados por cima os cotilédonos da matriz, pelos quais o menino passou, entrando na veia cava e trepando pelo diafragma até acima dos ombros, onde a dita veia se divide em duas, tomando o caminho à esquerda e saindo pela orelha sinistra" (livro I, capítulo 6).[33] Aqui o fantástico grosseiro se combina com a precisão da análise anatômica e fisiológica.

Junto com todas as batalhas e espancamentos descritos, são apresentadas simultaneamente, numa hipérbole grotesca, descrições anatômicas precisas das escoriações, ferimentos e mortes causadas ao corpo humano.

Assim, ao representar o espancamento aplicado pelo monge Jean aos inimigos que haviam subido nos vinhedos do mosteiro, Rabelais apresenta uma detalhada série de membros e órgãos humanos: "A uns arrebentou o cérebro, a outros quebrou os braços e pernas, a outros deslocou os espôndilos do pescoço, a outros esmagou os rins, afundou o nariz, furou os olhos, partiu a mandíbula, enfiou os dentes para dentro da goela, deslocou as omoplatas, descadeirou a anca. Se alguém queria se esconder entre as parreiras mais espessas, a esse ele surrava nas costas com mais forças e o maltratava como a um cão. Se alguém tentava se salvar fugindo, o monge fazia a cabeça voar em pedaços pela comissura lambdoide. Se alguém trepava em uma árvore, pensando estar ali em segurança, o monge, com a sua haste, o empalava pelo traseiro" (I, 27).

O mesmo Jean mata um arqueiro: "Subitamente, disparou o referido bacamarte e feriu o arqueiro que estava à direita, cortando-lhe inteiramente as veias jugulares e arteriais exagitadas do pescoço, com a goela, até as duas glândulas; e tornando a atirar lhe abriu a medula espinhal entre a segunda e a terceira vértebra; e o arqueiro caiu bem morto" (I, 44).

---

[33] As citações de Rabelais são da tradução de David Jardim Júnior (com algumas alterações): *Gargântua e Pantagruel*, Belo Horizonte/Rio de Janeiro, Editora Villa Rica, 1991. (N. do T.)

Ele ainda mata o segundo arqueiro: "Então, de um golpe lhe cortou a cabeça, abrindo o crânio sobre os ossos da têmpora, e arrancando os dois ossos bregmáticos e a comissura sagital com grande parte dos ossos coronoides, com o que lhe cortou as duas meninges e abriu profundamente os dois ventrículos posteriores do cérebro; e o crânio ficou pendurado nos ombros, com a pele do pericrânio por trás, na forma de um capelo de doutor, negro por cima e vermelho por dentro. Assim caiu bem morto em terra" (I, 44). Mais um exemplo análogo. Num relato grotesco, Panúrgio conta como tentaram assá-lo num espeto na Turquia e ele, tendo se salvado, observa os mesmos detalhamento e precisão anatômicos. "Logo que chegou, pegou o espeto onde eu estava espetado, e matou, sem mais nem menos, o meu assador, que morreu por falta de socorro ou por outra causa; pois ele lhe enfiou o espeto pouco acima do umbigo, no rumo do flanco direito, e lhe atravessou o terceiro lóbulo do fígado, e a espetada subindo lhe penetrou no diafragma e, através da cápsula do coração, o espeto saiu pelo alto do ombro, entre os espondilos e a omoplata esquerda" (II, 14).

Nesse relato grotesco de Panúrgio, a série do corpo humano (no aspecto anatômico) se cruza com a série da comida e da cozinha (Panúrgio, previamente untado de banha, estava sendo assado no espeto como um churrasco) e com a série da morte (adiante há uma caracterização dessa série).

Essas análises anatômicas todas não são descrições estáticas de batalhas, brigas, etc. — elas estão incorporadas à dinâmica viva da ação. A estrutura anatômica do corpo humano se desvela na ação e se torna como que uma personagem especial do romance. Contudo, na série individual irreversível da vida, a mesma personagem é representada pelo corpo não individual, ao passo que o corpo impessoal, o corpo da espécie humana, que nasce, vive, morre uma diversidade de mortes e torna a nascer, é exposto em sua estrutura e em todos os processos de sua vida.

Com a mesma precisão e notória evidência, Rabelais apresenta ainda as ações externas e movimentos do corpo humano, por exemplo, na representação dos giros de Ginasta (I, 35). As possibilidades expressivas do movimento e dos gestos do corpo humano são representadas com excepcional detalhismo e evidência na disputa muda (através de gestos) do inglês Thaumaste (aqui essa expressividade carece de um sentido definido e tem importância por si mesma) (II, 19). Exemplo análogo é a conversa de Panúrgio (sobre casamento) com o mudo Nazdecabre (III, 20).

O fantástico grotesco na representação do corpo humano e dos processos que nele se realizam aparece na representação da doença de Pantagruel, durante cujo tratamento descem ao seu estômago operários com pás para cavar, camponeses com picaretas e sete homens com cestos para limpar as sujeiras do estômago (II, 33). Tem o mesmo caráter a viagem do "autor" pela boca de Pantagruel (II, 32).

Na representação do corpo humano no aspecto fantástico-grosseiro, junta-se à série do corpo uma massa dos mais heterogêneos objetos e fenômenos. Aqui eles mergulham no clima do corpo e na vida do corpo, entram numa nova e inesperada contiguidade com os órgãos e processos corpóreos, reduzem-se e materializam-se nessa série corpórea. Isso já ocorre nos dois exemplos acima referidos.

Assim, para limpar o estômago, Pantagruel engole como pílulas grandes bolas de cobre, "como aquelas que se encontram no monumento a Virgílio em Roma". Nas bolas estão trancados operários com instrumentos de trabalho e cestos, e são eles que fazem a limpeza do estômago. Ao término da limpeza, Pantagruel vomita e as bolas pulam para fora. Com a saída dos operários de dentro dessas pílulas, Rabelais lembra dos gregos saindo de dentro do cavalo de Troia. Uma dessas pílulas pode ser vista no campanário da igreja da Santa Cruz em Orléans (II, 33).

Um círculo ainda mais vasto de objetos e fenômenos é

introduzido na série anatômica e grotesca da viagem do autor pela boca de Pantagruel. Aí ele encontra todo um novo mundo: altas montanhas (os dentes), prados, bosques, cidades fortificadas. Numa dessas cidades havia peste, provocada pelos vapores que emanavam do estômago de Pantagruel. Na boca havia mais de vinte e cinco reinos habitáveis; distinguem-se habitantes do lado "de cá" e do lado "de lá" das montanhas, etc. A descrição do mundo encontrado na boca de Pantagruel ocupa cerca de duas páginas. A base folclórica de toda essa imagem grotesca é absolutamente clara (veja-se imagem análoga em Luciano).

Se no episódio da viagem pela boca de Pantagruel foi inserido na série corpórea o mundo geográfico e econômico, no episódio com o gigante Bringuenarilles junta-se à série corpórea o mundo urbano e agrícola: "Bringuenarilles, o grande gigante, tinha todas as panelas, panelões, caldeirões, chaleiras, frigideiras e caçarolas do país engolido, à falta de moinhos de vento, com os quais ordinariamente se alimentava. Pelo que sucedera que, pouco antes do dia, à hora da digestão, fora por grave moléstia atacado devida a certa indisposição do estômago, causada (como diziam os médicos) pelo fato de que a virtude concoctiva de seu estômago, apto naturalmente a digerir moinhos de vento, não pudera consumir perfeitamente as caçarolas e frigideiras; os panelões e caldeirões digerira bastante bem. Como diziam reconhecer pelas hipostases e eneosemas de quatro barricas de urina que despejara duas vezes naquela manhã" (IV, 17).

Bringuenarilles fazia tratamento numa estação termal da Ilha dos Ventos. Ali engolia moinhos de vento, aos quais, por sugestão de especialistas locais em doenças intestinais, foram adicionados galos e galinhas. Eles cantavam e voavam em seu estômago, o que lhe provocou cólicas e convulsões. Além disso, raposas da ilha pularam para dentro de sua goela no encalço das aves. Então, para limpar o estômago, ele teve de tomar um clister feito com uma decocção de grãos de trigo e milhete. As galinhas se precipitaram para os grãos, atrás delas as raposas, assim como as pílulas que ele tomou pela boca, compostas de galgos e podengos (IV, 44).

Aqui é característica a forma peculiar e puramente rabelaisiana de construção dessa série. Os processos de digestão, as manifestações do tratamento, objetos de uso caseiro, fenômenos da natureza, da vida agrícola e as caças estão aqui unificados numa imagem grotesca dinâmica e viva. Foi criada uma contiguidade nova e inesperada de objetos e fenômenos. É verdade que essa lógica grotesca rabelaisiana se funda na lógica do fantástico realista do folclore.

No episódio com Bringuenarilles, a série corpórea, como é comum em Rabelais, cruza-se com a série dos excrementos, com a série da comida e com a série da morte (do que trataremos adiante).

Verificamos um caráter ainda mais grotesco e extravagantemente inesperado na descrição paródica e anatômica de Quaresmeprenant, que ocupa três capítulos do quarto livro (o 30, o 31 e o 32).

Quaresmeprenant — o "jejuador", é a personificação grotesca do jejum e da ascese católica e, em geral, das tendências antinaturais da ideologia medieval. A descrição de Quaresmeprenant termina com uma notável reflexão de Pantagruel sobre a Antifísia. Todas as criações da Antifísia — Amodunt[34] e Discordância — são caracterizadas como paródias do corpo humano: "Tinham a cabeça esférica e redonda, inteiramente como um balão, e não docemente comprimida dos dois lados, como é a forma humana. As orelhas tinham levantadas, do tamanho das orelhas do asno; os olhos fora da cabeça, presos a dois ossos semelhantes aos calcanhares, sem sobrancelhas, duros como são os do caranguejo; os braços e mãos virados para trás, para os ombros; e caminhavam

---

[34] De *A modo entis*: sem figura de ser, disforme. (N. do T.)

com as cabeças continuamente rodando, o traseiro embaixo da cabeça, os pés ao contrário" (IV, 32). Em seguida, Rabelais enumera a série das outras criações da Antifísia: "Assim, pelo testemunho e estipulação das bestas brutas, atrai todos os tolos e insensatos, e a admiração despertou em todas as pessoas descelebradas e desguarnecidos de bom julgamento e senso comum. Depois engendrou os monges, santarrões e hipócritas; os maníacos perseguidores; os demoníacos calvinos impostores de Genebra; os raivosos, carolas, beatos, bossais, canibais e outros monstros disformes e contrafeitos que desrespeitam a natureza" (IV, 32). Nessa mesma série estão representadas todas as deformidades ideológicas da cosmovisão do além, que foram inseridas numa série abrangente de deformidades e perversões *corpóreas*.

Um magnífico exemplo de analogização grotesca é a reflexão de Panúrgio sobre os devedores e os emprestadores de dinheiro nos capítulos 3 e 4 do terceiro livro. Por analogia com as relações recíprocas entre devedores e emprestadores, é oferecida uma representação da estrutura harmoniosa do corpo humano enquanto microcosmo: "A intenção do fundador deste microcosmo é de alimentar a alma, a qual lá é posta como hóspede, e a vida. A vida consiste em sangue; sangue é a sede da alma; portanto um único trabalho aflige esse mundo: é o de fabricar sangue continuamente. Para este trabalho todos os membros são adequados; e sua hierarquia é tal que sem cessar um toma emprestado, e o outro empresta, um é devedor do outro. A matéria, e o metal conveniente para ser transmudado é oferecido pela natureza: pão e vinho. Nesses dois estão compreendidas todas as espécies de alimentos. [...] Para encontrá-los, preparar e cozer, trabalham as mãos, caminham os pés e transportam toda essa máquina; os olhos a conduzem. [...] A língua o experimenta; os dentes o trituram; o estômago o recebe, digere e quilifica. As veias mesaraicas dele sugam o que é bom e idôneo, e rejeitam os excrementos, os quais por virtude repulsiva são esvaziados através de condutos expressos; depois o levam ao fígado, que o transmuda de novo, e o torna em sangue. [...] Depois é transportado para outra oficina a fim de ser melhorado: é o coração, o qual, por seus movimentos diastólicos e sistólicos, o sutiliza e inflama, de tal modo que pelo ventrículo direito o torna perfeito e pelas veias o envia a todos os membros. Cada membro o atrai para si, e dele se alimenta à vontade: pés, mãos, olhos, tudo; e então se tornam devedores os que antes eram emprestadores" (III, 3).

Nessa mesma série grotesca — por analogia com emprestadores e devedores — Rabelais oferece uma representação da harmonia do universo e da harmonia da sociedade humana.

Todas essas séries grotescas, paródicas e jocosas do corpo humano desvelam, por um lado, a sua estrutura e sua vida e, por outro, atraem para a contiguidade com o corpo o mais diversificado universo de objetos, fenômenos e ideias que estavam infinitamente distantes dele no quadro medieval do mundo, e que integravam séries verbais e materiais inteiramente diversas. O contato imediato com o corpo e todos esses objetos e fenômenos é obtido, antes de tudo, por meio de sua *contiguidade verbal*, da unificação verbal num contexto, numa frase, numa combinação de palavras. Por vezes, Rabelais tampouco teme combinações de palavras totalmente desprovidas de sentido, contanto que possa pôr lado a lado ("avizinhar") palavras e conceitos que o discurso humano, baseado numa determinada ordem, numa certa concepção do mundo e num certo sistema de valores, nunca emprega em nenhum contexto, em nenhum gênero, em nenhum estilo, em nenhuma frase, com a entonação que for. Rabelais não teme a lógica do tipo "O salgueiro está na horta, mas o tio está em Kíev".[35] Ele usa frequentemente a lógica especí-

---

[35] Expressão russa que chama a atenção para a falta de coerência em um discurso ou nas partes de um diálogo. Na *Enciclopédia Literária* (*Li-*

fica da blasfêmia do modo como era representada nas fórmulas medievais de renegação de Deus e Cristo e nas fórmulas de provocação dos espíritos malignos. Ele emprega amplamente a lógica específica dos insultos (do que trataremos adiante). Tem uma importância especial o fantástico desenfreado, que permite criar séries verbais materialmente assimiladas, porém as mais extravagantes (por exemplo, no episódio com Bringuenarilles, o Engolidor de Moinhos de Vento).

Entretanto, com tudo isso, o menos que Rabelais pode vir a ser é formalista. Todas as suas combinações de palavras, mesmo onde elas parecem completamente desprovidas de qualquer sentido, procuram acima de tudo destruir a hierarquia estabelecida de valores, rebaixar o elevado e elevar o baixo, destruir o quadro costumeiro do universo em todos os seus recantos. Contudo, ele ainda resolve ao mesmo tempo uma tarefa positiva, que confere uma direção determinada a todas as suas combinações de palavras e imagens grotescas: a tarefa de corporificar o universo, materializá-lo, familiarizar tudo com as séries espaçotemporais, medir tudo em proporções humano-corpóreas, construir um novo quadro do universo no lugar do quadro destruído. As contiguidades de palavras mais extravagantes e inesperadas estão penetradas pela unidade dessas aspirações ideológicas de Rabelais. Mas, como veremos adiante, além de tudo isso, um outro sentido mais profundo e original encerra-se por trás das grotescas imagens em séries de Rabelais.

A par com esse grotesco emprego anatômico-fisiológico da fisicalidade para "corporificar o mundo inteiro", Rabelais — médico, humanista e pedagogo — dedica-se a uma franca

---

teratúrnaia Entsiklopedia, Moscou, 1929), Valerián Pereviérzev menciona a alta frequência de "alogismos" nos discursos das personagens de Gógol: "ou seja, frases compostas de modo completamente ilógico, do tipo 'O salgueiro está na horta, mas o tio está em Kíev'". (N. do T.)

propaganda da cultura do corpo e do seu desenvolvimento harmonioso. Assim, à educação escolástica inicial de Gargântua, que desprezava o corpo, Rabelais contrapõe sua subsequente educação humanista por Ponócrates, na qual se dá uma imensa importância aos conhecimentos anatômicos e fisiológicos, à higiene e às variadas modalidades de esporte. Ao grosseiro corpo medieval que escarrava, peidava, bocejava, cuspia, gaguejava, assoava-se com estrondo, mastigava e bebia desmedidamente, contrapõe-se o desenvolvimento harmonioso pelo esporte, o corpo elegante e culto do ginasta (I, 21-24). A cultura do corpo ganha imensa importância também na abadia de Thélème (I, 52 e 57). Ainda retomaremos esse polo harmonioso positivo da visão de mundo de Rabelais, seu universo harmonioso com o homem harmonioso que o habita.

A série seguinte é a série da comida e da bebida-bebedeira. Seu lugar no romance de Rabelais é imenso. Por essa série passam praticamente todos os temas do romance, e quase nenhum de seus episódios passa sem ela. Em contiguidade imediata com a comida e o vinho aparecem as coisas e fenômenos do mundo na maior diversidade, inclusive os mais espirituais e elevados. O "Prólogo do autor" começa imediatamente com um apelo aos beberrões, a quem o autor dedica os seus escritos. Nesse mesmo prólogo, ele afirma que escreveu seu livro apenas durante as horas de comida e bebida: "São estas as horas mais adequadas para escrever sobre essas altas matérias e ciências profundas, como bem fez saber Homero, paradigma de todos os filólogos, e Ênio, pai dos poetas latinos, assim como testemunha Horácio, embora um grosseirão tenha dito que os seus 'Odres' cheiravam mais a vinho do que a azeite" (I, 1).

Nesse sentido, é ainda mais expressivo o prólogo do autor ao terceiro livro. Aí o barril do cínico Diógenes é introduzido na série da bebida, e depois transformado em barril de vinho. Aqui também se repete o motivo da criação durante a bebedeira e ademais, além de Homero e Ênio, são mencionados ainda Ésquilo, Plutarco e Catão entre os escritores que criam durante a bebedeira.

Os próprios nomes das personagens centrais de Rabelais são etimologicamente interpretados na série da bebida: Grandgousier (pai de Gargântua) é o "goela grande". Grandgousier ouviu o grito horrível que o filho deu ao vir à luz deste mundo: "Beber, beber, beber!", e exclamou: "Que garganta a tua!" (*Que grand tu as!*). Ouvindo isso, os presentes disseram que, realmente, ele deveria ter o nome de Gargântua, pois essa fora a primeira palavra de seu pai (I, 7). O nome Pantagruel, Rabelais interpreta como "o sedento de tudo".

O nascimento das personagens centrais também transcorre sob o signo da comida e da bebedeira. Gargântua nasceu num dia de grande comilança e bebedeira organizada por seu pai e, além disso, sua mãe tinha se empanturrado de tripas. Imediatamente encheram o recém-nascido de vinho. O nascimento de Pantagruel foi antecedido de uma grande seca e, por conseguinte, de uma grande sede das pessoas, dos animais e da própria terra. O quadro da seca é apresentado em estilo bíblico e saturado de reminiscências bíblicas e da Antiguidade. Esse plano elevado é interrompido pela série fisiológica, na qual se dá uma explicação da salinidade da água do mar: "Então, a terra ficou tão esquentada, que lhe veio um suor enorme, suando todo o mar, que por isso é salgado; pois todo suor é salgado. O que podereis dizer é verdade se quiserdes experimentar o vosso próprio ou então o dos variólicos, quando os fazem suar: é tudo a mesma coisa" (II, 2).

O motivo do sal, assim como o motivo da seca, prepara e reforça o motivo central da sede, sob cujo signo nasce Pantagruel, o "rei dos sedentos". No ano, dia e hora do seu nascimento o mundo inteiro estava com sede.

O motivo do sal é introduzido em nova forma também no próprio momento do nascimento de Pantagruel. Antes do surgimento do recém-nascido, do ventre da mãe saíram "sessenta e oito almocreves, cada um puxando pelo cabresto uma mula carregada de sal, depois dos quais saíram nove dromedários carregados de pernis e línguas de boi defumadas, sete camelos carregados de enguias salgadas, e depois vinte e cinco carroças de alho, alho-poró, cebola, cebolinha" (II, 2). Depois dessa série de salgados e provocadores de sede vem ao mundo o próprio Pantagruel.

Assim Rabelais cria a série grotesca: seca, calor, suor (quando está quente transpira-se), sal (suor salgado), tira-gostos salgados, sede, bebida, bebedeira. Ao mesmo tempo, são introduzidos nessa série o suor dos doentes venéreos, a água santa (seu emprego durante a seca foi regulamentado pela Igreja), a Via Láctea, as fontes do Nilo e toda uma série de reminiscências bíblicas e da Antiguidade (são mencionados a parábola de Lázaro, Homero, Febo, Faetonte, Juno, Héracles, Sêneca). Tudo isso em uma página e meia, que representam o nascimento de Pantagruel. Rabelais cria uma contiguidade extravagante de objetos e fenômenos incompatíveis em contextos habituais.

A genealogia de Gargântua foi encontrada entre símbolos da bebedeira, ela foi localizada em um túmulo assinalado acima por um copo, em torno do qual estava escrito, em letras etruscas: HIC BIBITUR,[36] entre nove garrafões de vinho (I, 1). Atentemos para a contiguidade verbal e material do túmulo com a bebedeira de vinho.

Na série da comida e da bebida foram introduzidos quase todos os mais importantes episódios do romance. A guerra entre o reino de Grangousieur e o reino de Picrochole, que ocupa basicamente o primeiro livro, ocorre por causa de fogaças e uvas, que são, ademais, vistas como meio de tratamento de prisão de ventre e se cruzam com a série dos excre-

---

[36] Do latim: "Aqui se bebe". (N. do T.)

mentos minuciosamente desenvolvida (veja-se o cap. 25). A famosa batalha do monge Jean com os guerreiros de Picrochole ocorre por causa do vinhedo do mosteiro, que atendia ao seu consumo de vinho (não tanto para comunhão quanto para a bebedeira dos monges). Pantagruel faz sua famosa viagem, que preenche todo o quarto livro (e o quinto), ao "oráculo da diva garrafa". Todos os navios que participam dessa navegação levam como divisas o símbolo da bebedeira: uma garrafa, uma taça, uma ânfora, uma bilha, um copo, um cálice, um vaso, um cesto para uvas, uma barrica de vinho (Rabelais descreve em detalhes a divisa de cada navio).

A série da comida e da bebida (assim como a série do corpo) em Rabelais é detalhada e hiperbolizada. Em todos os casos aparece uma minuciosíssima enumeração dos mais diversos salgados e alimentos com a indicação precisa de sua quantidade hiperbolizada. Assim, na descrição do jantar que é dado no palácio de Grangousieur depois da batalha, aparece a seguinte enumeração: "Preparou-se a ceia; e de acréscimo foram assados dezesseis bois, três novilhas, trinta e dois vitelos, sessenta e três cabritos, noventa e cinco carneiros, trezentos leitõezinhos ainda de leite com molho de uva, mil e cem perdizes, setecentas codornizes, quatrocentos capões de Loudunois e Cornualha, seis mil frangos e outros tantos pombos, seiscentas galinholas, mil e quatrocentas lebres, trezentos e três abertadas e mil e setecentos capões de raça. A caça não se pôde tão de repente arranjar, a não ser onze javalis que mandou o abade de Turpenay e dezoito outras peças de caça grossas que mandou o Senhor des Essars, e algumas dúzias de pombos-bravos, de aves aquáticas, botauros, narcejas, tarambolas, frangos d'água, pavoncinos, tadornos, colhereiros, garças, garças-reais, galeirões, cegonhas, patos, flamengos (que são fenicópteros) e galinhas d'água, além de muitos cuscus e um reforço de sopas" (I, 37). Uma enumeração particularmente minuciosa das mais diversas comidas e salgados aparece na descrição da Ilha de Gaster (ventre): aí, dois capítulos inteiros (o 59 e o 60 do quarto livro) são dedicados a essa enumeração.

Como já dissemos, à série da comida e da bebida são incorporados os mais diversos objetos, fenômenos e ideias completamente estranhos a ela, tanto do ponto de vista dominante (na prática ideológica, literária e discursiva) como do senso comum. Os meios dessa incorporação são os mesmos que se verificam na incorporação à série do corpo. Vejamos alguns exemplos.

A luta do catolicismo contra o protestantismo, em particular contra o calvinismo, é representada na forma da luta de Quaresmeprenant contra os Linguiças, que habitam a Ilha Feroz. O episódio com as linguiças ocupa oito capítulos do livro IV (do 35 ao 42). A série das linguiças é detalhada e desenvolvida numa sequência grotesca. Partindo da forma das linguiças e apoiado em diversas autoridades, Rabelais demonstra que a serpente que tentou Eva era uma linguiça, que semilinguiças eram também os antigos gigantes que tomaram de assalto o Olimpo e puseram o monte Pélion amontoado sobre o monte Ossa. Melusina também era meio chouriço, assim como Eristônio, que inventou coches e carroças (para esconder nelas seus pés de chouriço). Para combater os Linguiças, o monge Jean fez uma aliança com os cozinheiros. Foi construído um gigantesco porco de madeira à semelhança do cavalo de Troia. Num estilo épico que parodia o de Homero, descreve-se o porco e em várias páginas enumeram-se os nomes dos guerreiros-cozinheiros que entraram no porco. Dá-se a batalha e, no momento crítico, o monge Jean abre as portas do porco e sai "com seus bons soldados, uns levando espetos de ferro, outros carregando porta-espetos, facas, facões, caçarolas, panelas, panelões, chaleiras, caldeirões, todos urrando e gritando juntos, espantosamente: Nabuzardan, Nabuzardan, Nabuzardan!" (IV, 41). E com gritos de revolta atacaram os chouriços e linguiças. As linguiças foram derrotadas; sobre o campo de batalha surge o "javali voador de

Minerva", que lança barricas de mostarda: a mostarda é o "Santo Graal" das linguiças, que cura as feridas dos guerreiros e até ressuscita os mortos.

É interessante o cruzamento da série da comida com a série da morte. No capítulo 46 do livro IV aparece um longo raciocínio do diabo sobre as diferentes qualidades gustativas das almas humanas. As almas dos chicanistas, escrivães e advogados só são gostosas quando estão frescas e salgadas. As almas dos estudantes são gostosas no café da manhã, as almas dos advogados no almoço, as almas das criadas no jantar. As almas dos vinicultores provocam cólicas intestinais.

Em outra passagem, narra-se como o diabo comeu no café da manhã um fricassé da alma de um sargento e teve um forte desarranjo intestinal. Na mesma série são introduzidas as fogueiras da Inquisição, que afastam as pessoas da fé e assim asseguram aos diabos um prato de almas saborosas.

Outro exemplo de cruzamento da série comestível com a série da morte é o episódio luciânico de Epistemon no reino dos mortos. Ressuscitado, Epistemon "começou a falar, dizendo que tinha visto os diabos, conversado familiarmente com Lúcifer e se divertido muito no inferno e nos Campos Elíseos" (II, 30). A série comestível se estende por todo o episódio: no além-túmulo Demóstenes é vinhateiro, Eneias é moleiro, Cipião Africano vende borra de vinho, Aníbal é caldeireiro, Epíteto, galantemente vestido à francesa, debaixo de um belo caramanchão, conversa alegremente, bebe e dança com muitas damas. O Papa Júlio vende pastéis, porém não tem mais sua longa barba. Xerxes vende mostarda; uma vez que cobra caro demais pelo produto, François Villon "mija dentro do seu tabuleiro como fazem os vendedores de mostarda de Paris" (cruzamento com a série dos excrementos). O relato de Epistemon sobre o reino dos mortos é interrompido por Pantagruel com palavras que concluem o tema da morte e do mundo de além-túmulo e conclamam à bebida e à comida: "Agora tratemos de comer e beber bem, eu vos peço, meus filhos; pois temos de beber bastante todo este mês!" (II, 30).

De modo sobretudo frequente e estreito, Rabelais entrelaça com a série da comida e da bebida conceitos e símbolos religiosos — orações dos monges, mosteiros, decretações papais, etc. Depois de uma comilança no almoço, o jovem Gargântua (então ainda educado por escolásticos), mastiga com dificuldade o trecho de uma oração de agradecimento. Na Ilha dos Papímanos, Pantagruel e seus companheiros recebem a proposta de oficiar uma "missa seca", ou seja, uma missa sem canto religioso; mas Panúrgio prefere uma missa "umedecida pelo bom vinho de Anjou". Nessa mesma ilha, oferecem a eles um almoço onde cada prato, seja de cabra, capão, porco (que são tantos em Papímanos), pombo, lebre, coelho, peru, etc. — tudo era recheado de um "montão de sabedoria". Por causa desse "recheio" Epistemon pegou uma fortíssima diarreia (IV, 1). Ao tema do "monge na cozinha" são dedicados dois capítulos especiais: o capítulo 15 do terceiro livro, "Escusa de Panúrgio e exposição de cabala monástica em matéria de carne salgada", e o capítulo 11 do quarto livro, "Por que os frades gostam de ficar na cozinha". Eis um trecho sumamente característico do terceiro livro (cap. 15):

"— Gostas das sopas da prima,[37] eu (diz Panúrgio), mais me agradam as sopas do galgo[38] com um bom pedaço de lavrador salgado a nove lições. — Eu te entendo (diz frei Jean), essa metáfora é extraída da panela claustral: o lavrador é o boi que trabalha, que trabalhou; as nove lições querem dizer perfeitamente cozido. Pois os bons pais de religião, por certa cabalística instituição dos antigos, não escrita, mas levada de mão em mão, quando se levantavam, em meu tempo, por matinas executavam certos preâmbulos notáveis antes de en-

---

[37] A primeira das sete horas canônicas. (N. do T.)
[38] *Soupe de lévrier*, pão ensopado em água. (N. do T.)

trarem em ação. Cagavam no cagadouro, mijavam no mijadouro e escarravam na escarradeira; tossiam no tossidor melodiosamente, a fim de que nada de imundo levassem ao serviço divino. Feitas essas coisas, devotamente se dirigiam à santa capela (assim era em sua linguagem chamada a cozinha claustral) e devotamente solicitavam que desde então fosse levado ao fogo o boi destinado ao almoço dos religiosos, irmãos de Nosso Senhor. Eles próprios muitas vezes acendiam o fogo embaixo da panela. Ora, como as matinas têm nove lições, mais cedo se levantavam. Mas também multiplicam o apetite do que se houvesse na manhã uma ou duas lições somente. Quanto mais cedo se levantam para a dita cabala, mais cedo vai o boi para o fogo; quanto mais tempo estiver no fogo, mais cozido fica; quanto mais cozido, mais macio se mostra, menos se gastam os dentes, mais se deleita o paladar; menos se esforça o estômago, mais se nutrem os bons religiosos. Que é a única finalidade e intenção primordial dos fundadores: em contemplação de que não come para viver, mas vivem para comer, e não têm senão a sua vida neste mundo."

Esse capítulo é muito típico dos métodos artísticos de Rabelais. Aí vemos, antes de mais nada, um quadro da vida cotidiana do mosteiro representado de forma realista. Mas esse quadro de gênero é apresentado ao mesmo tempo como a decifração de uma expressão em jargão monacal: "Um pedaço de lavrador salgado a nove lições". Por trás da alegoria da expressão esconde-se uma estreita contiguidade da carne ("agricultor") com a missa (nove horas de partes lidas na missa matinal). O número de textos-orações lido (nove horas) é propício a um melhor cozimento da carne e a um melhor apetite. Essa série do alimento-missa se cruza com a série dos excrementos (cuspiam, vomitavam, mijavam) e com a série físico-corpórea (o papel dos dentes, do céu da boca e do estômago). O ofício divino e as orações no mosteiro servem para preencher o tempo necessário ao devido cozimento da comida e ao aumento do apetite.[39] Daí a conclusão generalizadora: os monges não comem para viver, mas vivem para comer. Em seguida, nos deteremos nos princípios da construção das séries e imagens em Rabelais, e os analisaremos, já partindo da matéria de todas as cinco séries principais.

Aqui não tocaremos em questões genéticas, vinculadas a fontes e influências. Contudo, faremos neste caso uma prévia observação geral. A introdução de conceitos e símbolos religiosos nas séries da comida, da bebedeira, dos excrementos e atos sexuais evidentemente não é novidade em Rabelais. Na Idade Média tardia eram conhecidas as mais diversas formas de literatura paródico-blasfema, conheciam-se evangelhos paródicos, liturgias paródicas (*A missa dos bêbados*, no século XIII), festas e ritos paródicos. Esse cruzamento de séries era característico da poesia dos goliardos (latinos) e até do seu *argot* especial. Por fim, também encontramos esse fenômeno na poesia de Villon (ligada aos goliardos). A par com essa literatura paródico-blasfema, têm importância especial os tipos blasfemos de fórmulas de magia negra, que tiveram uma ampla difusão e fama na Idade Média tardia e no Renascimento (e que, sem dúvida, eram do conhecimento de Rabelais), e, por último, as "fórmulas" de insultos indecentes, nos quais ainda não se esgotou de todo o antigo significado cultual; esses insultos indecentes estão amplamente difundidos também no cotidiano discursivo não oficial e criam a originalidade estilística e ideológica do discurso cotidiano não oficial (predominantemente nas camadas sociais inferiores). As fórmulas mágicas blasfemas (que incorporam a indecência) e os insultos indecentes do cotidiano são parentes entre si, sendo dois ramos da mesma árvore e com raízes que

---

[39] Rabelais cita um dito de mosteiro: *de missa ad mensam* ("da missa ao almoço"). (N. do A.)

O cronotopo rabelaisiano

remontam ao terreno do folclore anterior à sociedade de classes, mas que, evidentemente, são ramos que deturparam profundamente a primordial natureza nobre dessa árvore.

Além dessa tradição medieval, cabe apontar também a tradição antiga, sobretudo Luciano, que aplicou de modo coerente o método de detalhamento consuetudinário e fisiológico dos elementos cotidianos e eróticos contidos nos mitos (veja-se, por exemplo, a cópula de Afrodite e Ares, o nascimento de Atenas da cabeça de Zeus, etc.). Por último, é necessário mencionar Aristófanes, que influenciou Rabelais (sobretudo seu estilo).

Adiante retomaremos a questão da reassimilação dessa tradição em Rabelais, assim como o problema da tradição folclórica mais profunda, que determinou o fundamento do seu universo ficcional. Aqui trataremos dessas questões apenas de forma preliminar.

Voltemos à série da comida e da bebida. Tanto na série corpórea, como neste caso, apresenta-se em paralelo com a hiperbolização grotesca o ponto de vista positivo de Rabelais sobre o significado da cultura da comida e da bebida. Rabelais jamais é um pregador da comilança e da bebedeira grosseiras. Contudo, ele afirma o elevado significado da comida e da bebida na vida humana e procura consagrá-las e ordená-las ideologicamente, aspira à sua cultura. A cosmovisão ascética sobrenatural negava à comida e à bebida um valor positivo, aceitava-as apenas como uma triste necessidade da carne pecaminosa e só conhecia uma forma de seu ordenamento — o jejum, forma negativa e hostil à natureza da comida e da bebida e que não era ditada pelo amor, mas pela animosidade a elas (veja-se a imagem de Quaresmeprenant-jejuador como fruto da Antifísia). Entretanto, a comida e a bebida, ideologicamente negadas e desordenadas, não eram consagradas pelo discurso e pelo sentido, e na vida real assumiam inevitavelmente as formas mais grosseiras de comilança e embriaguez. Como consequência da inevitável falsidade da cosmovisão ascética, a comilança e a bebedeira floresceram justamente nos mistérios. O monge em Rabelais é predominantemente um comilão e beberrão (veja-se em particular o capítulo 34 que conclui o livro II). Alguns capítulos já mencionados são dedicados a um vínculo especial dos monges com a cozinha. No episódio de Pantagruel e seus companheiros na Ilha de Gaster mostramos a imagem fantástica e grotesca da comilança. Esse episódio é objeto de seis capítulos (57-62 do livro IV). Aí, com base em material da Antiguidade — sobretudo no poeta Pérsio —, desenvolve-se toda uma filosofia do Gaster (ventre). O primeiro grande mestre de todas as artes foi justamente o ventre e não o fogo. Essa doutrina da onipotência da fome como força-motriz do desenvolvimento econômico e cultural da humanidade tem um caráter semiparódico e de meia verdade (como na maioria das imagens grotescas análogas em Rabelais).

A cultura da comida e da bebida se contrapõe à comilança grosseira no episódio da educação de Gargântua (livro I). O tema da cultura e da moderação na comida em face da produtividade do espírito é discutido no capítulo 13 do terceiro livro. Rabelais concebe essa cultura não só no plano médico-higiênico (como um elemento da "vida sadia"), mas também no plano culinário. A confissão de frei Jean sobre o "humanismo na cozinha", apresentada numa forma um tanto paródica, exprime, sem dúvida, também as tendências culinárias do próprio Rabelais: "Virtude de Deus, *da jurandi*,[40] para que antes transportemos nossas humanidades para a bela cozinha de Deus! E lá atentemos para a oscilação dos espetos, a posição do toucinho, a temperatura das sopas, os preparativos da sobremesa, a ordem de serviço do vinho. *Beati imaculati in via*.[41] Matéria do breviário" (IV, 10). É

---

[40] Do latim: "Perdoai-me Deus". (N. do T.)

[41] Do latim: "Felizes os imaculados em seu caminho". (N. do T.)

evidente que o interesse pela enformação culinária da comida e da bebida em nada contraria o ideal rabelaisiano de um homem físico-espiritual harmoniosamente desenvolvido.

Um lugar absolutamente especial no romance de Rabelais cabe aos banquetes de Pantagruel. O pantagruelismo é a capacidade de ser alegre, sábio e bom, é por isso que a capacidade de banquetear-se com alegria e sabedoria pertence à própria essência do pantagruelismo. Contudo, os banquetes dos pantagruelistas não são, em absoluto, os banquetes dos desocupados e comilões que vivem em eterno banquete. Só o ócio noturno depois de um dia de trabalho deve ser consagrado ao banquete. O almoço (no meio de um dia de trabalho) deve ser breve e, por assim dizer, apenas utilitário. Rabelais é um partidário principal da transferência do centro de gravidade da comida e da bebida para o jantar. Assim ele procedeu no sistema da educação do humanista Ponócrates: "Notai que o almoço [de Gargântua] era sóbrio e frugal, pois só comiam para satisfazer a necessidade do estômago, mas a ceia era copiosa e farta, pois que convinha sustentar e nutrir, o que é a verdadeira dieta prescrita pela arte da boa e segura medicina" (I, 23). Há uma reflexão especial sobre o jantar, posta nos lábios de Panúrgio, no capítulo 15 do terceiro livro, que já citamos: "Quando eu tiver almoçado bem e tiver o estômago bem ajustado e satisfeito, então, por precisão e em caso de necessidade, posso deixar de jantar. Mas não cear? Diabo, é um erro, é um escândalo da natureza. A natureza fez o dia para se exercitar, para se trabalhar e cada um tratar de seus negócios; e para mais aptamente se fazer, ela nos forneceu a vela, que é a clara e alegre luz do sol. À noite ela começa a nos tolher e nos diz tacitamente: 'Meus filhos, sois homens de bem; já trabalhastes muito, a noite chega; convém cessar o labor e restaurar as forças com bom pão, bom vinho, boas carnes; depois se divertir um pouco, deitar e repousar para que, no dia seguinte, estejais descansados e bem-dispostos para o trabalho como antes'".

Nessas "noitadas" pantagruélicas diante do pão, do vinho e outras iguarias (ou imediatamente depois delas) desenvolvem-se as conversas pantagruélicas, conversas sábias, mas também cheias de riso e indecências. Mais tarde falaremos do significado especial dessas noitadas, desse novo aspecto rabelaisiano do *Banquete* de Platão.

Desse modo, também a série da comida e da bebida serve, em seu desenvolvimento grotesco, ao objetivo de destruir as velhas e falsas contiguidades entre objetos e fenômenos e de criar novas contiguidades que adensam e materializam o mundo. Em seu polo positivo, essa série é concluída pela consagração ideológica, pela cultura da comida e da bebida, traço essencial na imagem do homem novo, harmonioso e íntegro.

Passemos à série dos excrementos. Ela ocupa um lugar importante no romance. O contágio de Antifísia exigiu uma dose forte do antídoto Física (*Physis*). A série dos excrementos serve basicamente para criar as mais inesperadas contiguidades entre as coisas, fenômenos e ideias, que destroem a hierarquia e materializam o quadro do mundo e da vida.

Como exemplo da criação de contiguidades inesperadas pode servir o "tema do limpa-cu". O pequeno Gargântua pronuncia um discurso sobre os diversos meios que testou para limpar o cu e sobre o melhor que encontrou entre eles. Na série grotesca que ele desenvolve, figuram como limpa-cu: um cachecol de veludo de uma dama, um lenço de pescoço, um tapa-orelhas de cetim, uma touca de pajem, uma marta (que lhe arranhou o traseiro com as unhas), as luvas de sua mãe perfumadas de benjoim, um xale, um funcho, um aneto, folhas de couve, alface, espinafre (série comestível), rosas, urtiga, cobertas, cortinas, guardanapos, feno, palha, lã, travesseiro, sapatos, um alforje, um cesto, um chapéu. O melhor limpa-cu foi um gansinho com a penugem macia: "Pois a gente sente no olho do cu uma volúpia mirífica, tanto pela maciez das penas, como pelo calor temperado do ganso, a qual é facilmente comunicada ao cano de cagação e a outros intestinos, até chegar à região do coração e do cérebro" (I, 13). Em seguida, citando "a opinião do Mestre Jehan da Escócia", Gargântua afirma que a beatitude dos heróis e dos semideuses, que se encontram nos Campos Elíseos, consiste justamente em que eles se limpam com gansinhos.

Na conversa "Para glorificar as decretais", que ocorre durante o almoço na Ilha dos Papímanos, introduzem-se as decretais do Papa na série dos excrementos. Certa vez, frei Jean utilizou-as como limpa-cu, o que lhe provocou hemorroidas com protuberâncias. Quanto a Panúrgio, a leitura das decretais deu-lhe uma terrível prisão de ventre (IV, 52).

Um cruzamento da série corpórea com a série da comida e da bebida e com a série dos excrementos aparece no episódio dos seis peregrinos. Gargântua os engoliu com alface e um grande gole de vinho branco. De início, os peregrinos se esconderam atrás dos dentes, mas depois quase foram levados para o abismo do estômago de Gargântua. Com o auxílio de bordões, eles conseguiram subir até a superfície dos dentes. Aí tocaram num dente cariado de Gargântua, que os cuspiu. Mas enquanto eles tentavam fugir, Gargântua começou a urinar, a urina lhes cortou o caminho, eles foram forçados a atravessar o grande dilúvio de urina. Quando, enfim, estavam fora de perigo, um dos peregrinos declarou que todas as suas desventuras estavam previstas nos salmos de Davi: "*Os homens que se insurgiram contra nós ter-nos-iam então devorado vivos* — isso foi quando nos comiam com salada e sal; *Quando seu furor se desencadeou contra nós, as águas nos teriam submergido* — isso foi quando ele tomou seu grande gole; *Uma torrente teria passado sobre nós* — isso foi quando atravessamos o grande dilúvio da sua urina, com a qual ele nos cortou o caminho" (I, 38).[42]

---

[42] Os trechos do Salmo 124 de Davi estão em itálico. (N. do T.)

Deste modo, os salmos de Davi estão aí intimamente entrelaçados com os processos da comida, da bebida e da urinação.

É muito peculiar o episódio consagrado à "Ilha dos Ventos", onde os habitantes se alimentam apenas de vento. O tema do "vento" e todo o conjunto de motivos elevados na literatura e na poesia — o sopro do Zéfiro, o vento das tempestades marinhas, a respiração e o suspiro, a alma como sopro, o espírito, etc. — através do ato de "soltar ventos" incorporam-se às séries da comida, dos excrementos e dos costumes (veja-se "o ar", "a respiração", "o vento" como padrão e forma interna de palavras, imagens e motivos de um plano elevado — a vida, a alma, o espírito, o amor, a morte, etc.): "Não cagam, não mijam, e não escarram naquela ilha. Em compensação, peidam e arrotam copiosamente. [...] A [doença] mais epidêmica é a cólica ventosa. Para remediá-la usam amplas ventosas que absorvem muita ventosidade. Morrem hidrópicos timpanitas. E os homens morrem peidando alto, as mulheres peidando sem ruído: assim, sua alma sai pelo cu" (IV, 43 e 44). Aqui a série dos excrementos se cruza com a série da morte.

Na série dos excrementos, Rabelais constrói uma sequência de "mitos locais" que explicam a gênese do espaço geográfico. Cada localidade deve ser explicada, de sua denominação às peculiaridades do relevo, do solo, da vegetação e outros, partindo do acontecimento humano que aí ocorreu e determinou o seu nome e a sua fisionomia. A localidade é a marca do acontecimento que lhe deu forma. Essa é a lógica de todos os mitos e lendas locais, que assimilam o espaço pela história. Rabelais cria esses mitos locais num plano paródico.

Assim, Rabelais dá a seguinte explicação para o nome de Paris: quando Gargântua chegou a essa cidade, multidões se reuniram a seu redor e ele, "para fazer rir" (*par ris*), "abriu sua bela braguilha e, tirando para o ar livre o soberbo mastro, os regou tão fartamente que afogou duzentos e sessenta mil quatrocentos e dezoito, fora mulheres e crianças. [...] Ali foi depois a cidade chamada Paris" (I, 17).

A origem dos banhos quentes na França e na Itália deve-se ao fato de que, durante a doença de Pantagruel, sua urina era tão quente que até hoje não esfriou (II, 17).

O riacho que corre a partir do Saint Victor foi formado pela urina de Pantagruel (episódio narrado no capítulo 22 do livro II).

Os exemplos mencionados são suficientes para caracterizar as funções da série dos excrementos no romance de Rabelais. Passemos à série do ato sexual (de modo geral, das indecências sexuais).

A série de indecências sexuais ocupa um espaço imenso no romance. Essa série aparece em diferentes variações: das puras indecências a uma ambiguidade sutilmente decifrada, da brincadeira e da anedota obscena às considerações medicinais e naturalistas sobre a força do sexo, o sêmen masculino, a produtividade sexual, o casamento, a importância do princípio familiar.

As expressões e brincadeiras francamente indecentes estão espalhadas por todo o romance de Rabelais. Chegam a uma frequência particular nos lábios do frei Jean e de Panúrgio, mas as outras personagens não as evitam. Quando, durante a viagem, os pantagruelistas encontraram palavras congeladas e entre elas descobriram uma série de indecências, Pantagruel se recusou a manter algumas das indecências congeladas em seu acervo, "dizendo ser loucura fazer reserva daquilo que jamais falta, e que sempre se tem à mão entre todos os bons e joviais pantagruélicos" (IV, 56).

Esse princípio do emprego de palavras dos "bons e joviais pantagruélicos" é mantido por Rabelais ao longo de todo o romance. Quaisquer que sejam os temas discutidos, as indecências sempre encontram um lugar no tecido verbal que as reveste, incorporadas tanto por meio das associações materiais mais extravagantes quanto por meio de vínculos e analogias puramente verbais.

No romance são contadas muitas breves anedotas-novelas, amiúde tomadas de empréstimo às fontes folclóricas. Assim são, por exemplo, a anedota sobre o leão e a velha contada no capítulo 15 do segundo livro e a história "de como o diabo foi enganado pela velha Papafigas" (IV, 17). Essas histórias se fundam numa analogia do folclore antigo do órgão genital feminino com uma ferida muito aberta.

No espírito dos "mitos locais", mantém-se a famosa história "da causa pela qual as milhas são tão curtas na França", onde o espaço é medido pela frequência da realização do ato sexual. O rei Feramond escolheu entre os picardos de Paris uma centena de rapazes belos e o mesmo número de moças belas. Deu a cada rapaz uma moça e ordenou que esses casais fossem para diferentes países: nos mesmos lugares em que os rapazes iriam acariciar as suas moças, ele ordenou que se colocasse uma pedra para marcar a milha. No início, os casais enviados se acariciavam a cada instante enquanto ainda estavam na França; daí a razão de serem tão curtas as milhas francesas. Mas depois, quando já estavam cansados e com suas forças sexuais esgotadas, eles passaram a se contentar com uma vezinha por dia; eis por que na Bretanha, em Landes e na Alemanha as milhas são tão longas (II, 23).

Outro exemplo de introdução do espaço geográfico mundial na série de indecências: Panúrgio conta do dia em que Júpiter "fornicou por um dia com a terça parte do mundo, bestas e gente, rios e montanhas: foi a Europa" (III, 12).

É de outra natureza a ousada reflexão grotesca de Panúrgio sobre o melhor método de construção de muralhas ao redor de Paris: "Pelo que vejo, as callibistris das mulheres deste país custam mais barato que as pedras; com elas construiria as muralhas, arrumando-as em boa simetria arquitetônica, e pondo as maiores nas primeiras filas, indo depois baixando gradativamente, até colocar as menores. Depois faria um bom entrelaçamento, como a grande torre de Bourges, com os chifarotes mofados que habitam as braguilhas claustrais. Que diabo derrubaria tal muralha?" (II, 15).

Segue uma lógica diferente o raciocínio do papa de Roma sobre os órgãos sexuais. Os papímanos consideram o beija-pés uma expressão insuficiente de respeito ao papa: "Isso está entre nós já resolvido. Nós lhe beijaríamos o cu sem cobertura, e os culhões igualmente. Pois tem culhões o santo padre, nós o sabemos por nossas belas decretais; de outro modo não seria papa. De sorte que por sutil filosofia decretal essa consequência é necessária: ele é papa, portanto tem culhões. E quando faltassem culhões no mundo, o mundo mais papa não teria" (IV, 48).

Achamos que os referidos exemplos são suficientes para caracterizar os diferentes modos de inserção e desenvolvimento da série de indecências aplicadas por Rabelais (evidentemente, não faz parte da nossa tarefa uma análise definitiva desses modos).

Na organização de todo o material do romance, um tema que integra a série das indecências tem uma importância essencial, ou seja, o tema dos "chifres". Panúrgio está querendo se casar, mas não se atreve a fazê-lo porque tem medo de levar "chifres". Quase todo o terceiro livro (a partir do capítulo 7) versa sobre consultas de Panúrgio a respeito do casamento: ele pede sugestões a todos os seus amigos, faz conjeturas baseadas em Virgílio, procura adivinhar sonhos, conversa com a sibila de Panzoust, com o moribundo poeta mudo Raminagrobis, com Agrippa von Nettesheim, com o teólogo Hipotadeu, com o médico Rondibilis, com o filósofo Trouillogan, com o bufão Triboulet. Em todos esses episódios, conversas e reflexões figura o tema dos chifres e da fidelidade feminina que, por sua vez, atrai (para o relato), por semelhança semântica ou verbal, os mais diversos temas e motivos da série das indecências sexuais; por exemplo, o raciocínio sobre a potência sexual masculina e a permanente excitabilidade sexual da mulher na fala do médico Rondibilis ou a revisão da mitologia antiga no trecho que trata da colocação de chifres e da infidelidade feminina (31 e 12 do terceiro livro).

O quarto livro é organizado como a viagem de Pantagruel ao "Oráculo da diva garrafa", que deve dirimir em definitivo as dúvidas de Panúrgio sobre o casamento e os chifres (é verdade que o próprio "tema dos chifres" está quase de todo ausente no quarto livro).

A série das indecências sexuais, assim como todas as séries acima examinadas, destrói a hierarquia estabelecida de valores por meio da criação de novas contiguidades de palavras, objetos e fenômenos. Ela reconstrói o quadro do universo, materializando-o e adensando-o. Reconstrói-se na raiz também a tradicional imagem do homem na literatura, e ademais esta é reconstruída à custa dos campos não oficiais e extraverbais de sua vida. O homem é *completamente exteriorizado e iluminado pela palavra*, em todas as suas manifestações vitais. Mas neste caso o homem não degenera nem é diminuído, absolutamente; jamais se torna o homem "da vida inferior". Pode-se antes falar de uma heroicização de todas as funções corpóreas em Rabelais — da comida, da bebida, dos excrementos, do campo sexual. A simples hiperbolização de todos esses atos corresponde à sua heroicização: ela carece de uma rotina, de um colorido, consuetudinário e naturalista. Ainda retomaremos essa questão quando tratarmos do "naturalismo" em Rabelais.

A série de indecências sexuais também tem seu polo positivo. A depravação grosseira do homem medieval é o inverso do ideal ascético que rebaixa o campo sexual. A construção harmoniosa desse campo verifica-se na imagem da abadia de Thélème em Rabelais.

As quatro séries que examinamos ainda não esgotam todas as séries materializadoras do romance. Destacamos apenas as séries principais, que dão o tom ao tema. Ainda podemos destacar a série da vestimenta, minuciosamente elaborada em Rabelais. Nessa série concede-se uma atenção especial à braguilha (parte do vestuário que esconde o órgão sexual masculino), o que vincula essa série à série das indecências sexuais. Pode-se distinguir a série de objetos de uso diário, a série zoológica. Todas essas séries, que gravitam em torno do homem corpóreo, têm as mesmas funções de separar o tradicionalmente ligado e aproximar o hierarquicamente separado e distante, assim como a função da coerente materialização do mundo.

Depois de todas essas séries materializadoras, passemos à última série, que já exerce outra função no romance: a série da morte.

À primeira vista, pode parecer que tal série inexiste por completo no romance de Rabelais. O problema da morte individual e a agudeza desse problema se afiguram extremamente estranhos ao mundo sadio, pleno e viril de Rabelais. E essa impressão é de todo correta. Mas no quadro hierárquico do mundo destruído por Rabelais, a morte ocupava posição dominante. A morte desvalorizava a vida terrestre como algo frágil e passageiro, privava essa vida de autovaloração, transformava-a em etapa acessória para os futuros e eternos destinos da alma além-túmulo. A morte não era percebida como um momento necessário da própria vida, após o qual a vida torna a triunfar e continua (a vida tomada em seu aspecto essencialmente coletivo ou histórico), mas como um fenômeno limítrofe, situado na divisória absoluta entre esse frágil mundo temporal e a vida eterna, como uma porta escancarada para o outro mundo, o mundo sobrenatural. A morte não era percebida na série temporal abrangente, mas na fronteira do tempo; não na série da vida, mas na fronteira dessa série. Ao destruir o quadro hierárquico do mundo e construir um novo em seu lugar, caberia a Rabelais reavaliar também a morte, colocá-la em seu lugar no mundo real e, acima de tudo, mostrá-la como um momento indispensável da própria vida, mostrá-la na abrangente série temporal da vida, que avança e não tropeça na morte nem desaba em abismos sobrenaturais, mas permanece toda aqui, neste tempo e neste espaço, debaixo deste sol. Por último, caberia mostrar que nem neste mundo a morte é o fim *essencial* para ninguém ou para nada. Isso significava mostrar a face material da morte na série sempre triunfante da vida que a abrange (é claro que sem nenhum *pathos* poético, algo profundamente estranho a Rabelais), mostrá-la, no entanto, *de forma incidental*, sem lhe dar nenhum relevo.

Salvo poucas exceções, a série da morte é apresentada em Rabelais no plano grotesco e burlesco; ela se cruza com a série da comida e da bebida, com a série dos excrementos, com a série anatômica. Também é tratada nesse mesmo plano a questão do mundo além-túmulo.

Já conhecemos os exemplos da morte na série anatômica grotesca. Aí se expõe uma minuciosa análise anatômica do golpe da morte e mostra-se a sua inevitabilidade fisiológica. Neste caso, a morte é apresentada como puro fato anatômico-fisiológico, com toda a sua clareza e precisão. Assim são as representações de todas as mortes em combate. Aí a morte aparece como que numa série anatômico-fisiológica impessoal do corpo humano e sempre na dinâmica da luta. O tom geral é grotesco, e às vezes é ressaltado algum detalhe cômico da morte.

Assim, por exemplo, é representada a morte de Tripot: "virando-se de súbito, ele (Ginasta) atirou um estoque volante contra o referido Tripot, e, quando esse se abaixava para proteger a cabeça, abriu-lhe, com uma espaldeirada, o estômago, o cólon e metade do fígado, e ele, caindo por terra, deixou escapar mais de quatro terrinas de sopa e a alma misturada com a sopa" (I, 25).

Aqui a imagem anatômico-fisiológica da morte é inserida num quadro dinâmico de luta entre corpos humanos e, na conclusão, apresentada em contiguidade imediata com a comida — "deixou escapar a alma misturada com a sopa".

Acima apresentamos bastantes exemplos de imagem anatômica (o espancamento dos inimigos no vinhedo do mosteiro, a matança dos arqueiros, etc.). Todas essas imagens são análogas e apresentam a morte como um fato anatômico-fisiológico na série impessoal do corpo humano em vida e em combate. Aí a morte não rompe a série contínua da vida humana em combate, aparece como um momento dessa vida, não viola a lógica dessa vida (corpórea), mas é feita da mesma massa que a própria vida.

Um caráter grotesco-burlesco diferente, sem análise anatômico-fisiológica, é o que a morte assume na série dos excrementos. Assim, Gargântua afogou em sua urina "duzentos e sessenta mil quatrocentos e dezoito, fora mulheres e crianças" (I, 17). Aqui essa "matança" é exibida não só num sentido grotesco direto, mas também como paródia dos relatórios secos de catástrofes, insurreições esmagadas e guerras religiosas (do ponto de vista desses relatórios oficiais, o valor da vida humana é reduzido a zero).

A representação do afogamento dos inimigos na urina da égua de Gargântua tem um franco caráter grotesco. Aqui a imagem está detalhada. Os companheiros de Gargântua precisam atravessar um riacho formado pela urina, mas atravancado por cadáveres de homens afogados. Todos atravessaram bem, "a não ser Eudemon, cujo cavalo meteu a pata direita, até o joelho, na pança de um gordo e grande vilão que se afogara de barriga para cima, e não conseguira tirá-la; e assim ficou agarrado, até que Gargântua, com a ponta de seu bastão, empurrou para dentro d'água o resto das tripas do vilão, e então o cavalo levantou a pata. E, coisa maravilhosa em hipiatria, o referido cavalo curou-se de um tumor que tinha naquela pata, pelo contato com as entranhas do gordo vilão" (I, 36).

Aqui são peculiares não só a imagem da morte na urina

e não só o tom e o estilo da representação do cadáver ("pança", "tripas", "entranhas", "gordo" e "grande vilão"), mas também a cura da pata do cavalo pelo contato com as entranhas do cadáver. Casos análogos são muito difundidos no folclore, baseiam-se numa das concepções gerais do folclore sobre a produtividade da morte e do cadáver fresco (ferimento — ventre) e sobre a cura de um morto por outro. Neste caso, a contiguidade folclórica da morte como uma nova vida sai, sem dúvida, extremamente enfraquecida, a ponto de beirar a imagem grotesca da cura da pata do cavalo pelo contato com as entranhas do cadáver gordo. Contudo, fica clara nessa imagem a peculiar lógica do folclore.

Lembremos outro exemplo do cruzamento da série da morte com a série dos excrementos. Quando os habitantes da "Ilha dos Ventos" morrem, sua alma sai pelo ânus junto com o vento (nos homens) ou com os gases (nas mulheres).[43]

Em todos esses casos de representação grotesca (bufa) da morte, a imagem da morte assume traços jocosos: a *morte* aparece em contiguidade imediata com o *riso* (se bem que, por enquanto, ainda na série material). Também na maioria dos casos, Rabelais representa a morte numa diretriz voltada para o riso, representa *mortes alegres*.

A representação cômica da morte aparece no episódio do "rebanho de Panúrgio". Desejando vingar-se do comerciante que levava no navio um rebanho de carneiros, Panúrgio comprou o guia deles e o lançou no mar, e atrás do guia precipitaram-se para o mar todos os carneiros; o comerciante e seus pastores agarraram-se aos carneiros na tentativa de segurá-los, e então eles mesmos foram arrastados para o mar:

---

[43] Em outra passagem, Pantagruel gera com seus ventos pequenos homens e, com seus gases, pequenas mulheres (II, 27). O coração dessas pequenas criaturas fica perto do ânus e por isso elas são tão irritadiças. (N. do A.)

"Panúrgio, ao lado da amurada, tendo um remo na mão, não para ajudar os homens, mas para impedi-los de subir ao navio e escapar do naufrágio, pregava-lhes eloquentemente [...], com flores de retórica, as misérias deste mundo, o bem e a fortuna da outra vida, afirmando serem mais felizes os mortos do que os vivos neste vale de miséria" (IV, 8).

A comicidade da situação da morte é aqui criada pela pregação de despedida de Panúrgio. Toda a situação é uma maldosa paródia da concepção de vida e morte na cosmovisão sobrenatural da Idade Média. Em outra passagem, Rabelais conta sobre uns monges que, em vez de prestarem ajuda imediata a uma pessoa que se afogava, primeiro tiveram de se preocupar com sua alma eterna e levá-lo a se confessar: enquanto isso, no entanto, o corpo dele afundava.

Dentro do espírito da mesma destruição paródica das concepções medievais sobre a alma e o mundo de além-túmulo, aparece uma representação jocosa da permanência temporária de Epistemon no reino dos mortos (episódio ao qual já nos referimos). Aí se incorporam também reflexões grotescas sobre as qualidades gustativas e o valor gastronômico das almas dos mortos, sobre o que também já falamos.

Lembremos a representação jocosa da morte na série comestível no relato de Panúrgio sobre as suas malfadadas aventuras na Turquia. Aqui a morte é apresentada em condições cômicas e externas, e ademais em contiguidade imediata com a comida (assar, torrar no espeto). Todo o episódio sobre a miraculosa salvação do semiassado Panúrgio termina com o enaltecimento do assado no espeto.

A morte e o riso, a morte e a comida, a morte e a bebida estão com muita frequência em contiguidade na obra de Rabelais. Em toda parte, a morte se dá em condições alegres. No capítulo 17 do quarto livro há toda uma série de mortes surpreendentes e mais amiúde engraçadas. Aí é narrada a morte de Anacreonte, que se engasgou com uma sementinha de uva (Anacreonte — vinho — sementinha de uva — morte). O pretor Fábio morre por causa de um pelo de cabra que caiu em sua caneca de leite. Um homem morre em decorrência dos gases que teve vergonha de soltar na presença do imperador Cláudio, etc.

Se nos casos enumerados só a situação externa torna a morte engraçada, já a morte do duque de Clarence (irmão de Eduardo IV) foi uma morte alegre quase que para o próprio moribundo: condenado à morte, propuseram que ele mesmo escolhesse o tipo de execução, "e ele escolheu a morte afogado numa barrica de malvasia!" (IV, 33). Aqui a morte alegre aparece em contiguidade imediata com o vinho.

O moribundo alegre é representado na imagem do poeta Raminagrobis. Quando Panúrgio chega com seus companheiros à presença do poeta moribundo ele já está agonizando, "com aparência jovial, fisionomia franca e olhar luminoso" (III, 21).

Em todos os casos citados de morte alegre, o riso aparece no tom, no estilo e na forma de sua representação. Contudo, no âmbito da série da morte, o riso também aparece em contiguidade material imediata e em contiguidade verbal com a morte: em duas passagens Rabelais passa à série da *morte pelo riso*. No capítulo 20 do primeiro livro, ele menciona Crasso, que morreu de rir ao ver um asno comendo cardos, e também Filemon, que morreu de rir ao ver um asno comer os figos que haviam sido preparados para o jantar. No capítulo 17 do quarto livro, Rabelais menciona o pintor Zêuxis, que morreu de rir diante do retrato de uma velha que ele mesmo pintara.

Por último, a morte é apresentada em contiguidade com o nascimento de uma nova vida e, ao mesmo tempo, com o riso.

Quando Pantagruel nasceu, ele era tão imenso e pesado que não pôde vir ao mundo sem sufocar sua mãe (II, 2). Com a morte da esposa, Gargântua se viu numa situação difícil: não sabia se chorava ou ria, "e a dúvida que perturbava o seu entendimento era saber se deveria chorar pela perda da mulher ou rir pela alegria do seu filho". Ele não soube resolvê-la e, como resultado, chorava e ria. Ao lembrar da esposa, Gargântua "chorava como uma vaca, mas, ao mesmo tempo, ria como um bezerro, quando lhe vinha à memória seu filho Pantagruel" (II, 3).

É na série da morte, nos pontos de seu cruzamento com a série da comida, da bebida e da série sexual e na contiguidade imediata entre a morte e o nascimento de uma nova vida que a natureza do riso rabelaisiano se manifesta com plena nitidez; aí desvelam-se também as autênticas fontes e tradições desse riso; a aplicação desse riso a todo um vasto universo da vida histórico-social ("uma epopeia do riso"), a uma época, ou melhor, à fronteira entre duas épocas, revela as suas perspectivas e a sua posterior produtividade histórica.

A "morte alegre" em Rabelais não só se combina com uma elevada apreciação da vida e uma exigência de lutar até o fim por essa vida — ela é exatamente a expressão dessa apreciação elevada, a expressão da força da vida que triunfa eternamente sobre qualquer morte. Na imagem rabelaisiana da morte alegre não há, é claro, nada decadente, não há nenhuma aspiração à morte, nenhuma romantização da morte. O próprio tema da morte em Rabelais, como já dissemos, jamais se apresenta em primeiro lugar, jamais é ressaltado. Na elaboração desse tema em sua obra, tem imensa importância o aspecto anatômico-fisiológico sóbrio e nítido da morte. E o riso nunca se contrapõe à morte horrível em sua obra: tal horror inexiste por completo, logo, também não existe nenhum contraste.

Uma contiguidade imediata da morte com o riso, a comida, a bebida e as indecências sexuais encontramos também em outros representantes do Renascimento: em Boccaccio (na própria novela-moldura e no material das novelas isoladas), em Pulci (a representação da morte e do paraíso durante a batalha de Roncesvalles; Morgante,[44] protótipo de Panúrgio, morre de rir) e em Shakespeare (nas cenas de Falstaff, os coveiros alegres em *Hamlet*, o porteiro alegre e bêbado em *Macbeth*). A semelhança se deve à unidade da época e à comunidade de fontes e tradições, à diversidade na ampla e plena elaboração de todas essas contiguidades.

Na história posterior da evolução da literatura, essas contiguidades renascem com grande força no romantismo e em seguida no simbolismo (evitamos as etapas intermediárias), mas aqui o seu caráter é bem diferente. Perde-se o conjunto da vida triunfante, que abrange a morte, o riso, a comida e o ato sexual. A vida e a morte são percebidas apenas no âmbito de uma vida individual fechada (onde a vida não se repete e a morte é um fim irremediável) e, ademais, de uma vida tomada no aspecto interior, subjetivo. Por isso, nas imagens ficcionais dos românticos e simbolistas, essas contiguidades se transformam em agudos contrastes estáticos e oximoros, que ou não se resolvem absolutamente (uma vez que falta um conjunto real maior e abrangente) ou se resolvem num plano místico. Basta lembrar aqueles fenômenos que em sua exterioridade são mais próximos das contiguidades rabelaisianas. Edgar Allan Poe tem uma pequena novela de fundo renascentista chamada "O barril de Amontillado". Durante o *carnaval*, o herói mata seu competidor, que estava *bêbado* e vestido em traje de *histrião* com *guizos*. O herói persuade o competidor a acompanhá-lo até a sua adega de vinho (uma catacumba) para determinar se o barril de Amontillado que ele comprara era autêntico; ali, na adega, ele o empareda vivo num nicho; a última coisa que ele escuta é o *riso e o som dos guizos do histrião*. Toda essa novela é feita de contrastes agudos e absolutamente *estáticos*; o carnaval alegre e luminoso e as catacumbas sombrias; o traje alegre e histriônico

---

[44] Herói do poema homônimo, uma epopeia cômica de autoria de Luigi Pulci (1432-1484), publicado em 1483. (N. do T.)

do competidor e sua morte iminente e terrível, o barril de Amontillado, o som alegre dos guizos histriônicos e o horror *agônico* do emparedado vivo, o assassinato terrível e traiçoeiro e o tom seco e tranquilamente prático do herói narrador. Na base desse relato jaz um complexo (uma contiguidade) muito antigo e respeitoso: morte — máscara histriônica (riso) — vinho — alegria do carnaval (o *carrus navalis* de Baco) — túmulo (catacumbas). Contudo, perdeu-se a chave de ouro desse complexo: o envolvente conjunto sadio da vida triunfante está ausente, restaram contrastes vazios e irremediáveis, e por isso terríveis. É verdade que por trás deles se percebe um esquecido parentesco sombrio e confuso, uma longa série de reminiscências das imagens artísticas da literatura universal, na qual estão fundidos todos os elementos, mas essa confusa sensação e essas reminiscências têm efeito apenas sobre uma estreita impressão estética do conjunto da novela.

A famosa novela "A máscara da morte rubra" tem por base uma contiguidade boccacciana: *peste* (morte, túmulo) — *festa* (divertimento, riso, vinho, erotismo). Contudo, aqui essa contiguidade também se torna um contraste vazio, que cria um clima trágico sem nada de boccacciano. Em Boccaccio, o conjunto que envolve a vida triunfante que avança (claro que não em sentido biológico estreito) supera os contrastes. Em Poe, eles são estáticos e a dominante de toda a imagem é transferida para a morte. Vemos a mesma coisa também na novela "O rei Peste" (marinheiros bêbados se banqueteiam num apartamento tomado pela peste em uma cidade portuária), embora aqui o vinho e os excessos da embriaguez do corpo sadio conquistem no *enredo* (e *só* no enredo) uma vitória sobre a peste e os fantasmas da morte.

Mencionemos ainda os motivos rabelaisianos em Baudelaire,[45] pai do simbolismo e do decadentismo. No poema

---

[45] Os poemas aludidos são "Le mort joyeux" e "Le voyage", ambos

"O morto alegre" (veja-se o apelo final aos vermes: "Eis que vos toca um morto alegre e destemido") e no poema "A viagem" (um convite à morte dirigido a um "velho capitão" nas estrofes finais) e, por fim, no ciclo das mortes observamos as mesmas manifestações da desintegração do conjunto (uma contiguidade nem de longe completa) e a transferência da dominante para a morte (a influência do villonismo e da "escola dos pesadelos e dos horrores").[46] Aqui, como em todos os românticos e simbolistas, a morte deixa de ser um momento da própria vida e volta a tornar-se um fenômeno que confina com a vida daqui e uma possível outra vida. Toda a questão se concentra nos limites da série *individual* e *fechada* da vida.

Voltemos a Rabelais. Neste, a série da morte é um polo também positivo, onde seu tema se discute praticamente fora de qualquer grotesco. Temos em vista os capítulos dedicados à morte dos heróis e do Grande Pã e a famosa carta do velho Gargântua ao filho.

Nos capítulos sobre a morte dos heróis e do Grande Pã (livro IV, 26-28), baseando-se em material da Antiguidade, Rabelais comunica sem nada de grotesco as condições especiais da morte dos heróis históricos, cuja vida e morte não são indiferentes à humanidade. A morte dos homens nobres e heroicos é frequentemente acompanhada de fenômenos especiais da natureza, que são um reflexo dos abalos históricos; tempestades assolam, no céu surgem cometas, estrelas cadentes: "Assim, por tais cometas, como por notas etéreas, dizem os céus tacitamente: 'Homens mortais, se dessas almas felizes

---

de *Les Fleurs du mal* (1857). O verso do primeiro foi citado da tradução de Ivan Junqueira. (N. do T.)

[46] Vejam-se manifestações análogas em Novalis (erotização de todo o complexo, sobretudo nos versos acerca da comunhão); em Victor Hugo (*O corcunda de Notre-Dame*); os tons rabelaisianos em Rimbaud, Jean Richepin, Laforgue e outros. (N. do A.)

algo quereis saber, aprender, entender, conhecer, prever, no tocante à utilidade pública ou privada, diligenciai de a elas vos apresentar e delas resposta ter. Pois o fim e catástrofe da comédia se aproxima. Passada aquela, em vão lamentareis'" (IV, 27). Também em outra passagem: "Pois, como a tocha ou a vela, todo o tempo em que está viva e ardente, ilumina os circunstantes, aclara tudo em torno, deleita a cada um e a cada um expõe seu serviço e sua claridade, não faz desprazer a ninguém; mas no instante em que se apaga, por sua fumaça e evaporação infecciona o ar, prejudica os circunstantes e a cada um desagrada: assim é com essas almas nobres e insignes. Durante todo o tempo que habitam o corpo é a sua presença pacífica, útil, deleitável, honrada; na hora de sua separação, comumente advém, para as ilhas e continentes, grandes perturbações no ar, trevas, raios, granizo; em terra, concussões, tremores, assombros; no mar, tormentas e tempestades, com lamentações dos povos, mutações das religiões, abalos de reinos e eversões de repúblicas" (IV, 26).

Pelos trechos citados, vê-se que Rabelais apresenta a morte dos heróis em um tom e um estilo inteiramente distintos; em vez do fantástico grotesco surge um fantástico heroificante, em parte num espírito épico-popular, que no essencial reproduz o tom e o estilo das fontes antigas (que Rabelais relata de modo bastante aproximado). Isso é uma prova de sua elevada apreciação do heroísmo histórico. É peculiar que as manifestações através das quais a natureza e o mundo histórico reagem à morte dos heróis, "mesmo contrariando todas as leis da natureza", são por si mesmas perfeitamente naturais (tempestades, cometas, abalos sísmicos, revoluções) e se situam no mesmo mundo daqui, onde transcorrem a vida e a atividade dos heróis. Essa ressonância é epicamente heroificada e dela até a natureza participa. Também neste caso, a morte é representada por Rabelais não na série individual da vida (fechada e autossuficiente), mas no mundo histórico enquanto fenômeno da vida histórico-social.

Nos mesmo tons é narrada (ou melhor, relatada, ao modo de Plutarco) a morte do Grande Pã. Em seu relato, Pantagruel vincula os acontecimentos ligados a esta morte à morte do "Grande salvador daqueles que creem", mas insere em sua imagem um conteúdo puramente panteístico (IV, 28).

O objetivo de todos os três capítulos é mostrar o heroísmo histórico como uma marca essencial e indelével num mundo real único — natural e histórico. Esses capítulos terminam de modo nada habitual para Rabelais. Ao término do discurso de Pantagruel, fez-se um profundo silêncio. "Pouco tempo depois, vimos lágrimas rolando de seus olhos, do tamanho de ovos de avestruz. Que Deus me castigue, se estou mentindo uma só palavra."

Aqui os tons grotescos se misturam com uma seriedade muito rara em Rabelais (falaremos em especial sobre o conceito de seriedade em Rabelais).

A carta de Gargântua a Pantagruel, que ocupa o capítulo 8 do segundo livro, é importante não só para a série da morte, mas também para todo o polo positivo (não grotesco nem crítico) do romance de Rabelais. Nesse sentido ela é semelhante a um episódio ocorrido na abadia de Thélème. Por isso ainda voltaremos a ela (assim como ao episódio da abadia de Thélème). Neste caso nós o abordaremos apenas como parte vinculada ao motivo da morte.

Aqui foi desenvolvido o tema da continuação da linhagem, das gerações e da história. Apesar de uma mistura de teses católico-ortodoxas, inevitável pelas condições do tempo, aí se desenvolve uma doutrina, contrária a essas teses, sobre a *relativa* imortalidade biológica e histórica do homem na terra (o biológico e o histórico, evidentemente, não se contradizem): a imortalidade do sêmen, do nome e dos feitos.

"Caríssimo filho, entre os dons, graças e prerrogativas, as quais o soberano plasmador Deus Todo-Poderoso conferiu à natureza humana em seu começo, a que me parece singular e excelente é aquela pela qual ele pode, em estado mortal, adquirir uma espécie de imortalidade, e no decurso da vida transitória perpetuar seu nome e sua semente. Isso é feito por linhagem saída de nós em casamento legítimo." Assim começa a carta de Gargântua. "Mas, por esse meio de propagação seminal, fica com os filhos o que se perdera com os pais, e com os netos o que se perder com os filhos. [...] Não portanto sem justa e equitativa causa rendo graças a Deus, meu conservador, por ter me dado o poder de ver minha antiguidade encanecida reflorescer em tua juventude. Pois quando pelo nuto daquele que tudo rege e modera minha alma deixar esta habitação humana, eu não me reputarei de todo morto, mas sim passando de um lugar a outro, visto que em ti e por ti continuo em minha imagem visível neste mundo, vivendo, vendo e conversando entre gente de honra e meus amigos, como me comprazo."

Apesar do circunlóquio devotado do discurso com que começam e terminam quase todos os parágrafos da carta, as ideias aí desenvolvidas sobre a relativa imortalidade terrestre se contrapõem de modo deliberado e multilateral à doutrina cristã sobre a imortalidade da alma. A Rabelais jamais serve uma perpetuação estática da velha alma que sai de um corpo decrépito num mundo sobrenatural, onde ela carece de subsequente crescimento e desenvolvimento terrestre. Ele quer ver a si mesmo, a sua velhice e sua decrepitude florescendo na nova juventude de seu filho, neto, bisneto; para ele é cara sua imagem terrestre visível, cujos traços se conservam em seus descendentes. Na pessoa dos seus descendentes ele quer permanecer "neste mundo dos vivos", na pessoa dos descendentes ele quer circular entre bons amigos. Trata-se precisamente da possível perpetuação do terrestre na terra, com a conservação de todos os valores terrestres da vida — da bela imagem física, da juventude florescente, dos bons amigos e sobretudo da continuação do crescimento e do desenvolvimento terrestre, do subsequente aperfeiçoamento do homem.

O que menos lhe serve é perpetuar a si mesmo no estágio de desenvolvimento em que se encontra.

É importante destacar mais um traço: o que importa a Gargântua (Rabelais) não é, em absoluto, a perpetuação do seu "eu", de sua pessoa biológica, de sua individualidade desvinculada de seus valores — importa-lhe a perpetuação (ou melhor, o crescimento subsequente) dos seus melhores anseios e aspirações: "Porque, assim como em ti se encontra a imagem do meu corpo, se paralelamente não reluzissem os costumes da alma, eu não te julgaria ser o guardião e tesouro da imortalidade do nosso nome, e o prazer que sentiria ao ver isso seria pequeno, considerando que a menor parte de mim, que é o corpo, perduraria, e a melhor, que é a alma, e pela qual o nosso nome permanece abençoado pelos homens, seria degenerada e abastardada".

Rabelais vincula o crescimento das gerações ao crescimento da cultura, ao crescimento da sociedade humana histórica. O filho continuará o pai, o neto continuará o filho em um grau mais elevado de desenvolvimento da cultura. Gargântua indica a grande transformação que se deu no curso de sua vida: "Mas a bondade divina, a luz e a dignidade foram, no meu tempo, devolvidas às letras, e ocorreu tal melhoria que no presente a dificuldade seria ser eu aceito na primeira classe da escola mais inferior, quando, em minha idade viril, não sem razão, tive fama de ser o homem mais sábio de meu século". E um pouco adiante diz: "Vejo os bandidos, os carrascos, os palafreneiros de hoje mais doutos que os doutores do meu tempo".

Gargântua saúda esse crescimento, no qual o homem mais sábio de sua época não serve nem para a classe inicial de uma escola primária da época seguinte; não tem inveja dos seus descendentes, que serão melhores do que ele apenas por terem nascido depois. Na pessoa dos seus descendentes, na pessoa de outros homens (da mesma espécie humana, de sua espécie) ele participará desse crescimento. A morte não inicia e não termina nada de essencial no mundo coletivo e histórico da vida humana.

A mesma constelação de problemas, que veremos adiante, surgirá de forma muito aguda na Alemanha do século XVIII. A questão do aperfeiçoamento pessoal, individual, e da formação do homem, a questão do aperfeiçoamento (e do crescimento) da espécie humana, o problema da imortalidade terrestre, da educação da espécie humana, do rejuvenescimento da cultura e do jovem da nova geração — todos esses problemas se colocarão em estreito vínculo entre si. Eles levarão inevitavelmente a uma colocação mais profunda da questão do tempo histórico. Foram apresentadas três variantes basilares da solução desses problemas (em sua interligação) — a variante de Lessing (*A educação do gênero humano*), a variante de Herder (*Ideias para uma filosofia da história da humanidade*) e, por último, a variante especial de Goethe (predominantemente em *Wilhelm Meister*).

Todas as séries que abordamos servem a Rabelais para a destruição do velho quadro do mundo, criado por uma época moribunda, e para a criação de um novo quadro em cujo centro se encontra o homem corpóreo integral. Ao destruir as tradicionais contiguidades dos objetos, fenômenos, ideias e palavras, Rabelais, por meio de extravagantes imagens e combinações fantásticas e grosseiras, abre caminho para contiguidades novas, verdadeiras e correspondentes à "natureza" e aos vínculos de todos os fenômenos do mundo. Nesse fluxo complexo e contraditório (*frutífero*-contraditório) das imagens de Rabelais dá-se a restauração de contiguidades muito antigas dos objetos, o fluxo das imagens passa a integrar um dos leitos mais basilares da temática literária. Por esse leito corre o fluxo caudaloso de imagens, motivos e temas que se alimentam dos mananciais do folclore anterior à sociedade de classes. A contiguidade imediata da comida, da bebida, da morte, do coito, do riso (do bufão) e do nascimento na imagem, no motivo e no tema é o traço *externo* desse fluxo da temática literária. Mudam acentuadamente tanto os próprios elementos que integram a totalidade da imagem, do motivo, do tema como as funções artístico-ideológicas do conjunto dessa contiguidade em diferentes graus de desenvolvimento. Por trás dessa contiguidade enquanto traço externo escondem-se antes de tudo uma determinada forma de sensação do tempo e uma determinada relação deste com o mundo espacial, ou seja, um determinado cronotopo.

A tarefa de Rabelais era reunir o mundo em desintegração (como resultado da desintegração da cosmovisão medieval) em uma nova base material. A integridade medieval e a harmonia do mundo (na forma como ainda estavam vivas na obra sintética de Dante) foram destruídas. Fora igualmente destruída a concepção histórica medieval — a criação do mundo, o pecado original, a primeira vinda, a expiação, a segunda vinda, o Juízo Final —, concepção na qual o tempo real fora desvalorizado e dissolvido em categorias externas. Nessa concepção, o tempo era um princípio meramente destrutivo, que só fazia aniquilar e não criava nada. O novo mundo nada tinha a fazer com essa concepção do tempo. Era preciso encontrar uma nova forma de tempo e uma nova relação do tempo com o espaço, com um novo espaço terrestre. "Os limites da velha *orbis terrarum* foram quebrados, a Terra foi agora propriamente descoberta pela primeira vez."[47] Precisava-se de um novo cronotopo que permitisse vincular a vida real (a história) à terra real. Era necessário contrapor à escatologia o tempo frutífero da criação, o tempo medido pela criação, pelo crescimento e não pela destruição. Os fundamentos desse tempo criador já haviam sido traçados nas imagens e motivos do folclore.

---

[47] K. Marx e F. Engels, "Introdução à *Dialética da natureza*", em tradução de José Barata-Moura (*Obras escolhidas em três tomos*, t. III, Lisboa, Editorial Avante, pp. 43-61). (N. do T.)

8

Os fundamentos folclóricos do cronotopo rabelaisiano

As formas basilares do tempo produtivo, frutífero, remontam à fase agrícola do desenvolvimento da sociedade humana, anterior à sociedade de classes. As fases anteriores foram pouco propícias ao desenvolvimento de um sentimento diferenciado do tempo e ao seu reflexo nos ritos e imagens da linguagem. Um poderoso sentimento diferenciado do tempo pôde surgir pela primeira vez apenas com base no trabalho agrícola coletivo. Foi aí que se formou aquele sentimento do tempo que serviu de base ao desmembramento e à informação do tempo socioconsuetudinário, das festividades e ritos vinculados ao ciclo do trabalho agrícola, às estações do ano, aos períodos do dia, às fases do crescimento das plantas e do gado. Aqui mesmo também se forma o reflexo desse tempo na linguagem, nos antiquíssimos motivos e enredos que refletem as relações temporais do crescimento e da *contiguidade temporal* de fenômenos de diferentes características (contiguidade fundada na unidade do tempo).

Quais são as particularidades basilares dessa forma de tempo?

Esse tempo é coletivo, é diferenciado e medido apenas pelos acontecimentos da vida *coletiva*, e tudo o que existe nessa vida existe apenas para a coletividade. A série individual da vida ainda não se destaca (ainda não existe o tempo interior da vida individual, o indivíduo vive todo exteriorizado, no conjunto coletivo). Tanto o trabalho como o consumo são coletivos.

Esse é o tempo do trabalho. O dia a dia e o consumo não estão separados do processo do trabalho, do processo produtivo. O tempo é medido por acontecimentos do trabalho (as fases do trabalho agrícola e suas subdivisões). Na luta laboral coletiva com a natureza elabora-se esse sentimento do tempo. A prática do trabalho coletivo o gera, e sua diferenciação e enformação servem aos objetivos dessa prática.

Esse tempo é o tempo do *crescimento frutífero*. É o tempo da vida vegetativa, da floração, da frutificação, da maturação, da multiplicação dos frutos, da reprodução; o curso do tempo não destrói nem diminui, mas multiplica e aumenta a quantidade de valores; no lugar de um grão semeado nascem muitos grãos, a reprodução sempre supera a morte de espécimes particulares. E essas unidades mortas não se individualizam nem se destacam, perdem-se na massa de novas vidas que sempre crescem e se multiplicam. A destruição, a morte, é percebida como *semeadura*, que é seguida pelos brotos que multiplicam o semeado e pela colheita. O curso do tempo assinala não só o crescimento quantitativo, mas também o qualitativo — a floração, a maturação. Visto que a individualidade não se destaca, momentos como a velhice, a decomposição e a morte podem ser apenas elementos subordinados ao crescimento e à multiplicação, ingredientes indispensáveis a um desenvolvimento frutífero. Só no plano puramente individual tais elementos podem revelar seu lado negativo, seu caráter puramente destrutivo e terminante. O tempo frutífero é um tempo grávido, que carrega o fruto, dá à luz e torna a engravidar.

Trata-se de um tempo centrado ao máximo no futuro. É o tempo do cuidado laboral coletivo com o futuro: semeia-se para o futuro, colhem-se os frutos para o futuro, acasala-se e copula-se para o futuro. Todos os processos do trabalho visam a avançar. O consumo (que tende mais para a estática, para o presente) não está separado do trabalho produtivo, não se contrapõe a ele como um autossuficiente prazer individual com os produtos. De modo geral, ainda não pode haver uma diferenciação precisa dos tempos — passado, presente e futuro — (que pressuponha uma *individualidade essencial* como ponto zero). O tempo se caracteriza por uma tendência geral (do trabalho, do movimento, da ação) a avançar.

Esse tempo é *profundamente espacial e concreto*. Ele não está separado da terra e da natureza. É exteriorizado de ponta a ponta, como toda a vida do homem. A vida agrícola dos homens e a vida da natureza (da Terra) são medidas pelas mesmas escalas, pelos mesmos acontecimentos, têm os mesmos intervalos, inseparáveis uns dos outros, são dadas num único (indivisível) ato do trabalho e da consciência. A vida humana e a natureza são percebidas nas mesmas categorias. As estações do ano, as idades, as noites e os dias (e suas subdivisões), a cópula (o casamento), a gravidez, o amadurecimento, a velhice e a morte — todas essas categorias-imagens servem de enredo tanto para uma representação temática da vida humana como para a representação da vida da natureza (no aspecto agrícola). Todas essas representações são profundamente cronotópicas. Aqui o tempo está mergulhado na terra, semeado nela e nela amadurece. Em seu movimento estão fundidas a mão humana que trabalha e a terra, seu curso é criado, apalpado, aspirado (os aromas que se alternam no crescimento e na maturação), visto. Ele é denso, irreversível (no âmbito de um ciclo), realista. Esse tempo é totalmente *uno*. Essa unidade total se desvela no campo das percepções posteriores do tempo na literatura (e em geral na ideologia), quando o tempo dos acontecimentos pessoais, dos costumes, das famílias se individualizou e se separou do tempo da vida histórica coletiva do conjunto social, quando surgiram várias escalas para medir os acontecimentos da vida *privada* e os acontecimentos da *história* (eles apareceram em planos diferentes). Ainda que *em termos abstratos*, o tempo permaneceu uno, mas *em termos de enredo* ele se desdobrou. Os enredos da vida privada não são passíveis de propagação, de transferência para a vida do todo social (Estado, nação); os enredos (acontecimentos) históricos tornaram-se algo especificamente distinto dos enredos da vida privada (amor, casamento); eles se cruzaram apenas em alguns pontos específicos (uma guerra, o casamento de um rei, um crime), e mesmo assim se dispersando desses pontos em várias direções (o duplo enredo dos romances históricos: os acontecimentos históricos e a vida de uma personagem histórica como pessoa privada). Em sua maioria, os motivos criados num tempo único do folclore anterior à sociedade de classes passaram a integrar a composição dos enredos da vida, naturalmente depois de substanciais reinterpretações e reagrupamentos-transferências. Contudo, aí conservaram, apesar de tudo, sua feição real, ainda que reduzida em extremo. Só parcialmente esses motivos podiam integrar enredos históricos, e ainda assim em forma simbólica totalmente sublimada. Na época do capitalismo desenvolvido, a vida socioestatal torna-se abstrata e quase desprovida de enredo.

No campo desse posterior desdobramento do tempo e do enredo torna-se compreensível a unidade total do tempo folclórico. As séries individuais das vidas ainda não estavam isoladas, não havia assuntos particulares, não havia acontecimentos da vida privada. A vida é una, é toda "histórica" (para aplicar aqui essa categoria tardia); aí a comida, a bebida, a cópula, o nascimento e a morte não eram momentos da vida privada, mas um assunto comum, eram "históricos", estavam indissoluvelmente ligados ao trabalho social, à luta com a natureza, à guerra, e eram expressos e representados nas mesmas categorias-imagens.

Esse tempo atrai tudo para o seu movimento, desconhece qualquer campo imóvel e estável. Todos os objetos — o sol, a terra, o mar, etc. — são dados ao homem não como objetos de uma contemplação individual ("poética") ou de uma reflexão desinteressada, mas exclusivamente num processo coletivo de trabalho e luta com a natureza. Só nesse processo o homem se encontra com esses elementos e só pelo prisma desse processo ele os apreende e conhece (um conhecimento mais realista, profundo e objetivo do que sob uma ociosa contemplação poética). Por isso todos os objetos são incorporados ao movimento da vida, aos acontecimentos da vida, enquanto seus participantes vivos. Eles tomam parte no enredo e não se contrapõem às ações como um plano de fundo destas. Já nas épocas literárias subsequentes do desenvolvimento das imagens e enredos, todo esse material se decompõe em acontecimentos de enredo e o plano de fundo para estes — uma paisagem natural, os pilares imutáveis do sistema sociopolítico, do sistema moral, etc. —, não importando se tal plano foi concebido como imóvel e imutável permanentemente ou apenas em relação a um dado movimento do enredo. O poder do tempo e, consequentemente, do enredo sobre o desenvolvimento literário subsequente é sempre limitado.

Nesse tempo, todas as verificadas peculiaridades do tempo folclórico podem ser chamadas positivamente de valorais. Mas sua última peculiaridade, na qual nos detemos — sua *natureza cíclica* —, é uma particularidade negativa, que restringe a força e a produtividade ideológica desse tempo. Em todos os acontecimentos desse tempo jaz a marca do cíclico e, consequentemente, da repetitividade cíclica. Sua tendência a avançar é limitada pelo ciclo. Por isso, o crescimento tampouco se torna aqui uma formação autêntica. São essas as peculiaridades fundamentais da sensação de tempo que se formou na fase agrícola (anterior à sociedade de classes) do desenvolvimento da sociedade humana.

Nossa caracterização do tempo folclórico é feita, evidentemente, no campo da nossa consciência do tempo. Nós não o tomamos como um fato da *consciência* do homem primitivo, mas o desvelamos com base em material objetivo, como aquele tempo que se revela nos respectivos motivos antigos, que determina a unificação desses motivos em enredos e define a lógica do desdobramento das imagens no folclore. Esse tempo torna possível e compreensível até a contiguidade dos objetos e fenômenos da qual partimos e para a qual retornamos. Ele mesmo também determinou a lógica específica dos ritos e festividades culturais. Com esse tempo os homens trabalhavam e viviam, mas, é claro, ele não podia ser conscientizado nem distinguido num conhecimento abstrato.

É perfeitamente compreensível que no tempo folclórico que caracterizamos a contiguidade dos objetos e fenômenos devesse ter um caráter inteiramente distinto, acentuadamente diverso do caráter das posteriores contiguidades na literatura e no pensamento ideológico da sociedade de classes em geral. Nas condições da inseparabilidade das séries individuais da vida e da unidade total do tempo, no aspecto do crescimento e da fertilidade deveriam aparecer em imediata contiguidade mútua fenômenos como a cópula e a morte (semeação da terra, concepção), o túmulo e o seio da mulher a ser fecundado, a comida e a bebida (frutos da terra) ao lado da morte e da cópula, etc. Com essa mesma série se entrelaçam as fases da vida do sol (a alternância dos dias e das noites, das estações do ano) como participante a par com a terra, como acontecimentos do crescimento e da fertilidade. Todos esses fenômenos estão mergulhados num acontecimento único, caracterizam apenas aspectos vários de um todo único — do crescimento, da fecundidade, da vida concebida sob o signo do crescimento e da fecundidade. A vida da natureza e a vida humana, repetimos, estão fundidas em um complexo; o sol na terra, no produto de consumo, pois ele é comido e bebido. Os acontecimentos da vida humana são tão grandiosos como os acontecimentos da vida da natureza (para eles existem as mesmas palavras, os mesmos tons que, diga-se de passagem, jamais são metafóricos). Neste caso, todos os membros da contiguidade (todos os elementos do complexo) são equivalentes. A comida e a bebida são tão significativas nessa série quanto a morte, a procriação e as fases do sol. O único grandioso acontecimento da vida (do homem e da natureza juntos) desvela-se em seus diferentes aspectos e momentos, e todos eles são igualmente importantes e indispensáveis nesse acontecimento.

Tornamos a salientar: a contiguidade que examinamos foi apresentada ao homem primitivo não num pensamento por contemplação abstrata, mas na própria vida — no trabalho coletivo sobre a natureza, no consumo coletivo dos frutos do trabalho e na preocupação coletiva com o *crescimento* e a renovação do conjunto social.

Seria absolutamente incorreto supor que a algum dos membros da contiguidade coubesse o primado em seu conjunto, e seria particularmente incorreto atribuir esse primado ao elemento sexual. Este, como tal, ainda não se destacou integralmente, e os momentos que lhe correspondem (a cópula humana) eram percebidos exatamente do mesmo modo que todas as demais contiguidades. Tudo isso eram apenas diferentes aspectos de um mesmo acontecimento único que se identificavam uns com os outros.

Tomamos a contiguidade em sua simplicidade máxima, em suas grandes linhas basilares, mas incorporamos a ela um número cada vez maior de novos componentes, de motivos que complicam e condicionam uma significativa variedade de combinações de enredos. Todo um universo disponível, à medida que se expandia, incorporava-se a esse complexo e através dele (de modo ativamente prático) se tornava assimilável.

À medida que o conjunto social sofre a estratificação social de classes, o complexo sofre mudanças essenciais e os respectivos motivos e enredos passam por uma reassimilação. Ocorre uma paulatina diferenciação dos campos ideológicos. O culto se separa da produção; a esfera do consumo se isola e até certo ponto se individualiza. Os membros do complexo sofrem uma desintegração interna e uma transformação. Membros da contiguidade como a comida, a bebida, o ato sexual e a morte passam a integrar o *cotidiano*, já individualizado. Por outro lado, eles passam a integrar o *rito*, adquirindo aí um significado *mágico* (em geral especificamente cultual, ritualístico). O rito e o cotidiano estão estreitamente entrelaçados um com o outro, mas entre eles já existe uma fronteira interna: o pão no ritual já não é o pão cotidiano real do alimento de cada dia. Essa fronteira vai se tornando cada vez mais acentuada e precisa. O reflexo ideológico (a palavra, a representação) ganha força mágica. Um objeto único se torna substituto de um conjunto: daí a função substitutiva do sacrifício (um fruto sacrificial figura como substituto de toda uma colheita; um animal, como substituto de todo um rebanho ou de um fruto, etc.).

Numa nova fase de divisão da produção, do ritual e do cotidiano (uma divisão gradual) enformam-se fenômenos como a *obscenidade ritual* e, posteriormente, o *riso ritual*, a *paródia ritual* e a *bufonaria*. Aqui temos o mesmo complexo do crescimento-fecundidade em novos graus de desenvolvimento social e, por conseguinte, em nova assimilação. Os membros da contiguidade (ampliada no terreno da Antiguidade) continuam fortemente ligados entre si, mas são assimilados de modo mágico-ritual e separados da produção, por um lado, e do cotidiano individual, por outro (ainda que entrelaçados com essa produção e esse cotidiano). Nessa fase (ou melhor, em seu fim) a antiga contiguidade se desvela nas saturnais romanas, onde o escravo e o histrião se tornam substitutos do rei e do deus agonizante, onde surgem as formas de paródia ritual, onde a "paixão" se mistura com o riso e o divertimento. Fenômenos análogos eram: a obscenidade matrimonial e a ridicularização do noivo; a ridicularização ritual pelos soldados do chefe militar-triunfador, que entrava em Roma (a lógica do sacrifício substitutivo: evitar a verdadeira vergonha através da vergonha fictícia; mais tarde isso é assimilado como prevenção da "inveja do destino"). Em todos esses fenômenos, o riso (em suas várias manifestações) se apresenta em sólida concrescência com a morte, com a esfera sexual, e também com a esfera da comida e da bebida. A mesma concrescência do riso com o alimento cultual, a bebida, a indecência e a morte se verifica na própria estrutura da comédia de Aristófanes (veja-se o mesmo complexo no plano temático de *Alceste*, de Eurípides). Nessas manifestações tardias, a antiga contiguidade desintegrada funciona já no plano puramente literário.

Na medida em que a sociedade de classes continua a desenvolver-se e aumenta a diferenciação das esferas ideológicas, aprofunda-se a decomposição interna (desintegração) de cada um dos membros da contiguidade, como a bebida, a comida, o ato sexual em seus aspectos reais; eles migram para o cotidiano privado, tornam-se um assunto predominantemente *privado* e *cotidiano*, ganham um específico colorido estreitamente consuetudinário, tornam-se realidades pequenas e "grosseiras" em termos de vida. Por outro lado, no culto religioso (e em parte nos gêneros elevados da literatura e de outras ideologias) esses mesmos membros são sublimados ao extremo (o ato sexual é sublimado e codificado amiúde até não ser reconhecido), ganham um caráter simbólico-abstrato; aqui, os vínculos com os elementos do complexo também se tornam simbólico-abstratos. Eles como que recusam qualquer vínculo com a grosseira realidade do dia a dia.

Também igualmente merecedoras, as grandes realidades do complexo antigo, anterior à sociedade de classes, separam-se umas das outras, sofrem um desdobramento interior e uma acentuada reassimilação hierárquica. Nas ideologias e na literatura os membros da contiguidade se dispersam por diferentes planos — elevados ou baixos, por diversos gêneros, estilos, tons. Já não convergem no mesmo contexto, não se colocam lado a lado, uma vez que se perdeu o conjunto abrangente. A ideologia reflete tudo o que já se esfarrapou e se desuniu na própria vida. Um membro do complexo como a esfera sexual (o ato sexual, os órgãos sexuais, as defecações como algo ligado aos órgãos sexuais), em seu aspecto real e direto, foi quase inteiramente expulso dos gêneros oficiais e do discurso oficial dos grupos sociais dominantes. O componente sexual do complexo passa a integrar os gêneros elevados em seu aspecto sublimado, como *amor*, e aí entra em novas contiguidades, estabelece novas relações. No aspecto cotidiano civil, como o casamento, a família, a procriação, a esfera sexual entra para os gêneros médios e aí também estabelece novas e sólidas contiguidades. A esfera da comida e da bebida leva uma existência semioficial, e, em seu aspecto cotidiano real, vive sem feição detalhada nos gêneros médios e baixos, como um pormenor secundário dos costumes da vida privada. A morte é conscientizada na série individual da vida, também se desintegrou em diferentes aspectos e leva uma vida especial nos gêneros elevados (da literatura e outras ideologias) e outra nos gêneros médios (dos costumes e semicostumes). Ela entra em contiguidades novas e distintas; rompe-se seu vínculo com o riso, com o ato sexual, etc. Em suas novas contiguidades, todos os elementos do complexo perdem o vínculo com o trabalho social. Em conformidade com tudo isso diferenciam-se o tom e as informações estilísticas dos diferentes aspectos dos diversos elementos do complexo. Em toda parte conservam-se alguns vínculos entre eles e entre os fenômenos da natureza: na maioria dos casos, esses vínculos ganham caráter metafórico.

Aqui apresentamos, é claro, uma caracterização muito tosca e sumária dos destinos dos diversos elementos do complexo antigo na sociedade de classes. Só nos interessa a *forma do tempo* como base da vida posterior dos enredos (e das contiguidades dos enredos). A forma folclórica do tempo acima caracterizada sofreu mudanças fundamentais. É nessas mudanças que aqui nos deteremos.

É significativo que todos os integrantes da antiga contiguidade tenham perdido a contiguidade real que possuíam no tempo único da vida coletiva humana. É claro que no pensamento abstrato e nos sistemas concretos de cronologia (quaisquer que sejam), o tempo sempre mantém sua unidade abstrata. Mas no âmbito dessa unidade estabelecida pelo calendário, o tempo concreto da vida humana cindiu-se. Do tempo comum da vida coletiva separaram-se as séries individuais da vida e os destinos individuais. No início eles ainda não estão acentuadamente separados da vida do conjunto social e se destacam dela tão somente como um plano em baixo-relevo. A própria sociedade se desintegra em grupos de classes e intraclassistas, com os quais estão imediatamente vinculadas as séries individuais da vida, junto com as quais elas também se opõem ao conjunto. Assim, nas fases iniciais da sociedade escravista e na sociedade feudal, as séries individuais da vida ainda estavam intimamente entrelaçadas com a vida comum do grupo social mais próximo. Não obstante, aqui elas já estavam separadas. O curso das vidas individuais, o curso da vida dos grupos e o curso da vida do conjunto da sociedade e do Estado não se fundem, dispersam-se, tornam-se intermitentes, são medidos por diferentes escalas de valores, e cada uma dessas séries têm sua lógica de desenvolvimento, seus enredos, e a seu modo usam e reassimilam os motivos antigos. No âmbito da série individual da vida, desvela-se o aspecto *interior do tempo*. O processo de desprendimento e separação do conjunto das séries individuais da vida atinge o ponto culminante nas condições do desenvolvimento das relações monetárias na sociedade escravista e no sistema capitalista. Aqui a série individual adquire um específico caráter privado; mas, no geral, um caráter ao máximo abstrato.

Os motivos da Antiguidade, que passaram a enredos das séries da vida individual, sofrem aqui uma degenerescência específica. A comida, a bebida, a cópula, etc., perdem seu antigo *pathos* (sua ligação, sua unidade com a vida do trabalho do todo social), tornam-se um pequeno assunto privado, parecem esgotar todo o seu significado no âmbito da vida individual. Em virtude do desligamento da vida produtiva do conjunto, da luta coletiva com a natureza, debilitam-se ou rompem-se por completo seus vínculos *reais* com a vida da natureza. Isolados, empobrecidos e pequenos em seu aspecto real, esses elementos, para manterem sua importância no enredo, devem passar por essa ou aquela sublimação, por uma ampliação metafórica de seu significado (por conta dos laços outrora reais), por um enriquecimento devido a reminiscências nebulosas ou, enfim, adquirir significado por conta do *aspecto interior da vida*. Assim é, por exemplo, o motivo do vinho na poesia de Anacreonte (no sentido mais amplo), o motivo da comida nos poemas gastronômicos antigos (apesar de sua tendência prática, às vezes francamente culinária, a comida figura aqui não só no sentido estético-gastronômico, mas também sublimada, não sem a presença de reminiscências da Antiguidade e ampliações metafóricas). O motivo central e basilar no enredo da série individual passou a ser o *amor*, ou seja, o aspecto sublimado do ato sexual da fecundação. Esse motivo oferece as maiores possibilidades a todas as tendências de sublimação: à extensão metafórica em diversas direções (para o que a língua oferece o terreno mais favorável), ao enriquecimento por conta das reminiscências e, por último, a uma elaboração no aspecto interior psicossubjetivo. Mas esse motivo só pôde ganhar posição central devido ao seu papel efetivo e real na série individual da vida, graças à sua relação com o casamento, a família, a procriação e, por último, graças àquelas linhas essenciais que, através do amor (casamento, procriação), ligam a série individual às séries de outras vidas individuais, tanto das simultâneas como das sucessivas (filhos, netos), e ao grupo social mais próximo (por intermédio da família e do casamento). Na literatura de diferentes épocas, de diferentes grupos sociais, nos diferentes gêneros e estilos são empregados, evidentemente, diferentes elementos do aspecto tanto real como sublimado do amor, e são empregados de diversas maneiras.

O motivo da morte sofre uma profunda transformação na série temporal fechada da vida individual. Aqui ele ganha o significado de fim *essencial*. E quanto mais fechada é a série da vida individual, quanto mais desprendida da vida do conjunto social, tanto maior e mais vital é esse significado. Rompe-se o vínculo da morte com a fertilidade (semeadura, seio materno, sol), com o nascimento de uma nova vida, com o riso ritual, com a paródia, com o bufão. Alguns desses vínculos, dessas contiguidades antigas da morte conservam-se e fortalecem-se por trás do motivo da morte (morte — colheita — poente — noite — túmulo — berço, etc.), mas eles têm caráter *metafórico* ou *místico-religioso* (nesse mesmo plano metafórico estão as contiguidades: morte — casamento — noivo — leito conjugal — leito de morte — morte — nascimento, etc.). Mas tanto no plano metafórico quanto no místico-religioso, o motivo da morte é tomado na série individual da vida e no aspecto interno dos *morituri*[48] (aqui eles ganham a função de "consolação", "resignação", "assimilação"), e não fora dela, na vida coletiva do trabalho do conjunto social (onde o vínculo da morte com a terra, o sol, o nascimento de uma nova vida, o berço, etc. era *autêntico e real*). Na consciência individual fechada, se aplicada à própria pessoa, a morte é apenas o fim de todos os vínculos reais e produtivos. O nascimento de uma nova vida e a morte estão separados por diversas séries individuais fechadas da vida; a morte conclui uma vida, e o nascimento começa outra bem diferente. A morte individualizada não é interrompida pelo nascimento de novas vidas, não é absorvida pelo crescimento triunfante, uma vez que ela foi retirada daquele conjunto em que se realiza esse crescimento.

---

[48] Em latim no original: "aqueles que morrem". (N. do T.)

Em paralelo com essas séries individuais de vidas, forma-se sobre elas, mas não *fora* delas, a série do tempo histórico, na qual transcorre a vida da nação, do Estado, da humanidade. Quaisquer que sejam as concepções ideológicas gerais e literárias e as formas concretas de percepção desse tempo e dos acontecimentos que o povoam, ele não se funde com as séries individuais da vida, é medido por outras escalas de valores, nele transcorrem outros acontecimentos, ele carece de aspecto interno, de um ponto de vista para ser percebido de dentro. Independentemente de como se conceba ou se represente a influência desse tempo na vida individual, os acontecimentos que aí transcorrem diferem dos acontecimentos da vida individual, como diferem também os enredos. Para o estudioso do romance, essa questão surge em face do problema do romance histórico. Durante longo tempo, o tema da guerra continuou sendo central e quase único do enredo puramente histórico. Esse tema propriamente histórico (ao qual se juntaram os motivos das conquistas, dos crimes políticos — eliminações de pretendentes, golpes dinásticos, quedas de reinos, fundações de novos reinos, processos, execuções, etc.) se entrelaça, sem se fundir, com os enredos das vidas privadas das personagens históricas (com o motivo central do amor). A tarefa basilar do romance histórico da Idade Moderna foi a superação dessa dualidade: tentou-se encontrar o aspecto histórico da vida privada, enquanto se procurava mostrar a história através de uma "imagem familiar" (Púchkin).[49]

Quando a unidade total de tempo se desintegrou, quando se separaram as séries individuais da vida, nas quais as grandes realidades da vida comum se tornaram assuntos pri-

---

[49] Referência à resenha de Púchkin sobre os romances de Walter Scott, que, segundo ele, nos introduzem "não a *dignité* da história, mas uma imagem contemporânea, familiar". (N. do T.)

vados, quando o trabalho coletivo e a luta contra a natureza deixaram de ser a única arena de encontro do homem com a natureza, com o mundo — foi então que a natureza também deixou de ser a participante viva dos acontecimentos da vida: ela se tornou basicamente o "lugar da ação" e o seu campo transformou-se em paisagem, fragmentou-se em metáforas e comparações que servem para sublimar os afazeres e as vivências individuais e privadas, real e essencialmente desvinculadas da natureza.

Mas no acervo da língua e nas diversas formas do folclore persiste a unidade total do tempo num enfoque coletivo-laboral do mundo e dos seus fenômenos. Aqui se conserva o princípio real das contiguidades antigas, a autêntica lógica do encadeamento primordial das imagens e motivos.

Contudo, também na literatura, no ponto em que ela recebe a influência mais profunda e substancial do folclore, encontramos as marcas mais autênticas e mais ideologicamente profundas das antigas contiguidades, tentativas de restabelecê-las com base na unidade do tempo folclórico. Distinguimos na literatura alguns tipos basilares desse gênero de pesquisa.

Não nos deteremos na complexa questão da epopeia clássica. Assinalamos apenas que, com base na unidade total do tempo folclórico, aqui se consegue uma penetração no tempo histórico profunda e, de certo ponto de vista, única, e além disso apenas local e limitada. Aqui as séries individuais das vidas são apresentadas como os baixos-relevos da poderosa base que abrange toda a vida comum. Os indivíduos são os representantes do conjunto social, os acontecimentos de suas vidas coincidem com os acontecimentos da vida do conjunto social, e a importância desses acontecimentos é a mesma tanto no plano individual quanto no social. O aspecto interior se funde com o exterior: o homem é todo exteriorizado. Não há pequenos assuntos privados, não há cotidiano: todos os detalhes da vida — a comida, a bebida, os artigos de uso doméstico — são igualmente dignos dos grandes acontecimentos, tudo é igualmente importante e significativo. Não há paisagem, não há um plano de fundo imóvel, morto; tudo age, tudo participa da vida una do conjunto. Por último, as metáforas, os símiles e os tropos comuns do estilo de Homero ainda não perderam inteiramente seu significado direto, ainda não servem aos objetivos da sublimação. Assim, uma imagem inserida para comparação está em isonomia com o outro membro da comparação, é dotada de realidade e significado autovalorizado; por isso a comparação torna-se aqui quase um episódio intercalado, uma digressão (os símiles extensos de Homero). Aqui o tempo folclórico ainda vive nas condições sociais próximas daquelas que o geraram. Suas funções aqui ainda são diretas, ele ainda não se desvela no campo de outro tempo desintegrado.

Mas o próprio tempo épico *em sua totalidade* é o "passado absoluto", o tempo dos ancestrais e dos heróis, separado da *atualidade* pela fronteira intransponível do tempo real (da atualidade dos criadores, intérpretes e ouvintes dos cantos épicos).

Outro caráter têm os elementos do complexo antigo em Aristófanes. Aqui eles determinaram a base formal, o próprio fundamento da comédia. O ritual da comida e da bebida, a obscenidade ritual (cultual), a paródia e o riso rituais como feições da morte e de uma nova vida são percebidos sem nenhuma dificuldade no fundamento da comédia enquanto ato cultual reassimilado no plano literário.

Nessa base, todas as manifestações do cotidiano e da vida privada sofrem uma completa transformação nas comédias de Aristófanes: elas perdem seu caráter privado-cotidiano, tornam-se significativamente humanas, apesar de toda sua feição cômica: suas dimensões aumentam de forma fantástica, cria-se uma singular heroificação do cômico ou, mais precisamente, um *mito cômico*. Um enorme potencial de generalização político-social de caráter simbolista combina-se organicamente em suas imagens com traços privados comicamente cotidianos, mas esses traços, entrançados com seu fundamento simbólico, são elucidados pelo riso ritual e perdem sua limitada capacidade privada de representação. Nas imagens de Aristófanes, apresenta-se de modo sucinto e preciso (como da filogênese para a ontogênese), no plano da criação individual, uma evolução da máscara sacra antiga, que vai do seu significado original, puramente cultual, ao tipo privado-cotidiano da *commedia dell'arte* (a algum Pantaleone ou Dottore); em Aristófanes, ainda percebemos com nitidez o fundamento cultual da imagem cômica e também como a ela se superpõem os matizes consuetudinários, ainda tão transparentes que o fundamento transluz através deles e os transfigura. Essa imagem se combina facilmente com a aguda atualidade política e filosófica (cosmovisiva), sem ademais se tornar efêmero-atual. Esse cotidiano transfigurado não pode forjar o fantástico nem diminuir a problemática e a ideologia profunda das personagens.

Pode-se dizer que à imagem da morte (significado básico da máscara cômica cultual) em Aristófanes superpõem-se, sem a empanar totalmente, os traços individuais e tipicamente consuetudinários, sujeitos ao amortecimento pelo riso. Mas essa morte alegre está cercada pela comida, pela bebida, pelas obscenidades e pelos símbolos da concepção e da fertilidade.

Por isso a influência de Aristófanes sobre o posterior desenvolvimento da comédia, essencialmente centrada na via puramente consuetudinária, foi insignificante e superficial. Contudo, a farsa paródica medieval revela uma considerável *afinidade* com ela (pela linha do folclore anterior à sociedade de classes), e uma profunda afinidade (pela mesma linha) é revelada pelas cenas cômicas e bufas na tragédia elisabetana, e antes de tudo em Shakespeare (o caráter do riso, sua contiguidade com a morte e com a atmosfera trágica, as indecências cultuais, a comida e a bebida).

Na obra de Rabelais, a influência direta de Aristófanes combina-se com uma profunda afinidade interna (pela linha do folclore anterior à sociedade de classes). Aqui encontramos — em outro grau da evolução — o mesmo caráter do riso, o mesmo fantástico grotesco, a mesma transfiguração do todo o privado e cotidiano, o mesmo espírito heroico do cômico e do risível, as mesmas indecências sexuais, as mesmas contiguidades com a comida e a bebida.

Luciano, que também exerceu uma influência substancial em Rabelais, representa um tipo totalmente distinto de relação com o complexo folclórico. A esfera privado-cotidiana, para onde migraram a comida, a bebida e as relações sexuais, é incorporada por Luciano justamente em sua especificidade como baixo cotidiano privado. Ele precisa desse campo como o avesso que desmascara os planos (campos) elevados da ideologia, que se tornaram irreais e falsos. Nos mitos há elementos tanto "eróticos" como "consuetudinários", mas eles só assumiram esses aspectos nas épocas posteriores da vida e da consciência, quando se destacou o cotidiano privado, quando se isolou o campo erótico, quando esses campos ganharam o matiz específico do baixo e do não oficial. Nos próprios mitos esses elementos eram significativos e equivalentes a todo o resto. Mas os mitos morreram, pois desapareceram as condições que os haviam gerado (a vida que os criara). Entretanto, eles ainda continuam a existir de forma necrosada nos gêneros irreais e empolados da alta ideologia. Era preciso assestar nos mitos e nos deuses o golpe fatal que os obrigasse a "morrer comicamente". É nas obras de Luciano que se realiza essa morte cômica e definitiva dos deuses. Ele toma aqueles elementos do mito que correspondem ao campo privado-cotidiano e erótico mais tardio, desenvolve-os e esmiúça-os num espírito premeditadamente baixo e "fisiológico", desce os deuses à esfera do cotidiano cômico e do erotismo. Desta forma, toma os elementos do complexo antigo propositadamente no aspecto que lhe é contemporâneo, e que eles ganharam nas condições da desintegração da sociedade antiga, sob influência das relações monetárias desenvolvidas, num clima quase diametralmente oposto àquela em que se formaram os mitos. Expõe-se a risível inadequação de tais elementos à autêntica realidade do seu tempo. Porém, ainda que Luciano tome essa autêntica realidade em sua inevitabilidade, de modo algum ela se justifica (a solução da antítese à maneira de Cervantes).

A influência de Luciano sobre Rabelais se manifesta não só na elaboração de certos episódios (por exemplo, o da permanência de Epistemon no reino dos mortos), mas também nos métodos de destruição paródica das altas esferas ideológicas mediante sua inserção nas séries materiais da vida, ainda que essas séries materiais não sejam tomadas no aspecto privado-cotidiano, ou seja, não à maneira de Luciano, mas em sua significação humana nas condições do tempo folclórico, isto é, à maneira de Aristófanes.

Um tipo especial e complexo é representado no *Satíricon* de Petrônio. Nesse romance, a comida, a bebida, as indecências sexuais, a morte e o riso se situam basicamente no plano dos costumes, mas esses costumes — principalmente os das baixas camadas desclassificadas do Império — estão saturados de reminiscências e vestígios folclóricos, sobretudo no que se refere a aventuras, e apesar da extrema licenciosidade e grosseria, apesar de todo o seu cinismo, ele ainda cheira aos ritos autodecomponentes da fecundidade, ao cinismo sacro das núpcias, às paródicas máscaras bufas do defunto e ao prato sagrado dos funerais e exéquias. Na célebre novela "A matrona de Éfeso", intercalada no *Satíricon*, estão presentes todos os elementos basilares do complexo antigo, unidos por um enredo real magnífico e condensado: o caixão do marido no jazigo; uma viúva jovem e inconsolável, disposta a morrer de tristeza e fome sobre seu caixão; um legionário jovem e alegre, que guarda as cruzes de bandidos crucificados ali perto; a obstinação sombria, ascética e o desejo de morrer da jovem viúva são quebrados pelo legionário apaixonado, a comida e a bebida (carne, pão e vinho) na sepultura do marido, a cópula do legionário e da viúva no jazigo ao lado do caixão (a concepção de uma nova vida em imediata contiguidade com a morte, "junto ao caixão"); o cadáver de um bandido é roubado da cruz durante os prazeres amorosos; a morte que ameaça o legionário como represália pelo amor; a crucificação (conforme o desejo da viúva) do cadáver do marido em lugar do cadáver roubado; o acorde final: "é melhor que um morto seja crucificado que um vivo seja morto" (palavras da viúva); a surpresa cômica final dos transeuntes com o fato de que o próprio defunto subira na cruz (ou seja, o riso no final). São esses os *motivos* dessa novela, reunidos por um enredo completamente *real* e *necessário* em todos os seus momentos (ou seja, sem nenhuma afetação).

Aqui são exibidos sem exceção todos os elos basilares da série clássica: caixão — juventude — comida e bebida — morte — cópula — concepção de uma nova vida — riso. Esse breve enredo é uma série contínua de vitórias da vida sobre a morte: a vida triunfa quatro vezes sobre a morte: as alegrias da vida (a comida, a bebida, a juventude, o amor) triunfam sobre o desespero sombrio e o desejo de morte da viúva; a comida e a bebida como a renovação da vida ao lado do corpo do morto; a concepção de uma nova vida ao lado do caixão (cópula); a salvação do legionário mediante a crucificação do cadáver. Nessa série também estão incluídos o motivo complementar e também clássico do roubo e o do desaparecimento do cadáver (se não há cadáver, não há morte — marca de uma ressurreição do lado de cá), o motivo da ressurreição em expressão direta: a ressurreição da viúva, que sai de sua inconsolável tristeza e da escuridão sepulcral da morte para uma vida nova e para o amor, e, no aspecto cômico do riso, a falsa ressurreição do defunto.

Atentemos para a excepcional concisão e, portanto, para o *laconismo* de toda essa série de motivos. Os elementos do complexo antigo estão numa contiguidade imediata e estreita; colados entre si, quase encobrem uns aos outros, não estão separados por quaisquer vias secundárias e rodeios do enredo, por divagações, digressões líricas ou sublimações metafóricas que destroem a unidade realista enxuta do plano da novela.

As peculiaridades do tratamento ficcional dado por Petrônio ao complexo antigo ganharão absoluta clareza se lembrarmos que os mesmos elementos desse complexo, com todos os seus detalhes, mas num aspecto sublimado e místico, figuravam na época desse escritor nos cultos dos mistérios helenístico-orientais e, em particular, no culto cristão (vinho e pão sobre o altar-túmulo como o corpo místico do crucificado, o morto ressuscitado, a comunhão, através da comida e da bebida, na nova vida e na ressurreição). Aqui todos os elementos do complexo são dados não num aspecto real, mas sublimado, e estão interligados não por um enredo real, mas por laços e correlações místico-simbólicas, e o triunfo da vida sobre a morte (a ressurreição) ocorre no plano místico e não no plano real e terrestre. Além disso, o riso está ausente e a cópula é sublimada até se tornar quase irreconhecível.

Em Petrônio, todos os mesmos elementos do complexo estão unificados por um acontecimento bastante real da vida e dos costumes de uma das províncias do Império Romano. Aqui não há um único traço mínimo não só místico como simplesmente simbólico, nenhum elemento é incorporado sequer numa ordem metafórica. Tudo aparece num plano absolutamente real; é de todo real que através da comida e da bebida a viúva desperta para uma nova vida na presença do corpo jovem e vigoroso do legionário, é real que no ato da concepção uma nova vida triunfa sobre a morte, é de forma completamente real que se dá a ressurreição do defunto que subiu à cruz, etc. Aqui não existe nenhuma sublimação.

Contudo, o próprio enredo ganha uma essencialidade excepcional e profunda graças às grandes realidades da vida humana, que ele abrangeu e pôs em movimento. Em pequena escala, aqui está refletido um acontecimento imenso pela importância dos elementos e dos nexos que o integram e que vão muito além dos limites da pequena nesga da vida real onde eles estão refletidos. Temos diante de nós um tipo especial de construção de imagem realista que só surge no terreno do aproveitamento do folclore. É difícil encontrar um termo adequado para ele. Nesse caso, talvez se possa falar de uma *emblemática realista*.[50] Toda a composição da imagem permanece real, mas nela estão concentrados e condensados elementos da vida tão essenciais e vultosos que seu significado vai muito além de todas as limitações espaciais, temporais e histórico-sociais, mas vai além sem se desprender desse seu terreno histórico-social concreto.

 O tipo de tratamento dado por Petrônio ao complexo folclórico e, em particular, à novela objeto de nossa análise, exerceram enorme influência sobre obras similares na época do Renascimento. É verdade que cabe assinalar que na literatura renascentista esses fenômenos análogos se devem não só e nem tanto à influência direta de Petrônio mas ao parentesco entre este e tais fenômenos pela linha das fontes folclóricas comuns. Entretanto, sua própria influência direta também foi grande. Sabe-se que a novela de Petrônio foi de novo narrada numa das novelas do *Decameron* de Boccaccio. Mas tanto a novela-núcleo como todo o *Decameron* representam no conjunto um tipo de complexo folclórico próximo daquele de Petrônio. Aqui não há nem simbolismo nem sublimação, assim como não há um grão de naturalismo. O triunfo da vida sobre a morte, todas as alegrias da vida — a comida, a bebida, a cópula — em vínculo imediato com a morte junto ao caixão, a natureza do riso, que a um só tempo acompanha a velha época e recepciona a nova, a ressurreição das

---

[50] Bakhtin emprega o termo "emblemática" como substantivo. (N. do T.)

trevas da ascese medieval para uma nova vida através da comunhão na comida, na bebida, na vida sexual, no *corpo* da vida — tudo isso assemelha o *Decameron* com o tipo petroniano. Aqui se tem a mesma transformação das limitações histórico-sociais sem uma separação delas, a mesma emblemática realista (com base folclórica).

Ao concluir nossa análise dos fundamentos folclóricos do cronotopo rabelaisiano, cabe notar que a fonte direta e imediata de Rabelais foi a cultura popular do riso da Idade Média e do Renascimento, cuja análise faremos em outro trabalho.

9

O cronotopo idílico no romance

Passemos a um outro tipo muito importante na história do romance. Temos em vista o tipo idílico de restauração do complexo antigo do tempo folclórico.

São diferentes os tipos de idílio que surgiram na literatura entre os tempos antigos e os atuais. Distinguimos os seguintes tipos puros: o idílio amoroso (cuja modalidade principal é a pastoral), o idílio dos trabalhos agrícolas, o idílio do trabalho artesanal e o idílio familiar. Além desses tipos puros, são extraordinariamente difundidos os tipos mistos, acrescentando-se que aí predominam um ou outro elemento (o do amor, o do trabalho, o da família).

Além das referidas diferenças tipológicas, existem ainda diferenças de outra espécie; elas existem tanto entre tipos diferentes, como entre as variedades do mesmo tipo. Assim são as diferenças de caráter e de grau das incorporações metafóricas de cada elemento ao conjunto do idílio (por exemplo, dos fenômenos da natureza), ou seja, do grau de predominância de vínculos puramente reais ou metafóricos, diferenças de grau do elemento lírico-subjetivo, diferenças de grau de presença de enredo, do grau e do caráter da sublimação, etc.

Por mais diferentes que sejam os tipos e variedades de idílio, do ângulo que nos interessa eles têm alguns traços comuns, determinados por sua relação comum com a unidade total do tempo folclórico. No idílio, isso se manifesta antes de tudo na relação particular do tempo com o espaço: a fixação, a agregação orgânica da vida e dos seus acontecimentos a um lugar — à terra natal com todos os seus recantos, às montanhas natais, aos vales natais, aos campos, rios e aos bosques natais, à casa paterna. A vida idílica e seus acontecimentos são inseparáveis desse cantinho concreto no espaço, onde viveram os pais e os avós, onde viverão os filhos e os netos. Esse microcosmo espacial é delimitado e autossuficiente, não tem maiores ligações com outros lugares, com o resto do mundo. Mas a série da vida das gerações, localizada nesse delimitado microcosmo espacial, pode ser ilimitadamente longa. A unidade da vida das gerações (em geral, da vida dos homens) é no idílio determinada essencialmente *pela unidade do lugar*, pela fixação secular das gerações a um lugar, do qual essa vida é inseparável em todos os seus acontecimentos. A unidade do lugar da vida das gerações debilita e atenua todos os limites temporais entre as vidas individuais e entre as diferentes fases da mesma vida. A unidade do lugar aproxima e funde o berço e o túmulo (o mesmo microcosmo, a mesma terra), a infância e a velhice (a mesma mata, o mesmo riacho, as mesmas tílias, a mesma casa), a vida das diversas gerações que habitaram o mesmo lugar, nas mesmas condições, que viram essas mesmas coisas. Essa atenuação de todos os limites do tempo, determinada pela unidade do lugar, contribui de modo substancial também para a criação do ritmo cíclico do tempo, característico do idílio.

Outra particularidade do idílio é a sua rigorosa limitação apenas às poucas realidades básicas da vida. O amor, o nascimento, a morte, o casamento, o trabalho, a comida e a bebida, as idades — eis as realidades básicas da vida idílica. Elas foram aproximadas umas das outras no estreito microcosmo do idílio, entre elas não há contrastes acentuados, elas são equivalentes (pelo menos pretendem ser). Em termos rigorosos, o idílio não conhece o cotidiano. Tudo o que tem valor cotidiano quando relacionado a acontecimentos biográficos e históricos essenciais e singulares, tem aqui, neste caso, justamente o valor mais substancial de uma vida. Porém, todas essas realidades basilares da vida aparecem no idílio não numa nua feição realista (como em Petrônio), mas de forma atenuada e até certo ponto sublimada. Assim, a esfera sexual quase sempre entra no idílio apenas de forma sublimada.

Por último, a terceira particularidade do idílio, estreitamente ligada à primeira, é a combinação da vida humana com a vida da natureza, a unidade do seu ritmo, a linguagem comum para os fenômenos da natureza e os acontecimentos da vida humana. Evidentemente, a maior parte dessa linguagem comum tornou-se puramente metafórica no idílio, e só numa pequena parte (o mais das vezes no idílio dos trabalhos agrícolas) permaneceu real.

No idílio amoroso, todos os elementos que indicamos encontram sua mais fraca expressão. Ao convencionalismo social, à complicação e à possibilidade de separação no cotidiano privado se contrapõe a simplicidade absolutamente convencional da vida no seio da natureza; essa mesma vida é reduzida a um amor totalmente sublimado. Por trás dos seus elementos convencionais, metafóricos e estilizados percebem-se vagamente, não obstante, uma total unidade folclórica do tempo e as antigas contiguidades. Por isso o idílio amoroso pôde servir de base a uma variedade romanesca e inserir-se como componente em outras variedades de romance (por exemplo em Rousseau). Contudo, na história do romance, o idílio amoroso veio a ser particularmente produtivo não em sua forma pura, mas em união com o idílio familiar (*Werther*) e o idílio do trabalho agrícola (os romances regionais).

Quase não se encontra o idílio familiar em forma pura, mas ele tem uma grande importância quando unido ao idílio do trabalho agrícola. Aqui se consegue sua maior aproximação com o tempo folclórico, aqui se revelam com maior plenitude as contiguidades antigas e é possível um maior grau de realismo. Isso porque esse idílio não está centrado numa vida pastoril convencional, que nessa forma não existe em lugar nenhum, mas na vida real do agricultor nas condições da sociedade feudal ou pós-feudal, mesmo que essa vida seja idealizada e sublimada em diferentes graus (o grau dessa idealização varia muito). Tem importância especial o caráter *do trabalho* desse idílio (já nas *Geórgicas* de Virgílio); o elemento do trabalho agrícola cria um vínculo *real* e uma identidade dos fenômenos da natureza com os acontecimentos da vida humana (à diferença do vínculo *metafórico* no idílio amoroso); ademais, o que é sobretudo importante, o trabalho agrícola transfigura todos os elementos do cotidiano, priva-os do caráter privado e mesquinho, voltado meramente para o consumo, transforma-os em *acontecimentos* essenciais da vida. Assim, os homens consomem o produto criado pelo próprio trabalho; ele está ligado às imagens do processo produtivo, nele — nesse produto — o sol, a terra e a chuva estão de fato presentes (e não na ordem dos vínculos metafóricos). De igual maneira, o vinho está imerso em seu cultivo e sua produção, seu consumo é inseparável das festas ligadas aos ciclos agrícolas. A comida e a bebida têm no idílio um caráter social ou, mais amiúde, um caráter familiar, no ato da comida reúnem-se *gerações*, *idades*. É típica do idílio a contiguidade da *comida* com as *crianças* (até no *Werther*, no quadro idílico da alimentação das crianças por Lotte); essa contiguidade é penetrada pelo princípio do crescimento e da renovação da vida. No idílio, as crianças são frequentemente uma sublimação do ato sexual e da concepção, em face do crescimento, da renovação da vida e da morte. É extraordinariamente grande a importância e o papel da imagem das crianças em idílios desse tipo. Foi justo a partir daí, e ainda envolvidas pelo clima do idílio, que as crianças penetraram originariamente no romance.

Às nossas afirmações sobre a comida nos idílios pode servir de ilustração o famoso idílio de Geibel, *O mingau de aveia*, que foi traduzido por Jukóvski,[51] embora nessa obra a didática tire um pouco da força das antigas contiguidades (em particular, da contiguidade das crianças com a comida).

Reiteramos: os membros das antigas contiguidades aparecem no idílio numa forma parcialmente sublimada, omite-se de modo parcial ou total esse ou aquele membro, o cotidiano nem sempre se transfigura inteiramente, sobretudo nos idílios realistas de tempos tardios (século XIX). Basta lembrar um idílio como "Senhores de terra de outrora" de Gógol,[52] onde o trabalho está de todo ausente, mas ao mesmo tempo os demais membros da contiguidade estão representados de modo bastante completo (alguns de modo extremamente sublimado) — a velhice, o amor, a comida, a morte; a comida, que ocupa aqui um espaço muito grande, é apresentada num plano puramente cotidiano (uma vez que falta o elemento do trabalho).

No século XVIII, quando a questão do tempo na literatura foi colocada de modo particularmente agudo e preciso, quando despertava um novo sentimento do tempo, a forma do idílio ganhou uma importância muito grande. Impressionam a riqueza e a variedade de espécies do idílio do século XVIII (sobretudo na Alemanha e na Suíça alemã). Aqui surgiu ainda uma forma singular de elegia de tipo meditativo, com um vigoroso elemento idílico (baseado na tradição antiga): as diversas meditações cemiteriais em contiguidade com o túmulo, o amor, a nova vida, a primavera, as crianças, a velhice, etc. Um exemplo com matiz idílico muito forte é *O*

---

[51] Vassili Jukóvski (1783-1852), poeta romântico russo, famoso também por suas traduções poéticas livres, principalmente dos alemães. *O mingau de aveia* (*Ovsiáni kissiél*) foi traduzido a partir do poema *Das Habermuß*, de Emanuel Geibel (1815-1884). (N. do T.)

[52] "Starosviétskie pomiéschiki", novela de Nikolai Gógol publicada em 1835 no livro *Mirgórod*. (N. do T.)

cemitério rural de Grey-Jukóvski.[53] Nos românticos, que deram continuidade a essa tradição, as referidas contiguidades elegíacas (basicamente do amor e da morte) sofrem uma acentuada reassimilação (Novalis).

Em alguns idílios do século XVIII, o problema do tempo atinge uma conscientização filosófica; o autêntico tempo orgânico da vida idílica agora se contrapõe ao fútil e fragmentado tempo da vida urbana ou até ao tempo histórico (*O encontro inesperado* de Geibel-Jukóvski).[54]

Como já afirmamos, foi imensa a importância do idílio para a evolução do romance. Até hoje essa importância não foi devidamente compreendida nem apreciada, do que resultaram as deturpações de todas as perspectivas na história do romance. Aqui podemos tocar só muito superficialmente nessa importante questão.

A influência do idílio sobre a evolução do romance moderno se manifesta por cinco tendências básicas: 1) a influência do idílio, do tempo idílico e das contiguidades idílicas sobre o romance regional; 2) o tema da destruição do idílio no romance de formação de Goethe e nos romances do tipo de Sterne (Hippel, Jean Paul); 3) a influência do idílio no romance sentimental do tipo de Rousseau; 4) a influência do idílio no romance familiar e no romance de geração; 5) por último, a influência do idílio nos romances de diferentes variedades (o "homem do povo" no romance).

No romance regional vemos claramente a evolução do idílio da família e do trabalho, agrícola ou artesanal, para a

---

[53] *Siélskoie kládbische*, tradução de Jukóvski a partir do poema *Elegy Written in a Country Churchyard*, do poeta inglês Thomas Grey (1716-1771). (N. do T.)

[54] *Neojídannoe svidánie*, tradução de Jukóvski a partir do poema *Unverhofftes Wiedersehen*, de Emanuel Geibel. (N. do T.)

grande forma do romance. O próprio princípio basilar do regionalismo na literatura — o indissolúvel vínculo secular do processo da vida de gerações com uma localidade delimitada — repete a relação puramente idílica do tempo com o espaço, a unidade de lugar de todo o processo da vida. No romance regional, o próprio processo da vida é ampliado e detalhado (o que é obrigatório nas condições do romance), nele se destaca o aspecto ideológico — língua, crenças, moral, costumes —, cabendo observar que esse aspecto também é apresentado numa relação indissolúvel com uma localidade delimitada. Como no idílio, no romance regional todos os limites temporais estão atenuados, e o ritmo da vida humana combina-se com o ritmo da natureza. Com base nessa solução idílica do problema do tempo no romance (no fim das contas, em base folclórica), no romance regional transforma-se o cotidiano: seus elementos se tornam acontecimentos essenciais e ganham valor de enredo. Nessa base também encontramos no romance regional todas as contiguidades folclóricas características do idílio. Como no idílio, as idades e a repetição cíclica do processo da vida têm aqui importância capital. Os heróis do romance regional são os mesmos que no idílio — camponeses, artesãos, pastores e mestres rurais.

Apesar de ser acessível ao romance regional a profunda elaboração de alguns motivos individuais (sobretudo em alguns dos seus representantes, como Jeremias Gotthelf, Karl Leberecht Immermann, Gottfried Keller), ele ao mesmo tempo representa a forma mais limitada de emprego do tempo folclórico no romance. Aqui não existe uma emblemática realista ampla e profunda, sua importância não vai além dos limites histórico-sociais das imagens. O caráter cíclico aparece de modo extremamente acentuado, e por isso o princípio do crescimento e da eterna renovação da vida sai enfraquecido, separado do progressivismo histórico e até contraposto a ele; por essa razão, aqui o crescimento se transforma num absurdo marcar passo da vida num mesmo ponto histórico, num mesmo nível de desenvolvimento histórico.

É bem mais substancial a elaboração do tempo idílico e das contiguidades idílicas em Rousseau e em manifestações congêneres do tempo posterior. Essa elaboração ocorre em dois sentidos: em primeiro lugar, os elementos fundamentais do complexo antigo — natureza, amor, família, procriação, morte — são isolados e sublimados num elevado plano filosófico enquanto certas forças eternas, grandes e sábias da vida universal; em segundo, esses elementos são dados a uma consciência individual que se desprendeu, e do ponto de vista dessa consciência são como forças que a curam, purificam, tranquilizam, às quais essa consciência deve entregar-se, deve submeter-se, com as quais deve fundir-se.

Dessa forma, aqui o tempo folclórico e as contiguidades antigas são apresentados do ponto de vista do grau contemporâneo (contemporâneo de Rousseau e de outros representantes desse tipo) de desenvolvimento da sociedade e da consciência, grau esse para o qual aquele tempo e aquelas contiguidades se tornam um estado ideal perdido da vida humana. Cabe tornar a comungar nesse estado ideal, mas já em nova fase do desenvolvimento. O que deve ser mantido dessa nova fase é definido de modo diferente por diversos autores (aliás, o próprio Rousseau não tem aqui um ponto de vista único), mas, em todo caso, preserva-se o aspecto interior da vida e — na maioria dos casos — a individualidade (que, é verdade, há de transformar-se).

Em face da sublimação filosófica dos elementos do complexo, sua feição muda radicalmente. O amor se torna uma força espontânea, misteriosa e — mais amiúde — fatal para os amantes, e é elaborado no aspecto interior. Ele aparece em contiguidade com a natureza e a morte. Ao lado desse novo aspecto do amor é hábito manter-se também o seu aspecto puramente idílico, que faz contiguidade com a família, as crianças, a comida (assim, em Rousseau, há o amor de Saint-

-Preux e Julie, de um lado, e o amor e a vida familiar de Julie e Wolmar, de outro).[55] De igual maneira, também muda o aspecto da natureza, desde que ela esteja em contiguidade com o amor tempestuoso ou com o trabalho.

Em conformidade com isso muda também o enredo. Via de regra, no idílio não havia personagens estranhas ao universo idílico. Às vezes, no romance regional aparece uma personagem que se desprende da integralidade local, que vai para a cidade e, ou morre, ou retorna como filho pródigo à integralidade natal. Nos romances da linha rousseauniana, as personagens centrais são pessoas situadas no grau de desenvolvimento da sociedade e da consciência de então, pessoas que povoam as séries individuais separadas da vida, pessoas do aspecto interior. Elas se curam pelo contato com a natureza, com a vida da gente simples, aprendem com essa gente uma sábia relação com a vida e a morte, ou então deixam a cultura, na tentativa de comungar totalmente na integralidade da coletividade primitiva (como o René de Chateaubriand, o Oliênin de Tolstói).[56]

A linha rousseauniana teve um significado profundamente progressista. Ela é desprovida das limitações do regionalismo. Nela não há o desejo irremediável de conservar os vestígios moribundos dos micromundos patriarcais (provincianos e ademais fortemente idealizados): ao contrário, a linha rousseauniana, ao produzir uma sublimação filosófica da integralidade antiga, faz dela um ideal para o futuro e, antes de mais nada, vê nela o fundamento e a norma para uma crítica do estado atual da sociedade. Essa crítica, na maioria dos casos, é bilateral: está voltada contra a hierarquia feudal, a desigualdade, o arbítrio absoluto, as falsas con-

---

[55] Personagens do romance epistolar *Julie ou la Nouvelle Héloïse*, de Jean-Jacques Rousseau, publicado em 1761. (N. do T.)

[56] Respectivamente, heróis das novelas *René* (1802) e *Os cossacos* (1863). (N. do T.)

venções sociais (o convencionalismo), mas está igualmente voltada contra o anarquismo do interesse próprio e contra o indivíduo burguês apartado e egoísta.

O elemento idílico sofre uma reelaboração radical no romance familiar e no romance de geração em virtude do seu acentuado empobrecimento. Do tempo folclórico das contiguidades antigas aqui resta apenas o que pode ser reassimilado e conservado em base familiar-burguesa e familiar-tribal. Ainda assim, a relação do romance familiar com o idílio se manifesta numa série inteira de elementos essenciais, e essa relação determina o mais fundamental — o núcleo familiar desse romance.

A família do romance familiar já não é, evidentemente, a família idílica. Ela foi desprendida do estreito localismo feudal, do imutável ambiente natural que o alimentava no idílio, das montanhas, campos, rios e matas natais. No melhor dos casos, a unidade idílica do lugar limita-se à casa familiar-tribal da *cidade* e à parte *imóvel* da propriedade capitalista. Mas, no romance familiar, até essa unidade de lugar está longe de ser obrigatória. Além disso, a separação entre o tempo de vida e uma determinada localidade delimitada no espaço, e as errâncias das personagens principais antes de construírem família e posição material, são uma peculiaridade essencial da variante clássica do romance familiar. Trata-se justamente de uma sólida organização familiar e material das personagens principais, da superação, por estas, daquele elemento dos acasos (de encontros casuais com pessoas casuais, de situações e acontecimentos casuais) no qual tais personagens primordialmente existem, da criação de laços essenciais, ou seja, *familiares* com as pessoas, da delimitação do universo a um lugar determinado e a um círculo determinado e estreito de parentes, ou seja, a um círculo familiar. Amiúde a personagem principal é inicialmente uma pessoa sem lar, sem família, um deserdado, que erra por um mundo estranho entre pessoas estranhas, com ela ocorrem apenas desgraças casuais ou venturas casuais, ela se encontra por acaso com pessoas que, por motivos no início incompreensíveis, vêm a ser seus inimigos ou benfeitores (posteriormente, tudo isso é decifrado pela linha familiar-tribal). O movimento do romance conduz a personagem principal (ou as personagens) do grande mas estranho universo dos acasos para o pequeno, sólido e abastado universo natal da família, onde não há nada de estranho, casual e incompreensível, onde se restabelecem as relações autenticamente humanas, onde em bases familiares se restabelecem as antigas contiguidades: amor, casamento, procriação, velhice tranquila dos pais que foram reencontrados, os banquetes familiares. Esse microcosmo idílico, estreitado e empobrecido, é o fio condutor e o acorde final do romance. Assim é o esquema da variedade clássica do romance familiar inaugurada por *Tom Jones* de Fielding (essa mesma variedade, com as devidas mudanças, é a base de *As aventuras do peregrino Pickle*, de Smollett). Outro esquema (cujos fundamentos foram lançados por Samuel Richardson): no microcosmo da família irrompe uma força de origem estranha, que ameaça destruí-lo. Diversas variedades do primeiro esquema clássico definem os romances de Dickens como a mais alta conquista do romance familiar europeu.

Os elementos idílicos estão esporadicamente disseminados no romance familiar. Aqui se trava uma luta permanente da alteridade inumana nas relações entre os homens com as relações de humanidade em bases quer patriarcal, quer abstrato-humanística. No grande e frio universo do outro estão disseminados caloríferos cantinhos de humanidade e bondade.

O elemento idílico é determinante também no romance de geração (William Thackeray, Gustav Freytag, John Galsworthy, Thomas Mann). Contudo, aí o tema central é mais amiúde a destruição do idílio e das relações idílico-familiares patriarcais.

O tema da destruição do idílio (compreendido em sentido amplo) transforma-se num dos temas basilares da literatura entre o fim do século XVIII e a primeira metade do XIX. O tema da destruição do idílio artesanal passa inclusive à segunda metade do século XIX (Kretzer — *O mestre Timpe*).[57] Na literatura russa, os limites cronológicos desse fenômeno deslocam-se evidentemente para a segunda metade do século XIX.

O tratamento do tema da destruição do idílio pode, é claro, apresentar muitas diferenças. Essas diferenças são determinadas tanto por uma compreensão e uma apreciação diversas do universo idílico a ser destruído como por uma apreciação também diversa da força destruidora, ou seja, do novo mundo capitalista.

Para a linha clássica central de elaboração desse tema — a linha de Goethe, Oliver Goldsmith, Jean Paul —, o universo idílico a ser destruído não é tomado como um fato vazio do agonizante passado feudal em toda a sua limitação histórica, mas com certa sublimação filosófica (rousseauniana): no primeiro plano destacam-se a profunda *humanidade* do próprio homem idílico e a humanidade das relações entre os homens, depois a *integralidade* da vida idílica, sua ligação orgânica com a natureza, onde se destaca em especial o trabalho idílico não mecanizado, e, por último, os *objetos idílicos* não separados do próprio trabalho, intimamente vinculados a esse trabalho e à vida cotidiana idílica. Ao mesmo tempo, são ressaltadas a estreiteza e o fechamento do microcosmo idílico.

A esse microcosmo condenado à morte contrapõe-se um mundo vasto, mas abstrato, onde os homens estão separados, são egoisticamente fechados e prático-interesseiros, onde o trabalho é diferenciado e mecanizado, onde os objetos estão

---

[57] *Meister Timpe* (1888), romance de Max Kretzer (1854-1941), autor de obras de um realismo sentimental. (N. do T.)

separados do próprio trabalho. É preciso reunir esse vasto mundo em novas bases, torná-lo familiar, humanizá-lo. É preciso encontrar uma nova relação com a natureza, não com a pequena natureza do cantinho familiar, mas com a vasta natureza do grande universo, com todos os fenômenos do sistema solar, com as riquezas fósseis das profundezas da terra, com a diversidade geográfica dos países e dos continentes. No lugar da coletividade idílica delimitada é necessário encontrar uma nova coletividade capaz de abranger toda a humanidade. Assim se coloca *grosso modo* o problema na obra de Goethe (com especial nitidez na segunda parte do *Fausto* e em *Os anos de peregrinação*) e em outros representantes dessa tendência. O homem deve educar ou reeducar-se para a vida nesse mundo vasto e estranho a ele, deve assimilá-lo, familiarizá-lo. Segundo a definição de Hegel, o romance deve educar o homem para a vida numa sociedade burguesa. Esse processo de educação está ligado ao rompimento com todos os velhos laços idílicos, à *expatriação* do homem. Aqui o processo de reeducação pessoal do homem está inserido no processo de ruptura e reconstrução de toda a sociedade, ou seja, no processo histórico.

O mesmo problema é colocado de modo um tanto diferente nos romances de formação de outra linha, representada por Stendhal, Balzac, Flaubert (entre nós por Ivan Gontcharóv). Aqui se trata antes de mais nada da destruição e da ruptura da concepção idílica do mundo e de sua psicologia, inadequadas ao novo mundo capitalista. Na maioria dos casos, aí não há sublimação filosófica do idílio. Representa-se, nas condições de um centro capitalista, a ruptura de um idealismo provinciano ou de uma provinciana exaltação romântica das personagens, que de modo algum são idealizadas; tampouco se idealiza o mundo capitalista: desvelam-se a sua inumanidade, a destruição que traz consigo de quaisquer fundamentos morais (constituídos em fases anteriores do desenvolvimento), a desintegração (sob influência do dinheiro) de todas as antigas relações humanas — do amor, da família, da amizade, a degeneração do trabalho criativo do cientista, do artista, etc. O homem positivo do mundo idílico torna-se ridículo, desprezível e desnecessário, destrói-se ou se reeduca e se torna um abutre egoísta.

Ocupam um lugar especial os romances de Gontcharóv, que no essencial estão associados à segunda linha (sobretudo *Uma história comum*).[58] Em *Oblómov*, o tema foi elaborado com clareza e precisão excepcionais. A representação do idílio no povoado de Oblómovka e em seguida no bairro de Víborg (com a morte idílica de Oblómov) é efetuada com pleno realismo. Ao mesmo tempo, expõem-se a extraordinária humanidade do homem idílico Oblómov, a sua "cândida pureza". No próprio idílio (sobretudo no bairro de Víborg), aparecem todas as suas contiguidades essenciais — o culto da comida e da bebida, as crianças, o ato sexual, a morte, etc. (emblemática realista). Salienta-se o anseio de Oblómov pela constância, pela imutabilidade da situação, seu temor de um deslocamento, sua atitude em face do tempo.

Cabe destacar em especial a linha idílico-rabelaisiana representada por Sterne, Gottlieb von Hippel e Jean Paul. A combinação do elemento idílico (e, ademais, idílico-sentimental) com o elemento rabelaisiano em Sterne (e nos sternianos), depois de tudo o que dissemos, não parece nada estranha. Seu parentesco pela linha folclórica é evidente, embora seja um dos vários ramos da evolução do complexo folclórico.

A última orientação da influência do idílio sobre o romance se traduz na penetração de alguns elementos do complexo idílico no romance. O homem do povo no romance é muito amiúde de origem idílica. Assim é a imagem do criado em Walter Scott, Saviélitch em *A filha do capitão* de Púchkin, em Dickens, no romance francês (de *Uma vida*, de Maupas-

---

[58] *Obiknoviénnaia istoria*, publicado em 1947, é o romance de estreia de Ivan Gontcharóv (1812-1891). (N. do T.)

sant, a Françoise de Marcel Proust); todas essas imagens da Auvérnia, da Bretanha, são portadoras de sabedoria popular e de localismo idílico. O homem do povo surge no romance como portador de uma sábia relação com a vida e a morte, perdida pelas classes dominantes (Platón Karatáiev em *Guerra e paz*, de Tolstói). Com frequência particular, aprende-se com ele justo uma atitude sábia perante a morte (*As três mortes*, de Tolstói). À imagem dele frequentemente está ligado um tratamento especial da comida, da bebida, do amor, da procriação. Ela mesma é portadora do eterno trabalho produtivo. Amiúde destaca-se em primeiro plano uma saudável (desmascaradora) incompreensão da mentira convencional e do convencionalismo pelo homem do povo.

São esses os sentidos basilares da influência do complexo idílico no romance da Idade Moderna. Com isso concluímos nosso breve resumo das formas básicas de elaboração do tempo folclórico e das contiguidades antigas na literatura de ficção. Esse resumo cria o plano de fundo indispensável a uma correta percepção das peculiaridades do universo rabelaisiano (bem como de outros fenômenos que aqui não examinaremos).

* * *

À diferença de todos os tipos de construção do complexo antigo que analisamos, salvo os tipos de Aristófanes e de Luciano, no universo de Rabelais o *riso* tem um significado decisivo.

De todos os elementos do complexo antigo só o riso nunca foi objeto de sublimação nem religiosa, nem mística, nem filosófica. Nunca teve um caráter oficial, e mesmo na literatura os gêneros cômicos sempre foram os mais livres, os menos regulamentados.

Depois do fim da Antiguidade a Europa não conheceu nenhum culto, nenhum rito, nenhuma cerimônia estatal ou socio-oficial, nenhuma festa, nenhum gênero ou estilo oficial a serviço da Igreja e do Estado (hinos, orações, fórmulas sacras, declarações, manifestos, etc.) onde o riso tivesse sido legitimado (no tom, no estilo, na linguagem), nem mesmo nas formas mais enfraquecidas de humor e ironia.

A Europa não conhecera nem a mística, nem a magia do riso; o riso jamais fora contaminado nem mesmo pela simples oficiosidade "burocrática", necrosada. Por isso o riso não podia degenerar nem se tornar incorrigivelmente mentiroso como ocorrera com todo o sério, sobretudo com o patético. O riso continuava fora da mentira oficial, que se encarnava nas formas da seriedade patética. Por essa razão, todos os gêneros elevados e sérios, todas as formas elevadas de linguagem e estilo, todas as combinações diretas de palavras e todos os padrões de linguagem foram impregnados pela mentira, por convenções perniciosas, pela hipocrisia e pela falsidade. Só o riso não foi contaminado pela mentira.

Temos em vista o riso não como um ato biológico e psicofisiológico, mas o riso em sua existência histórico-social, cultural e objetivada, sobretudo em sua expressão verbalizada. Na palavra, o riso se manifesta nos fenômenos mais heterogêneos, que até hoje ainda não foram objeto de um estudo historicamente sistemático que fosse suficientemente rigoroso, profundo e principial. Ao lado do emprego poético do termo em sua "acepção não própria", ou seja, ao lado dos tropos, existem as mais variadas formas de emprego indireto de uma linguagem de outra espécie: a ironia, a paródia, o humor, o gracejo, os diversos tipos do cômico, etc. (não existe uma classificação sistemática). Em seu conjunto, toda linguagem pode ser empregada num sentido não próprio. Em todas essas manifestações processa-se uma reassimilação do próprio *ponto de vista* contido no discurso, da modalidade da linguagem, *da própria relação da linguagem com o objeto e da relação da linguagem com o falante*. Aqui ocorre uma transferência dos planos da linguagem, uma aproximação do não conexivo e a exclusão do conexo, a destruição das contiguidades habituais e a criação de outras novas, a destruição dos padrões de linguagem e pensamento. Aqui se dá uma permanente extrapolação dos limites das relações intralinguísticas. Além disso, aí sempre se pressupõe uma extrapolação do limite de um dado conjunto verbal fechado (não se pode compreender a paródia sem sua correlação com o material parodiado, ou seja, sem a extrapolação dos limites de um dado contexto). Todas as enumeradas peculiaridades das referidas formas de expressão do riso no discurso criam sua força especial e sua capacidade de como que extirpar do objeto os falsos formatos ideológico-verbais que o envolveram. Rabelais leva essa capacidade do riso ao máximo grau de desenvolvimento.

A força excepcional e o radicalismo do riso em Rabelais se devem antes de tudo à sua profunda base folclórica, aos seus vínculos com os elementos do complexo antigo — a morte, o nascimento de uma nova vida, a fertilidade, o crescimento. Este é um riso que engloba verdadeiramente o mundo inteiro, que brinca com todos os objetos do universo, os mais insignificantes e os grandes, os próximos e os mais distantes. Esse vínculo com as realidades fundamentais da vida, de um lado e, de outro, a mais radical destruição dos falsos formatos ideológico-verbais, que distorceram e separaram essas realidades, distinguem muito acentuadamente o riso rabelaisiano do riso de outros representantes do grotesco, do humor, da sátira, da ironia. Em Swift, Sterne, Voltaire, Dickens, observamos um sucessivo apequenamento do riso rabelaisiano, um sucessivo enfraquecimento dos seus laços com o folclore (ainda fortes em Sterne e sobretudo em Gógol) e uma desvinculação das grandes realidades da vida.

Aqui tornamos a abordar a questão das fontes especiais de Rabelais, a enorme importância que têm para ele as fontes extraliterárias. Sua fonte especial é, antes de tudo, a esfera não oficial do discurso, saturada de injúrias simples e complexas, de indecências de natureza vária dotadas do imenso peso específico das palavras e expressões ligadas à bebedeira. Essa esfera do discurso não oficial (masculino) reflete até hoje o rabelaisiano peso específico das indecências, das palavras que evocam a embriaguez, os excrementos, etc., mas em forma estereotipada e não criativa. Nessa esfera não oficial do discurso das camadas inferiores dos meios urbano e rural (predominantemente do urbano), Rabelais atinava pontos de vista específicos sobre o mundo, uma seleção específica de realidades, um sistema específico de linguagem acentuadamente distinto do oficial. Neste ele observava uma total ausência de sublimações e um sistema especial de contiguidades estranho aos campos oficiais do discurso e da literatura. Essa "rude franqueza das paixões populares", "a liberdade dos juízos da praça" (Púchkin) foi amplamente empregada por Rabelais em seu romance.

Já na própria esfera não oficial da linguagem, existem — no conjunto ou em forma cindida e dispersa — anedotas correntes, relatos breves, provérbios, trocadilhos, adágios, gracejos, enigmas eróticos, cançonetas, etc., ou seja, gêneros léxicos e outros pequenos gêneros folclóricos. Estes encerram pontos de vista análogos, uma análoga seleção de realidades (temas), disposições análogas a elas e, por último, uma relação análoga com a linguagem.

Em seguida, vem a produção de livros da literatura semioficial: narrativas sobre bufões e bobos, farsas, *fabliaux*, facécias, novelas (como produtos de uma elaboração secundária), livros populares, contos maravilhosos, etc. Logo depois aparecem as fontes propriamente literárias de Rabelais; em primeiro lugar, as fontes da Antiguidade.[59]

Quaisquer que sejam essas fontes multiformes de Rabelais, todas elas foram reelaboradas sob um único ponto de vista, submetidas à unidade de uma tarefa ideológico-literária

---

[59] Como já dissemos, analisaremos minuciosamente as fontes de Rabelais numa monografia especial sobre ele. (N. do A.)

absolutamente nova. Por isso todos os elementos tradicionais no romance de Rabelais ganham um novo sentido e têm novas funções.

Trata-se, antes de mais nada, da construção do romance em termos de composição e gênero. A construção dos dois primeiros livros segue um esquema tradicional: o nascimento do herói e as circunstâncias maravilhosas desse nascimento; sua infância; seus anos de aprendizado; os feitos em armas e as conquistas do herói. A construção do quarto livro segue o esquema tradicional do romance de viagens. O terceiro livro segue o esquema especial (antigo) da procura de conselhos e ensinamentos: a visita a oráculos, sábios, escolas filosóficas, etc. Posteriormente, esse esquema de "visitas" (a pessoas notáveis, a diversos representantes de grupos sociais, etc.) foi muito difundido na literatura da Idade Moderna (*Almas mortas* de Gógol, *Ressurreição* de Tolstói).

Mas aqui esses esquemas tradicionais são reassimilados, visto que o material se revela nas condições do tempo folclórico. Nos dois primeiros livros do romance, o tempo biográfico está dissolvido no tempo impessoal do crescimento: do crescimento e desenvolvimento do corpo humano, do crescimento da ciência e das artes, do crescimento de uma nova visão de mundo, do crescimento de um novo mundo ao lado do velho mundo moribundo e em desintegração. Aqui, o crescimento não está fixado enquanto o crescimento de um determinado indivíduo; ele extrapola os limites de qualquer individualidade: tudo cresce no mundo, os objetos, os fenômenos, o mundo inteiro cresce.

Por isso, a formação e o aperfeiçoamento do homem individual não estão separados do crescimento histórico e do progresso cultural. Os elementos basilares, as etapas, as fases do crescimento e da formação são aqui tomados em termos folclóricos não numa série individual fechada, mas na integralidade abrangente da vida comum da espécie humana. É especialmente necessário salientar que em Rabelais não há, em absoluto, um aspecto interior individual da vida. O homem, em Rabelais, é todo exteriorizado. Aqui se atinge um certo limite da exterioridade do homem. Pois ao longo de todo o enorme romance de Rabelais não há um único caso em que se representem os pensamentos do herói, suas vivências, seu monólogo interior. Nesse sentido, em seu romance não há um universo interior. Tudo o que há no homem se exprime na ação e no diálogo. Não há nada nele que em princípio exista apenas para si mesmo e que não possa ser adequadamente publicado (expresso fora dele). Ao contrário, todo o conteúdo do homem adquire a plenitude do seu sentido apenas na expressão externa: só aqui — na expressão externa — esse conteúdo se familiariza com o autêntico existir e com o autêntico tempo real. Por isso o tempo aqui também é uno, não está cindido em aspectos internos, não produz ramificações e impasses internos, individuais, seus elementos seguem progressivamente uns aos outros num universo único comum a todos e igual para todos. Por essa razão o crescimento supera toda a limitação individual e torna-se histórico. Por isso até o problema do aperfeiçoamento torna-se aqui um problema do crescimento do novo homem junto com a nova época histórica, num novo mundo histórico, ao lado da morte do velho homem e do velho mundo.

É por causa disso que aqui as contiguidades antigas são restabelecidas numa base nova e superior. Elas estão livres de tudo aquilo que as separava e deformava no mundo antigo. Estão libertas de quaisquer percepções sobrenaturais, de sublimações e repressão. Essas realidades são purificadas pelo riso, são retiradas de todos os contextos elevados que as separam e lhes distorcem a natureza, e são agrupadas no contexto real (no plano) de uma vida humana livre. Figuram no mundo das possibilidades humanas que se realizam livremente. Nada limita essas possibilidades. Nisso reside a peculiaridade fundamental de Rabelais. Nele, todas as limitações históricas são como que destruídas, completamente superadas pelo riso. O campo fica aberto para a natureza humana, para a livre descoberta de todas as possibilidades nela alicerçadas. Nesse sentido, o universo de Rabelais é diametralmente oposto ao estreito localismo do microcosmo idílico. Rabelais desdobra em nova base as autênticas vastidões do universo folclórico. No âmbito do universo espaçotemporal e das autênticas possibilidades da natureza humana, nada tolhe nem limita a sua imaginação. Todas as limitações são deixadas para um mundo moribundo e ridicularizado. Todos os representantes desse mundo — monges, teólogos, guerreiros feudais, cortesãos e reis (Picrochole, Anarche), juízes, magistrados e outros — são ridicularizados e condenados à morte. São completamente limitados, suas possibilidades foram totalmente esgotadas por sua realidade mesquinha. Opõem-se a eles Gargântua, Pantagruel, Ponócrates, Epistemon, em parte, frei Jean e Panúrgio (que superam as próprias limitações). Eles são protótipos das ilimitadas possibilidades humanas.

As personagens principais — Gargântua e Pantagruel — não são absolutamente reis no sentido limitado dos reis feudais Picrochole e Anarche; mas a contraposição a esses reis feudais também não é apenas uma encarnação do rei-humanista (embora esse elemento evidentemente exista); essas imagens, em seu fundamento, são imagens de reis folclóricos. A eles, como aos reis da epopeia homérica, podem-se aplicar as palavras de Hegel, segundo as quais eles jamais são escolhidos heróis da obra "por senso aristocrático e amor pelo que é nobre, mas por causa da completa liberdade da vontade e da produção que se encontram realizadas na representação do príncipe".[60] Esses heróis são feitos reis para serem aquinhoados com as maiores possibilidades e com liberdade para a plena realização de si mesmos, de sua natureza hu-

---

[60] G. W. F. Hegel, *Cursos de estética*, vol. I, São Paulo, Edusp, 1999, p. 200, tradução de Marco Aurélio Werle. (N. do T.)

mana. Os reis como Picrochole são monarcas reais de um mundo histórico-social moribundo — são limitados e deploráveis, assim como limitada e deplorável é a sua realidade histórico-social. Não têm nenhuma liberdade e nenhuma possibilidade.

Desse modo, Gargântua e Pantagruel são fundamentalmente reis folclóricos e bogatires. Por isso são, antes de tudo, *homens* que podem realizar livremente todas as possibilidades e exigências sedimentadas na natureza humana, sem quaisquer compensações morais e religiosas das limitações terrenas, da fraqueza e das privações. Assim se define também a originalidade da *imagem do grande homem* em Rabelais. O grande homem rabelaisiano é profundamente democrático. Jamais se contrapõe à massa como alguém excepcional, como homem de outra espécie. Ao contrário, ele é feito do mesmo material universal que os outros homens. Ele come, bebe, defeca, solta gases, só que tudo isso numa escala grandiosa. Nele não há nada de incompreensível e estranho à massa, à natureza humana universal. A ele são perfeitamente aplicáveis as palavras de Goethe sobre os grandes homens: "Os grandes homens são apenas dotados de um volume maior; eles partilham as virtudes e os defeitos dos homens menores, só que em maior quantidade".[61] O grande homem rabelaisiano é o mais alto grau do homem. Tal grandeza não pode humilhar ninguém, pois todos veem nele apenas o engrandecimento de sua própria natureza.

É nisso que o grande homem rabelaisiano se distingue principialmente de qualquer heroísmo que se contraponha à massa dos outros homens como algo excepcional por seu sangue, sua natureza, suas exigências e apreciações da vida e do mundo (distingue-se do heroísmo do romance barroco e do romance de cavalaria, do heroísmo do tipo romântico e

---

[61] *Goethes Gespräche*, vol. 22, parte I, Zurique, Artemis Verlag, 1964, p. 651. (N. do T.)

byroniano, do super-homem nietzschiano). Mas ele também se distingue principalmente da exaltação do "pequeno homem"[62] via compensação de suas limitações e fraquezas reais pela elevada moralidade e pureza (heróis e heroínas do sentimentalismo). O grande homem de Rabelais, que medrou em base folclórica, não é grande por suas diferenças em relação aos outros homens, mas, em sua humanidade, é grande pela plenitude da revelação e realização de todas as possibilidades humanas, e é grande no real universo espaçotemporal; aqui o interior não se contrapõe em nada ao exterior (como sabemos, ele é totalmente exteriorizado, no sentido positivo).

A imagem de Panúrgio também foi construída em base folclórica. Mas aqui essa base é bufa. O bufão popular se apresenta nessa imagem bem mais vivo e essencial do que nas manifestações paralelas dos romances e novelas picarescas, ou seja, do que na imagem do "pícaro".

Já nessa base folclórica das imagens das personagens principais, Rabelais sobrepõe alguns traços característicos do seu ideal de monarca e humanista, seguidos de alguns traços históricos reais. Mas o fundamento folclórico transparece nitidamente por trás de todos esses traços, criando uma profunda emblemática realista dessas imagens.

É claro que Rabelais não concebe, em absoluto, o livre crescimento de todas as potencialidades humanas num plano restritamente biológico. O universo espaçotemporal de Rabelais é um cosmo redescoberto na época do Renascimento. Trata-se, antes de tudo, do universo geograficamente preciso da cultura e da história. Depois, do cosmo astronomicamen-

---

[62] *Málienki tcheloviék* — este é também o termo russo que denomina a imagem do homem em obras como "O capote", de Gógol, e *Gente pobre*, de Dostoiévski, entre outros, comumente centrada no pequeno funcionário às voltas com a prepotência e as injustiças do meio social ao qual serve. (N. do T.)

te elucidado. O homem pode e deve conquistar todo esse universo espaçotemporal. As imagens dessa conquista técnica do Universo também são apresentadas em base folclórica. A planta mágica — *Pantagruelion* — é a "erva-ruptura" do folclore universal.[63]

Em seu romance, é como se Rabelais nos desvelasse o ilimitado cronotopo universal da existência humana. E isso estava em plena consonância com a época dos grandes descobrimentos geográficos e cosmológicos que se iniciava.

---

[63] São dedicados a essa planta, que pela descrição se assemelha ao cânhamo, os últimos quatro capítulos do terceiro livro. (N. do T.)

10

Observações finais[64]

O cronotopo determina a unidade artística de uma obra literária em sua relação com a autêntica realidade. Por isso, numa obra, o cronotopo sempre inclui o elemento axiológico, que só numa análise abstrata pode ser destacado do conjunto do cronotopo artístico. Na arte e na literatura, todas as determinações de espaço-tempo são inseparáveis e sempre tingidas de um matiz axiológico-emocional. O pensamento abstrato pode, sem dúvida, conceber o tempo e o espaço separados e abstrair seu elemento axiológico-emocional. Contudo, a contemplação artística viva (claro que também repleta de pensamento, mas não abstrato) nada separa e nada abstrai. Ela abrange o cronotopo em toda a sua integralidade e plenitude. A arte e a literatura estão impregnadas de *valores cronotópicos* de diferentes graus e dimensões. Cada motivo, cada elemento da obra ficcional a ser destacado é um valor.

Em nossos ensaios, analisamos apenas os grandes cronotopos tipologicamente estáveis, que determinam as mais importantes variedades de gênero do romance nas diversas etapas de sua evolução. Nestas observações finais, nos limitaremos a mencionar e a tocar levemente em alguns valores cronotópicos de diferentes graus e dimensões.

---

[64] Capítulo escrito em 1973, mais de trinta anos depois do restante do livro. (N. do T.)

No primeiro ensaio, tratamos do cronotopo do encontro; nele predomina o matiz temporal, e ele se distingue por um alto grau de intensidade axiológico-emocional. O cronotopo *da estrada*, vinculado ao do encontro, é de abrangência mais ampla, porém de uma intensidade axiológico-emocional um tanto menor. Os encontros no romance costumam ocorrer na "estrada". A "estrada" é o lugar predominante dos encontros casuais. Na estrada (a "grande estrada") cruzam-se num ponto espaçotemporal os caminhos percorridos no espaço e no tempo por uma grande diversidade de pessoas — representantes de todas as classes e condições sociais, crenças religiosas, nacionalidades, faixas etárias. Aí podem encontrar-se por acaso aqueles que normalmente estão separados pela hierarquia social e pela distância espacial, aí podem surgir quaisquer contrastes, diferentes destinos podem encontrar-se mutuamente e entrelaçar-se. Aí as séries espaciais e temporais dos destinos e das vidas humanas combinam-se de modo peculiar, tornando-se complexas e concretas pelas *distâncias sociais* superadas. É o ponto de enlace e o lugar de concretização dos acontecimentos. O tempo como que deságua no espaço e por ele flui (formando caminhos). Daí a tão rica metaforização do caminho-estrada: "a estrada da vida", "pegar uma nova estrada", "a via histórica", etc.; a metaforização da estrada é variada e de múltiplos planos, mas o suporte basilar é o fluxo do tempo.

 A estrada é particularmente proveitosa para a representação de um acontecimento regido pelo acaso (mas não só para isso). Daí ser compreensível o importante papel temático da estrada na história do romance. Ela passa pelo antigo romance de costumes e de viagens, o *Satíricon* de Petrônio e *O asno de ouro* de Apuleio. Pegam a estrada os heróis dos romances de cavalaria da Idade Média, e frequentemente todos os acontecimentos do romance se desenrolam na estrada ou estão concentrados em torno da estrada (estão dispostos de ambos os lados). E num romance como *Parzival*, de Wolfram von Eschenbach, o caminho-estrada real do herói para Montsalvat transforma-se despercebidamente numa metáfora da estrada, o caminho da vida, da alma, que ora se aproxima de Deus, ora se distancia dele (dependendo dos erros, das quedas do herói, dos acontecimentos que o aguardam no caminho real). A estrada determinou os enredos do romance picaresco espanhol do século XVI (*Lazarilho de Tormes*, *Guzmán de Alfarache*). No limiar dos séculos XVI e XVII, Dom Quixote pegou a estrada para encontrar nela toda a Espanha, desde o forçado que vai para as galeras até o duque. Essa estrada já é profundamente intensificada pelo fluxo do tempo histórico, pelos vestígios e sinais do curso do tempo, pelos sinais da época. No século XVII, numa estrada marcada pelos acontecimentos da Guerra dos Trinta Anos, surge *Simplicissimus*.[65] A estrada segue em frente, conservando seu significado principal através de obras cruciais para a história do romance como *Francion* de Charles Sorel e *Gil Blas* de Alain-René Lesage. O significado da estrada permanece (embora enfraquecido) nos romances de Daniel Defoe (os picarescos) e de Henry Fielding. A estrada e os seus encontros mantêm o seu significado temático também em *Os anos de aprendizado* e *Os anos de peregrinação de Wilhelm Meister* (ainda que seu sentido ideológico mude substancialmente, posto que as categorias de "acaso" e "destino" são radicalmente repensadas). *Heinrich von Ofterdingen* de Novalis e outros heróis do romance romântico pegam uma estrada semirreal e semimetafórica. Por último, a importância da estrada e dos encontros que nela se dão permanece no romance histórico — em Walter Scott, e em particular no romance histórico russo. Por exemplo, *Iuri Miloslávski, ou os russos*

---

[65] *Der abenteuerliche Simplicissimus* (*O aventureiro Simplicissimus*), romance picaresco de Hans Jakob Christoffel von Grimmelshausen (1622-1676), publicado em 1669. (N do T.)

no ano de 1612[66] é baseado na estrada e nos encontros que nela se dão. O encontro de Grinióv com Pugatchóv na estrada e no meio de uma nevasca determina o enredo de *A filha do capitão*.[67] Lembremos ainda o papel da estrada em *Almas mortas* de Gógol e em *Quem é que vive bem na Rússia?*, de Nekrássov.[68]

Sem tratar aqui da mudança das funções da "estrada" e do "encontro" na história do romance, ressaltaremos apenas um traço muito substancial da "estrada", comum a todas as referidas variedades de romance: a estrada passa pelo *país natal* e não por um *exótico mundo alheio* (a Espanha de *Gil Blas* é convencional e a permanência temporária de Simplicissimus na França não é secundária, pois aí a estranheza do país alheio é mínima e não há nem sombra de exótico); revela-se e mostra-se a *diversidade histórico-social* desse país natal (assim, se é possível falar de exotismo, é apenas um "exotismo social": "tugúrios", "escória humana", "covis de ladrões"). Nessa sua função, a estrada também foi empregada fora do romance, nos gêneros atemáticos como as viagens publicistas do século XVIII (o exemplo clássico é a *Viagem de Petersburgo a Moscou*, de Rádischev)[69] e nos diários de viagens dos publicistas da primeira metade do século XIX

---

[66] Obra de Mikhail Nikoláievitch Zagóskin (1789-1852), publicada em 1829 e considerada o primeiro romance histórico russo. (N. do T.)

[67] Novela de Púchkin publicada em 1836, ambientada durante a insurreição popular liderada por Iemelian Pugatchóv entre 1773 e 1775. (N. do T.)

[68] *Komu na Rússi jit khorochó* (1873-74), longo poema narrativo de tema abolicionista, publicado em 1873-74 por Nikolai Aleksêievitch Nekrássov (1821-1877). (N. do T.)

[69] *Putechêstvie iz Moskví v Peterburg* (1790), obra de Aleksandr Nikoláievitch Rádischev (1749-1802), um misto de diário de viagem e denúncia social. (N. do T.)

(por exemplo, em Heine). Essa particularidade da "estrada" distingue as referidas variedades de outra linha do romance de viagens, representada por variedades como o romance antigo de viagens, o romance sofista grego (a cuja análise dedicamos o primeiro ensaio do presente trabalho) e o romance barroco do século XVII. Nestes, uma função análoga à estrada cabe ao "mundo alheio", separado do país do autor pelo mar e pela distância.

Na Inglaterra do fim do século XVIII, forma-se e se fortalece no chamado romance "gótico" um novo território para a realização dos acontecimentos romanescos: o "castelo" (que ganha pela primeira vez esse significado em *O castelo de Otranto* de Horace Walpole, e em seguida em Ann Radcliffe, Matthew Lewis e outros). O castelo é saturado de tempo, e ademais de tempo histórico no exato sentido da palavra, ou seja, do tempo do passado histórico. O castelo é o lugar onde vivem os soberanos da época feudal (por conseguinte, também as figuras históricas do passado), nele ficaram visivelmente gravadas as marcas dos séculos e das gerações em diversas partes de sua estrutura, no mobiliário, nas armas, na galeria de retratos dos ancestrais, nos arquivos de família, nas relações humanas específicas da sucessão dinástica, da transmissão dos direitos hereditários. Por fim, as lendas e tradições vivificam, pelas lembranças dos acontecimentos passados, todos os recantos do castelo e das redondezas. Isso cria o enredo específico do castelo desenvolvido nos romances góticos.

A historicidade do tempo do castelo permitiu-lhe exercer um papel bem importante na evolução do romance histórico. O castelo vem dos séculos passados e está voltado para o passado. É verdade que nele as marcas do tempo têm um caráter de museu, de antiquário. Walter Scott soube superar esse perigo de "antiquarianismo" ao orientar sua prioridade para a lenda do castelo e sua ligação com a paisagem percebida e compreendida historicamente. A fusão orgânica dos elementos e indícios espaciais e temporais no castelo (com seu ambiente) e a intensidade histórica desse cronotopo determinaram sua produtividade figurativa nas diferentes etapas da evolução do romance histórico.

Nos romances de Stendhal e Balzac surge um localismo essencialmente novo para a concretização dos acontecimentos do romance — o *salão de visitas* (em sentido amplo). É claro que não é nesses romancistas que o localismo aparece pela primeira vez, mas é só aqui que ele ganha a plenitude do seu significado como ponto de interseção das séries espaciais e temporais do romance. Do ponto de vista do enredo e da composição, aí ocorrem os encontros (que já não têm o antigo caráter especificamente casual do encontro na "estrada" ou no "mundo alheio"), criam-se os enredos das intrigas, amiúde também se realizam os desfechos e, por fim (o que é de suma importância), aí se travam os diálogos, que ganham importância extraordinária no romance, desvelam-se os caracteres, as "ideias" e as "paixões" dos heróis.

Essa importância do enredo e da composição é perfeitamente compreensível. Ali, no salão de visitas da Restauração e da Monarquia de Julho está o barômetro da vida política e dos negócios, ali criam-se e destroem-se as reputações políticas, comerciais, sociais e literárias, começam e desmoronam as carreiras, gerem-se os destinos da alta política e das altas finanças, decidem-se o sucesso ou o insucesso de um projeto de lei, de um livro, de uma peça, de um ministro ou de uma cantora cortesã: ali estão representadas de forma plena (reunidas num só lugar e num só tempo) as gradações da nova hierarquia social: por último, ali se desvela em formas visíveis e concretas o poder onipresente do novo senhor da vida — o dinheiro.

Mas o principal em tudo isso é o entrelaçamento do histórico e do público-social com o privado e até com o estritamente privado, de alcova; o entrelaçamento da intriga privada e cotidiana com a intriga política e financeira, do segredo de Estado com o segredo de alcova, da série histórica com a série biográfica e consuetudinária. Aí estão concentrados e condensados os sinais patentes e visíveis tanto do tempo histórico como do tempo biográfico e cotidiano, e ao mesmo tempo esses sinais estão entrelaçados da forma mais estreita e fundidos nos sinais indivisos da época. A época se torna patente e tematicamente visível.

É claro que nos grandes realistas — Stendhal e Balzac — nem só o salão de visitas serve como ponto de interseção das séries espacial e temporal, lugar de condensação das marcas do curso do tempo no espaço. Esse é apenas um dos lugares. Balzac tinha uma capacidade excepcional de "ver" o tempo no espaço. Lembremos em sua obra ao menos a magnífica representação das casas como uma história materializada, sua representação das ruas, da cidade e da paisagem rural no plano de sua elaboração pelo tempo, pela história.

Vejamos mais um exemplo de interseção das séries temporal e espacial. Em *Madame Bovary* de Flaubert, o lugar da ação é uma *cidadezinha de província*. No século XIX, a cidadezinha provinciana e pequeno-burguesa, com seus costumes bolorentos, é um espaço extraordinariamente difundido (tanto antes como depois de Flaubert) de concretização dos acontecimentos romanescos. Ela tem diversas variedades, entre as quais uma muito importante — a idílica (nos regionalistas). Trataremos apenas da variedade flaubertiana (que, na verdade, não foi criada por ele). Essa cidadezinha é o lugar do tempo cíclico dos costumes. Nela não há acontecimentos, há apenas "o acontecer" que se repete. Aqui o tempo carece do curso progressivo da história, move-se por círculos estreitos: o círculo do dia, o círculo da semana, do mês, o círculo de toda uma vida. Um dia nunca é um dia, um ano não é um ano, uma vida não é uma vida. Dia após dia repetem-se as mesmas ações cotidianas, os mesmos temas de conversa, as mesmas palavras, etc. Nesse tempo as pessoas comem, be-

bem, dormem, têm esposas, amantes (sem romantização), tecem pequenas intrigas, passam o tempo em suas lojas ou escritórios, jogam cartas, bisbilhotam. É o tempo cíclico, ordinário e cotidiano dos costumes. Ele nos é familiar em diferentes variações por intermédio de Gógol e Turguêniev, Gleb Uspiênski, Saltikov-Schedrin e Tchekhov. As marcas desse tempo são simples, grosseiramente materiais, fortemente concrescidas com o localismo dos costumes: com casinholas e saletas de cidadezinha, ruas sonolentas, poeira e moscas, clubes, salões de bilhar, etc. Aqui o tempo é desprovido de acontecimentos e parece quase parado. Não ocorrem "encontros" nem "partidas". É um tempo denso, viscoso, que se arrasta no espaço. Por isso ele não pode ser o tempo basilar do romance. É empregado pelos romancistas como um tempo secundário, é entrelaçado com outras séries temporais não cíclicas ou fragmentado por elas; frequentemente serve como campo de contraste para as séries temporais e ativas dos acontecimentos.

Mencionaremos ainda um cronotopo impregnado de uma intensidade de alto valor emocional: o cronotopo do *limiar*. Este pode combinar-se também com o motivo do encontro, porém seu complemento mais substancial é o cronotopo da *crise* e da *mudança* de vida. A própria palavra "limiar" já adquiriu, na vida do discurso (juntamente com seu significado real), um significado metafórico, e passou a combinar-se com o momento da reviravolta na vida, da crise, da decisão (ou da indecisão, do medo de ultrapassar o limiar) que muda a vida. Na literatura, o cronotopo do "limiar" é sempre metafórico e simbólico, às vezes abertamente, porém mais amiúde de forma implícita. Nas obras de Dostoiévski, por exemplo, o limiar e seus contíguos cronotopos da escada, da antessala, do corredor, bem como seus continuadores cronotopos da rua e da praça são os principais espaços da ação, são os espaços onde se realizam os acontecimentos das crises, das quedas, das ressurreições, das renovações, do "estalo",[70] das decisões que determinam toda a vida de um homem. Nesse cronotopo o tempo é, em suma, um instante que parece não ter duração e que sai do curso normal do tempo biográfico. Em Dostoiévski, esses momentos decisivos se inserem nos grandes cronotopos do tempo dos *mistérios* e do *carnaval*, que tudo englobam. Em sua obra esses tempos estão numa contiguidade original, cruzam-se e se entrelaçam, assim como estiveram por longos séculos em contiguidade nas praças públicas da Idade Média e do Renascimento (e também nas praças antigas da Grécia e de Roma, em essência, mas em formas um tanto diferentes). É como se, na obra de Dostoiévski, a antiga praça dos carnavais e dos mistérios se reanimasse e transparecesse nas ruas e nas cenas populosas no interior das casas (sobretudo nas salas de visita).[71] Isso, evidentemente, ainda não esgota os seus cronotopos: estes são complexos e variados, assim como as tradições que neles se renovam.

À diferença de Dostoiévski, na obra de Lev Tolstói o cronotopo básico é o tempo biográfico que flui nos espaços internos das casas e mansões dos nobres. Evidentemente, nas obras de Tolstói também há crises, quedas, renovações, ressurreições, mas elas não são momentâneas nem se descolam do curso do tempo biográfico, e estão firmemente soldadas a ele. Por exemplo, a crise e o "estalo" de Ivan Ilitch estende-se ao longo de todo o último período de sua doença, e só

---

[70] Do russo *prozrênie*: percepção ou compreensão súbita de algo anteriormente obscuro. (N. do T.)

[71] As tradições literárias e culturais (inclusive as mais antigas) conservam-se e vivem não na memória subjetiva individual de um homem isolado ou em alguma "psique coletiva", mas nas formas objetivas da própria cultura (incluindo-se aí as formas linguísticas e discursivas), e nesse sentido são intersubjetivas e interindividuais (logo, também sociais); é daí que chegam às obras da literatura, às vezes evitando quase inteiramente a memória subjetiva individual dos criadores. (N. do A.)

termina bem no fim de sua vida.[72] A renovação de Pierre Bezúkhov (*Guerra e paz*) também foi longa e gradual, plenamente biográfica. Menos longa, mas não instantânea, é a renovação, bem como a confissão, de Nikita (*O poder das trevas*).[73] Em Tolstói encontramos só uma exceção: a radical renovação de Brekhunóv no último instante da sua vida, totalmente inesperada, que não foi preparada por nada (em *Senhor e servo*). Tolstói não apreciava o instante, não procurava preenchê-lo com algo de substancial e decisivo, a expressão "de repente" é rara em sua obra e nunca inclui um acontecimento importante. À diferença de Dostoiévski, Tolstói gostava da duração, da extensão do tempo. Depois do tempo biográfico e do espaço, para Tolstói tem uma importância essencial o cronotopo da natureza, o cronotopo idílico-familiar e até o cronotopo do trabalho idílico (na representação do trabalho agrícola).

* * *

Em que consiste o significado dos cronotopos que analisamos? Em primeiro lugar, é evidente seu significado *de enredo*. Eles são os centros organizacionais dos acontecimentos basilares que sedimentam o enredo do romance. Nos cronotopos atam-se e desatam-se os nós do enredo. Pode-se dizer francamente que pertence a eles o significado basilar gerador do enredo.

Ao mesmo tempo, salta à vista a importância *figurativa* dos cronotopos. Neles o tempo adquire um caráter pictórico-sensorial; no cronotopo os acontecimentos do enredo se concretizam, ganham corpo, enchem-se de sangue. Pode-se co-

---

[72] Personagem da novela *A morte de Ivan Ilitch* (1886), de Tolstói. (N. do T.)

[73] *Vlast tmi*, drama em cinco atos escrito por Lev Tolstói em 1886, e encenado em 1902 por Stanislávski no Teatro de Arte de Moscou. (N. do T.)

municar um acontecimento, informar sobre ele, oferecer indicações precisas sobre o lugar e o tempo de sua realização. Mas o acontecimento não se torna uma imagem. O próprio cronotopo fornece um terreno importante para a exibição-representação dos acontecimentos. E isso se deve justamente a uma condensação espacial e à concretização dos sinais do tempo — do tempo da vida humana, do tempo histórico — em determinados trechos do espaço. É isso que cria a possibilidade de construir a imagem dos acontecimentos no cronotopo (em torno do cronotopo). Ele serve como ponto preferencial para o desencadeamento das "cenas" no romance, ao mesmo tempo em que outros acontecimentos "conectivos", distanciados do cronotopo, são apresentados num formato de seca comunicação e informação (em Stendhal, por exemplo, à informação e à comunicação cabe um grande peso específico: a representação se concentra e se condensa numas poucas cenas; estas lançam uma luz concretizante também sobre as partes informativas do romance — veja-se, por exemplo, a construção de *Armance*). Dessa forma, o cronotopo como materialização predominante do tempo no espaço é o centro da concretização figurativa, da encarnação para todo o romance. Todos os elementos abstratos do romance — as generalizações filosóficas e sociais, as ideias, as análises das causas e efeitos, etc. — gravitam em torno do cronotopo e através dele se enchem de carne e sangue, comungam na figuralidade ficcional. Esse é o significado figurativo do cronotopo.

Os cronotopos aqui analisados têm um caráter típico de gênero, servem como base a certas variedades do gênero romanesco, que se formou e desenvolveu-se ao longo de séculos (é verdade que as funções do cronotopo da estrada, por exemplo, mudam nesse processo de desenvolvimento). No entanto, toda imagem literário-ficcional é cronotópica. A linguagem é essencialmente cronotópica como um acervo de imagens. É cronotópica a forma interna do discurso, ou seja, aquele sinal mediador por meio do qual os primevos significados espaciais se transferem para as relações temporais (no sentido mais amplo). Aqui não é lugar para abordarmos esse problema tão especial. Tomaremos como referência o capítulo correspondente da obra de Cassirer (*A filosofia das formas simbólicas*), que oferece uma análise rica em material factual sobre o reflexo do tempo na linguagem (a assimilação do tempo pela linguagem).

O princípio da cronotopia da imagem artístico-literária foi revelado com toda a clareza e pela primeira vez por Lessing no *Laocoonte*. Ele estabelece o caráter temporal da imagem artístico-literária. Tudo o que é estático-espacial deve ser descrito de modo não propriamente estático, mas ser incorporado à série temporal dos acontecimentos representáveis e da própria narração-imagem. Assim, no famoso exemplo de Lessing, a beleza de Helena não é descrita por Homero, mas é mostrado o efeito dessa beleza sobre os velhos troianos, e ademais essa efeito é revelado numa série de movimentos e atos dos velhos. A beleza é incorporada à cadeia de acontecimentos representados e, ao mesmo tempo, não é objeto de uma descrição estática, mas de uma narração dinâmica.

Contudo, a despeito de toda a essencialidade e da produtividade da colocação do problema do tempo na literatura, Lessing o coloca essencialmente num plano técnico-formal (claro que não num sentido formalista). Ele não coloca de forma direta e imediata o problema da assimilação do tempo real, ou seja, da assimilação da realidade histórica na imagem poética, embora toque nele em sua obra.

No campo dessa cronotopia geral (formal-material) da imagem poética como imagem da arte temporal que representa os fenômenos espaço-sensoriais em seu movimento e formação, esclarece-se a peculiaridade daqueles cronotopos típicos de gênero e formadores do enredo, dos quais falamos até agora. Trata-se dos específicos cronotopos épico-romanescos, que servem para assimilar a autêntica realidade temporal (histórica, no limite), que permitem refletir e introduzir no plano artístico do romance os elementos essenciais dessa realidade.

* * *

Aqui falamos apenas dos cronotopos grandes e essenciais que tudo abrangem. Contudo, cada um desses cronotopos pode incorporar números ilimitados de pequenos cronotopos: pois cada motivo pode ter o seu próprio cronotopo, sobre o que já falamos.

No âmbito de uma única obra e nos limites da criação de um autor, observamos uma infinidade de cronotopos e relações recíprocas complexas — específicas de uma dada obra e um dado autor — entre eles, cabendo observar que um desses cronotopos costuma ser abrangente ou dominante (foram justo esses o objeto principal de nossa análise). Os cronotopos podem incorporar-se uns aos outros, coexistir, entrelaçar-se, permutar-se, confrontar-se, contrapor-se ou encontrar-se em inter-relações mais complexas. Por si sós, tais inter-relações entre os cronotopos já não podem integrar nenhum dos cronotopos inter-relacionados. O caráter geral dessas inter-relações é *dialógico* (na ampla acepção do termo). Mas esse diálogo não pode integrar o universo representado numa obra nem em nenhum dos seus cronotopos (representados): ele está fora do universo representado, embora não esteja fora da obra como um todo. Ele (esse diálogo) integra o universo do autor e do intérprete, e o dos ouvintes e leitores. E esses universos também são cronotópicos.

Como se nos apresentam os cronotopos do autor e do ouvinte-leitor? Antes de tudo, eles nos são dados na existência material externa da obra e em sua composição puramente externa. Mas o material da obra não é morto, mas falante, significante (ou sígnico), não só o vemos e tateamos como sempre ouvimos vozes nele (ainda que numa leitura silenciosa e de si para si). A nós se apresenta um texto, que ocupa um lugar definido no espaço, ou seja, é localizado; mas a sua criação, o conhecimento que adquirimos dele fluem no tempo. O texto como tal não é morto: partindo de qualquer texto, passando às vezes por uma longa série de elos intermediários, sempre acabamos chegando à voz humana, por assim dizer, apoiando-nos no homem; mas o texto sempre está consolidado em algum material morto: nas fases primevas do desenvolvimento da literatura — na fase da sonoridade física, na fase escrita, nos manuscritos (em pedra, tijolo, couro, papiro, papel); posteriormente, o manuscrito pode ganhar a forma de livro (pergaminho ou códex). Entretanto, em qualquer uma dessas formas os manuscritos e livros já se encontram nas fronteiras entre a natureza morta e a cultura; se os tratamos como portadores do texto, eles integram o campo da cultura, em nosso caso, o campo da literatura. Naquele tempo-espaço totalmente real onde soa a obra, onde se encontra o manuscrito ou o livro, encontra-se também o homem real, que criou o discurso sonoro, o manuscrito ou o livro, encontram-se ainda os homens que ouvem e leem o texto. Evidentemente, esses homens reais — autores e ouvintes-leitores — podem (e costumam) encontrar-se em diferentes tempos e espaços, às vezes separados por séculos e pela distância espacial, mas mesmo assim se encontram num mundo histórico real uno e inacabado, que está separado do mundo *representado* no texto por uma nítida fronteira principial. Por isso podemos chamar esse mundo de mundo *criador* do texto: ora, todos os seus elementos — a realidade refletida no texto, os autores que o criam, os interpretadores do texto (se eles existem) e, por último, os ouvintes-leitores que o recriam e nessa recriação o renovam — participam igualmente da criação do mundo representado. É dos cronotopos reais desse mundo que representa que se originam os cronotopos refletidos e *criados* do mundo representado na obra (no texto).

Como dissemos, entre o mundo real que representa e o mundo representado na obra passa uma fronteira nítida e intransponível. Isso nunca se pode esquecer e — como tem sido feito e por vezes ainda se faz até hoje — nem se pode confundir o mundo representado com o mundo que representa (realismo ingênuo), o autor-criador da obra com o autor-pessoa (biografismo ingênuo), o ouvinte-leitor de diversas (e muitas) épocas, que reconstrói e renova, com o ouvinte-leitor passivo de sua contemporaneidade (o dogmatismo da interpretação e da apreciação). Todas as confusões desse gênero são totalmente inadmissíveis em termos metodológicos. Mas é de todo inadmissível a concepção dessa fronteira principial como absoluta e intransponível (especificação dogmática simplista). Apesar de toda a impossibilidade de fusão do mundo representado e mundo do que representa, apesar da presença irrevogável da fronteira principial entre esses mundos, eles estão indissoluvelmente ligados um ao outro e se encontram em constante interação, ocorre entre eles uma troca permanente, semelhante ao metabolismo que ocorre entre um organismo vivo e seu meio ambiente: enquanto o organismo está vivo ele não se funde com esse meio, mas, uma vez separado, ele morrerá. A obra e o mundo nela representado entram no mundo real e o enriquecem, e o mundo real entra na obra e no mundo representado tanto no processo de sua criação como no processo de sua vida subsequente, numa renovação permanente pela recepção criadora dos ouvintes-leitores. Sem dúvida, esse processo de troca é ele mesmo cronotópico: realiza-se, antes de tudo, no mundo social que se desenvolve historicamente, mas também sem se separar do espaço histórico em mutação. Pode-se até falar de um cronotopo *criativo* particular, no qual se dá essa troca da obra com a vida e no qual a vida especial de uma obra se realiza.

* * *

Ainda se faz necessária uma breve abordagem do autor-criador da obra e de sua atividade.

Encontramos o autor *fora* da obra como um homem que

vive sua vida biográfica, mas nos encontramos com ele como criador também na própria obra, ainda que *fora* dos cronotopos representados, como que numa tangente a eles. Encontramo-lo (isto é, encontramos sua atividade) antes de tudo na composição da obra: ele a desmembra em partes (cantos, capítulos, etc.) que evidentemente ganham alguma expressão externa, mas que todavia não se reflete de forma imediata nos cronotopos representados. Esses desmembramentos variam nos diferentes gêneros, cabendo notar que em alguns deles conservaram-se tradicionalmente aqueles desmembramentos que eram determinados pelas condições reais em que se executavam e se ouviam as obras desses gêneros nas épocas primevas de sua existência anterior à escrita (oral). Assim, distinguimos com bastante nitidez o cronotopo do cantor e o do ouvinte na articulação dos cantos épicos antigos, ou o cronotopo da narração nos contos maravilhosos. Mas na articulação das obras da Idade Moderna são considerados tanto os cronotopos do mundo representado como os cronotopos dos leitores e dos criadores da obra, isto é, realiza-se a interação do universo representado e do universo que representa. Essa interação revela-se com muita precisão também em alguns elementos composicionais elementares: toda obra tem *princípio* e *fim*, o acontecimento nela representado também tem princípio e fim, mas esses princípios e fins se encontram em universos diferentes, em cronotopos diferentes, que nunca podem se fundir ou identificar-se e que estão ao mesmo tempo correlacionados e indissoluvelmente interligados. Também podemos dizer assim: diante de nós há dois acontecimentos — aquele sobre o qual se narra na obra e o acontecimento da própria narração (deste último nós mesmos participamos como ouvintes-leitores); esses acontecimentos ocorrem em tempos diferentes (diferentes também pela duração) e em lugares diferentes, e ao mesmo tempo estão indissoluvelmente unificados num acontecimento único, mas complexo, que podemos designar como obra em sua plenitude de acontecimento, incluindo-se aí seus dados materiais externos, seu texto e o universo nele representado, o autor-criador e o ouvinte-leitor. Além disso, percebemos essa plenitude em sua integralidade e indivisibilidade, mas simultaneamente também compreendemos toda a diversidade dos elementos que a compõem.

O autor-criador move-se livremente em seu tempo: ele pode começar sua narrativa pelo fim, pelo meio ou por qualquer momento dos acontecimentos representados, sem com isso destruir o curso objetivo do tempo no acontecimento representado. Aqui se manifesta claramente a diferença entre o tempo representável e o tempo representado.

Mas aí surge uma questão mais geral: de que ponto espaçotemporal o autor observa os acontecimentos por ele representados?

Em primeiro lugar, eles os observa a partir de sua contemporaneidade inacabada, com toda a sua complexidade e plenitude, e além disso ele mesmo se encontra como que numa tangente à realidade representada. Essa atualidade, de onde observa o autor, inclui antes de tudo o campo da literatura, e não só da contemporânea a ele, no sentido estrito da palavra, mas também da literatura do passado, que continua a viver e a renovar-se na atualidade. O campo da literatura e — de forma mais ampla — da cultura (da qual não se pode separar a literatura), compõe o contexto necessário da obra literária e da posição que o autor ocupa nela, fora do qual não se pode compreender nem a obra, nem as intenções do autor nela representadas.[74] A relação do autor com as diferentes manifestações da literatura e da cultura é de natureza dialógica, análoga às inter-relações entre os cronotopos no interior da obra (aos quais já nos referimos). Mas essas relações dialógicas entram numa esfera *semântica* par-

---

[74] Aqui abstrairemos outros campos da experiência social e pessoal do autor-criador. (N. do A.)

ticular, que sai do âmbito de nosso exame puramente cronotópico.

Como já dissemos, o autor-criador, situando-se fora dos cronotopos do mundo por ele representado, encontra-se não simplesmente fora, mas como que na tangente a esses cronotopos. Ele representa o mundo do ponto de vista de uma personagem que participa do acontecimento representado ou do ponto de vista do narrador, ou do falso autor, ou, por último, sem recorrer a nenhuma intermediação, conduz a narração diretamente de sua posição como autor genuíno (no discurso direto do autor), mas até nesse caso ele pode representar o universo espaçotemporal com os seus acontecimentos *como se* os visse e os observasse, *como se* fosse uma testemunha onipresente. Mesmo que ele escreva uma autobiografia ou a mais verídica das confissões, ainda assim permanecerá como seu criador fora do mundo representado. Se eu narrar (ou escrever) uma ocorrência que acaba de se passar comigo, como *narrador* (ou escritor) já estarei fora daquele tempo-espaço onde se deu tal acontecimento. A identificação absoluta de mim mesmo, do meu "eu" com aquele "eu" sobre quem narro, é tão impossível como erguer a si mesmo pelos cabelos. O mundo representado, por mais realista e verídico que seja, nunca pode ser cronotopicamente identificado com o mundo real que representa, e no qual se encontra o autor-criador dessa representação. Eis por que o termo "imagem de autor" me parece infeliz:[75] tudo o que se tornou imagem numa obra, e que consequentemente integra os seus cronotopos, é criado e não criador. "Imagem de autor", caso se subentenda por isso o autor-criador, é uma *contradictio in adjecto*; toda imagem é algo criado, não criador. Sem dúvida, o ou-

---

[75] Aqui Bakhtin polemiza com o teórico da literatura Viktor Vinográdov, criador do conceito de "imagem de autor" (*obraz avtora*). Sua objeção a esse conceito, no entanto, não é de todo radical. Veja-se comentário a respeito no posfácio a este volume. (N. do T.)

vinte-leitor pode criar uma imagem de autor (e costuma criá--la, ou seja, de certo modo imagina um autor); além disso, ele pode empregar o material biográfico e autobiográfico, estudar a respectiva época em que o autor viveu e criou e outros materiais sobre ele, mas ele (o ouvinte-leitor) cria apenas uma imagem histórico-artística de autor, que pode ser mais ou menos verdadeira e profunda, ou seja, subordinada àqueles critérios que costumam ser aplicados a imagens dessa natureza; mas ela, é claro, não pode integrar o tecido imagístico da obra. Todavia, se essa imagem for verdadeira e profunda, ela ajudará o ouvinte-leitor a compreender de modo mais correto e profundo a obra de um determinado autor.

No presente trabalho não abordaremos o complexo problema do ouvinte-leitor, sua posição cronotópica e seu papel *renovador* na obra (no processo de existência da obra); indicaremos apenas que toda obra literária está *voltada para fora de si* para o ouvinte-leitor e em certa medida antecipa suas possíveis reações.

* * *

Para concluir, resta-nos tratar de mais um problema muito importante — a questão dos limites da análise cronotópica. A ciência, a arte e a literatura têm relação com os elementos *semânticos* que, como tais, não se prestam a definições temporais e espaciais. Assim são, por exemplo, todos os conceitos matemáticos: nós os empregamos para mensurar fenômenos espaciais e temporais, mas estes, como tais, carecem de definições espaçotemporais, são objeto do nosso pensamento abstrato. Trata-se de uma formação abstrato-conceitual, indispensável à formalização e a um rigoroso estudo científico de muitos fenômenos concretos. Mas os sentidos não existem apenas no pensamento abstrato: o pensamento artístico também opera com eles. Esses sentidos artísticos também não se prestam a definições espaçotemporais. Ademais, *assimilamos* de certo modo qualquer fenômeno, ou seja, incluímo-lo não só no campo da existência espaçotemporal, mas também no campo semântico. Essa assimilação compreende também um elemento de valoração. Mas as questões relativas à forma de ser desse campo e ao caráter e à forma das valorações assimilativas são questões puramente filosóficas (mas não metafísicas, é lógico) que não vamos discutir aqui. O que nos importa, pois, é o seguinte: sejam quais forem esses sentidos, para que integrem a nossa experiência (e além disso, a experiência social), eles devem ganhar alguma expressão espaçotemporal, ou seja, uma forma sígnica que possamos ouvir e ver (um hieróglifo, uma fórmula matemática, uma expressão linguístico-verbal, um desenho, etc.). Até mesmo o pensamento mais abstrato é impossível sem essa expressão espaçotemporal. Consequentemente, qualquer entrada no campo dos sentidos só se concretiza pela porta dos cronotopos.

* * *

Como já dizíamos no começo dos nossos ensaios, o estudo das relações espaciais e temporais nas obras da literatura só começou bem recentemente, e ademais estudavam-se predominantemente as relações temporais dissociadas das necessariamente conexas relações espaciais, isto é, não havia um enfoque coerentemente cronotópico. Até onde esse enfoque proposto em nosso trabalho será essencial e produtivo só a futura evolução da investigação literária poderá definir.

Folhas esparsas para
*As formas do tempo
e do cronotopo no romance*[1]

1
Em nosso trabalho, falamos do cronotopo do universo representado no romance, dos acontecimentos representados, mas ainda há o cronotopo representador do autor, de dentro do qual o autor contempla, e o cronotopo do *ouvinte ou leitor*, os cronotopos dos acontecimentos da representação e da audição-leitura. Esses três cronotopos são essencialmente distintos, mas também essencialmente vinculados entre si, às vezes intercondicionados (sem se fundirem). É desses cronotopos e de suas complexas inter-relações que trataremos no fim deste nosso trabalho (dos nossos ensaios).

Inversão histórica e inversão puramente composicional na ordem da narração, no acontecimento da narração (começar pelo fim ou pelo meio).

O início e o fim do acontecimento narrado (representado) e o início e o fim da narração (representação) desse acontecimento são acontecimentos completamente diversos, situados em diferentes universos e, antes de tudo, em diferentes cronotopos: no cronotopo das personagens, no cronotopo do autor (narrador) e no cronotopo do ouvinte (ou leitor). É muito complexa a inter-relação desses três cronotopos (no

[1] Estas folhas esparsas foram encontradas no arquivo de Bakhtin e são rascunhos para variantes dos temas desenvolvidos no último capítulo deste livro, "Observações finais". Os números correspondem a cada folha do arquivo do autor. (N. do T.)

cronotopo do autor entra o cronotopo do ouvinte, que o autor procura antecipar e a quem se dirige com sua narrativa). Há uma diferença essencial entre a narração (o canto épico, o conto maravilhoso, a narrativa dos costumes, de um modo geral, e os gêneros anteriores à escrita) e o manuscrito e sobretudo o livro para leitura (o romance).

A questão do autor. Os signos e as personas de seu criador. Pode-se dissolver a *persona* num complexo de signos especial (individual).

2
Assim, auscultamos com bastante precisão o cronotopo do cantor e do ouvinte na ramificação dos antigos cantos épicos ou o cronotopo da narração nos contos maravilhosos, em alguns gêneros líricos (na lírica antiga), etc. Esse cronotopo está fora do mundo representado, mas integra a obra. Observamos interligações e diferenças (impossíveis fusões) sobretudo evidentes nos gêneros do teatro-espetáculo: o espaço e o tempo do universo representado e o espaço do palco. O autor no papel e o autor-intérprete. A quem aplaudimos? Dois acontecimentos e sua complexa inter-relação.

O tempo da representação e o tempo representado. O início e o fim do acontecimento representado e o início e o fim da narração. Aqui se desvela de modo especialmente preciso a interligação dos cronotopos. A representação de acontecimentos simultâneos (na epopeia).

O ponto de vista do autor: de onde ele olha para os acontecimentos representados. O ponto de vista que parte do autor (de si mesmo) está de qualquer forma situado em relação ao acontecimento representado. O autor está sempre voltado para o universo representado e para o ouvinte-leitor (antecipado e real).

Passagem ao significado e ao sentido.

O direcionamento da obra e a saída para além do limite do texto. A questão do contexto.

A posição do autor no espaço e no tempo integra a questão do cronotopo.

3
O autor integra a unidade semântica aberta da obra.
A obra como objeto da criação artística e da recepção artística (do ouvinte-leitor).

O leitor se encontra no mesmo mundo em que está o autor, situa-se igualmente na tangente dos cronotopos nele representados, e aí se encontra com o autor. Aí a obra está sempre voltada para o leitor e o antecipa.

Para responder de forma mais completa onde se encontra o autor-criador e de onde ele observa e interpreta o mundo representado, cabe tocar em mais uma questão: a do significado e do sentido. Por si sós, o significado e o sentido carecem de definições de tempo e espaço. O significado é um formador do sentido, é um elemento destacado do sentido. O enunciado tem um sentido, uma palavra isolada que o integra tem um significado; o significado não existe fora do sentido. Contudo, tanto o significado como o sentido só existem se encontram uma expressão espaçotemporal: um hieróglifo, uma palavra de uma língua, pronunciada ou ouvida, um sinal matemático ou uma fórmula. Mas no geral tudo o que existe no espaço e no tempo tem significado e sentido, tudo pode ser apreendido.

4
O universo (o cronotopo) como entorno dos heróis e o universo (o cronotopo) como o horizonte do autor.

A unidade do autor de muitas obras, isto é, a unidade do conjunto da obra de um escritor. Não se trata da unidade extraliterária do homem, mas da unidade do criador. Essa unidade (superior) do autor não pode ser entendida do ponto de vista do puro estruturalismo.

É necessário retomar a ideia da ironia romântica num

novo nível, libertando-a do subjetivismo. É impossível limitar e concluir o autor, transformando-o de *enérgeia* em *érgon*.[2] O autor não pode se tornar imagem, como também não pode vir a ser uma definição conceitual acabada. Mas ele não está encerrado em si ou voltado para si, e sim para o exterior. Ele é todo exterior. Por meio de cada elemento significante de sua obra ele se dirige a alguém, está voltado (externamente) para alguém, isto é, participa do diálogo. Não se pode tirar a obra do diálogo e torná-la puramente monológica e fechada. Ademais, cada leitor ou ouvinte é um participante interessado do diálogo. Se o monólogo tem ouvinte, então já não há mais monólogo. E no entanto sempre há um ouvinte (leitor) antecipável. Toda palavra é dirigida, e não a outras palavras do contexto, mas àquelas fora dele. São os vínculos internos e externos do texto. Todo texto pressupõe um outro, um contexto dialógico voltado para ele. Minha palavra não pode existir sem a palavra do outro.

Criam-se as mais complexas relações de reciprocidade entre cronotopos: os representados, os do autor, os do leitor e ouvinte.

5

O jogo do tempo (e dos cronotopos) no interior do universo representável: começar pelo fim ou pelo meio, antecipação (especialmente original em Faulkner), retorno. É um jogo do narrador ou do autor, sem violar o tempo objetivo do cronotopo representável.

É necessário distinguir o tempo arquitetônico (o cronotopo) e o tempo composicional da narração ou da representação. O ordenamento desses tempos e a interpretação.

O primeiro aparecimento da personagem (isto é, seu primeiro encontro com o leitor). Saída do palco e afastamento

---

[2] Termos da filosofia grega — *enérgeia*: "atividade", "produção"; *érgon*: "obra", "produto". (N. do T.)

das personagens. O palco como um cronotopo especial, onde se cruzam o espaço-tempo representado (ou seja, o cronotopo representado numa peça) com o espaço e o tempo que representam. O cronotopo da representação do ator. Esse cronotopo universal do encontro ganha uma complementação espaçotemporal concreta em certas variedades de gênero e em certas obras.

6

É constitutivo de todo romance (do gênero romanesco por sua natureza) o contato com a realidade inacabada.

Não se trata do mundo pátrio nem do mundo estranho,[3] mas do mundo em que nós também vivemos, no qual também nós poderíamos vivenciar todas essas aventuras, e todas as pessoas, assim como nós, são pessoas privadas, não são heróis épicos inacessíveis a nós ("não sois vós os bogatires"). Aí já se esboça o contato com a realidade inacabada (do autor e do leitor). Esse mundo é aberto, não é concluído ou fechado como na epopeia. Só é fechado formalmente em termos fabulares, só para certos heróis, mas o próprio mundo permanece o mesmo de antes. E esse tempo aventuresco está inserido no nosso tempo (e não distanciado dele, como na epopeia).

O cotidiano (o baixo) aproxima ainda mais o mundo representado de nós, do nosso mundo (ou seja, do mundo do autor e dos leitores). Aqui se ressalta um rebaixamento no nível da atualidade.

O universalismo do motivo do encontro. O complexo desse motivo (seu entorno): a separação, a fuga (para evitar o encontro terrível), a aquisição, o casamento, etc.

O encontro em outras esferas: na cotidiana dos costumes, na religiosa — as sagradas escrituras cristãs, budistas,

---

[3] Leia-se alheio, do outro. (N. do T.)

maometanas —, nos ritos, na filosofia de Max Scheler, Martin Buber), nas cerimônias sociais e oficiais (que também requerem a escolha e a preparação de um lugar determinado, à diferença do encontro casual e cotidiano na rua, por exemplo).

O caráter metafórico e semimetafórico. A transformação do motivo do encontro em símbolo.

O significado composicional do encontro. O encontro teatral.

O cronotopo da grande estrada. Os encontros na estrada. O tempo-espaço indivisível no cronotopo da estrada.

O cronotopo em Dostoiévski e Tolstói. O cronotopo da rua. O cronotopo da natureza. O cronotopo do cemitério e do túmulo (Edward Young e a poesia necropolar). O cronotopo do instante preenchido (do tempo maximamente comprimido) em Dostoiévski e em parte em Virginia Woolf.

7

O tempo do autor-criador não se limita ao presente, ele se afasta para um futuro ilimitado. Nele o espaço é igualmente ilimitado: ele cria tanto para o imediato quanto para o distante. Pode-se dizer metaforicamente que ele se encontra numa quarta dimensão que abrange três medidas. Nesse sentido, o cronotopo do autor-criador é semelhante ao cronotopo da imaginação e do sonho.

Ao término da nossa análise do tempo no romance, precisaremos e desenvolveremos nossa concepção de cronotopo.

A extraordinária pluralidade de aspectos da vida real de uma obra.

O olho que vê e o que é visto por ele. O próprio olho que vê não se incorpora ao visto por ele nem integra as suas partes. Está fora dele, em outro espaço e outro tempo.

Os tipos ou variedades de romance antigo.

Não examinamos apenas os romances que ganharam uma maior ou menor definição de gênero, mas também diversas obras pequenas que prepararam o romance, bem como aquelas que, em épocas mais tardias, refletiram em si mesmas a poderosa ação do princípio romanesco.

Fazer uma breve introdução à análise do folclore anterior à sociedade de classes (apenas em relação ao cronotopo).

A relativa estabilidade tipológica dos cronotopos romanescos, o que permite produzir uma classificação mais substancial das variedades desse gênero.

Em outro trabalho analisamos o gênero pré-romanesco da "sátira menipeia".[4]

8

O homem do povo. Os cronotopos do dia e da noite. Os cronotopos urbanos na poesia de Nekrássov: ("Nas capitais o barulho...").[5]

A reviravolta técnica da atualidade (a revolução técnica) e as camadas profundas da cultura (e do espírito), inacessíveis a essa reviravolta. A natureza — tanto a terrestre como a cósmica — mostrou suas unhas inquebrantáveis na crise ecológica de nossos dias: esta forçou uma nova apreciação do tempo (a recusa à fé num progresso infinito).

A aspiração para baixo das buscas científicas, filosóficas e em geral ideológicas. O freudismo (o inconsciente em face da incompreensão do supraconsciente; quem faculta a aceitação da morte é a supraconsciência, não é um "isso", mas "Ele"). História e filosofia da cultura (os arquétipos de Lévi-Strauss, etc.).

As ciências humanas parecem ter esquecido a existência

---

[4] O leitor encontrará essa análise no capítulo IV de *Problemas da poética de Dostoiévski*. (N. do T.)

[5] Verso de Nikolai Nekrássov (1821-1878), do poema que inicia "V stolítsakh shum, gremiát vitii". (N. do T.)

e a importância do espaço e do tempo (ao passo que nenhuma fórmula física passa sem o S e o t), desviam-se do dado espaçotemporal imediato do seu próprio objeto.

Só o futuro desenvolvimento da nossa ciência (da literatura) pode mostrar até onde é essencial (eficaz ou ineficaz) para os estudos da literatura o aspecto que propomos nos presentes ensaios.

O fermento romântico e idealista das ciências humanas (elas se formaram no seio do romantismo e do idealismo); só agora elas começar a se libertar desse fermento.

O último desespero irremediável do Crucificado ("por que Tu me abandonaste?"). Esse desespero extremo é mais amargo, mais terrível do que todos os tormentos físicos. Mas se não tivesse havido esse desespero, se a certeza da filiação divina fosse monolítica (como a de alguém que morre pela pátria, pela revolução, etc.), não poderia ter havido a expiação, o cálice não teria sido esgotado, a encarnação teria sido incompleta. Trata-se do desespero humano profundo. As religiões dos deuses que sofrem e morrem, que existiram antes do cristianismo e o prepararam (a sombra da cruz projetada para trás, para o passado pré-cristão) — esse elemento (do desespero-limite) ainda não existia.

9

Os elementos semânticos são semelhantes às grandezas (elementos) extratemporais e extraespaciais, mas sem o caráter abstrato destas. Nós os concebemos e em certo sentido os contemplamos (intuímos) sem aplicar relações temporais e espaciais. Mas para que esses sentidos possam incorporar-se à nossa experiência (e, ademais, não a uma fictícia consciência único-individual, mas à experiência social), eles devem entrar em nosso universo espaçotemporal, devem encontrar alguma expressão espaçotemporal, ou seja, devem ganhar forma sígnica. Sem isso não poderíamos entrar em contato com eles.

Todo o ser espaçotemporal (e não só o sígnico) sempre significa mais do que é, ou seja, não tem apenas existência, mas também sentido.

O encontro com significados e sentidos extratemporais, como todo encontro, só é possível no tempo e no espaço (mesmo que seja com um "hieróglifo misterioso", com um texto contemporâneo, ou com uma fórmula matemática).

Além do cronotopo do universo representado, ainda há aquele espaço-tempo real onde existe uma dada obra verbalizada e no qual ela é objeto da recepção (de interpretadores, ou seja, cantores, narradores, ouvintes e leitores). A obra é percebida como algo que soa durante um determinado tempo num determinado espaço (ou soa potencialmente numa leitura muda). O desenvolvimento dos gêneros sonoros (divisão em cantos, em partes). É aí que surge a divisão cronotópica em partes, divisão que se mantém no manuscrito e nos livros impressos. Livros em pergaminhos (que podem ser desenrolados) e livros-códices (leitura de páginas). Isso num cronotopo real. Mas ainda existe o cronotopo da narração ou da representação escrita (princípio e fim, jogo com o tempo, etc.). É como que um cronotopo intermediário. Um cronotopo semântico da criação e da interpretação. Esse cronotopo é fronteiriço, a interpretação sempre pressupõe um contexto fora do âmbito do texto. Conhecemos apenas os contextos imediatos, não enxergamos além do nosso nariz. Questão do contexto distante. Käte Friedemann. *Os problemas da composição* de Boris Uspiênski. O problema da posição temporal do narrador (no âmbito do cronotopo representado).

10

A posição do autor-narrador está na fronteira entre o universo do representado e o universo do que representa. O autor integra o cronotopo do narrador ou de um dos heróis e conduz a narração do ponto de vista desse narrador ou do herói. Mas se não há esse mediador, a narração "por parte do autor" é construída no cronotopo do universo representado; o autor está como que na tangente com ele.

O cronotopo do limiar e o cronotopo da crise. O cronotopo do instante e o biográfico. O cronotopo da duração da vida. O cronotopo de Gógol no estudo de Andrei Biéli. Individualidade e sociabilidade do cronotopo. A transição de um cronotopo a outro (fuga da cidade para o campo, para o seio da natureza ou para a companhia de gente simples). A contraposição de cronotopos: Nekrássov. A concretização social e individual dos cronotopos. O cronotopo do convés e do vagão de terceira classe como lugar de encontros (vinculado ao cronotopo da estrada, em parte da rua). O cronotopo noturno. O cronotopo das conversas íntimas, confissões e reconhecimentos. O cronotopo das reflexões e dos vivenciamentos interiores — o divã, a poltrona, o passeio (em Rousseau), etc. O leito de morte como cronotopo (da confissão). O cronotopo da primavera, do outono: os tons lírico-emocionais dos cronotopos.

Os cronotopos das estações do ano, sua complementação espacial e seu colorido axiológico-emocional.

Uma teoria antropológica da literatura

Paulo Bezerra

> "Qualquer entrada no campo dos sentidos só se concretiza pela porta dos cronotopos."
>
> Mikhail Bakhtin

Em *As formas do tempo e do cronotopo no romance*, cuja primeira redação data de 1937-38, Bakhtin amplia e aprofunda sua concepção da cultura como fundamento, ponto de partida e de chegada de uma teoria da literatura, e muito especialmente do romance. E a chave dessa concepção está no conceito de cronotopo, que ele constrói como uma síntese bem pessoal da noção tomada de empréstimo ao fisiólogo russo Aleksei Ukhtómski, das concepções kantianas de espaço e tempo como formas indispensáveis de todo conhecimento (que Bakhtin aceita não como transcendentais, mas como formas da verdadeira realidade) e de aspectos da teoria da relatividade de Einstein. Bakhtin enfatiza que, no campo da teoria ou da ciência da literatura, o que lhe importa da teoria de Einstein é a inseparabilidade do espaço e do tempo, vendo este como a quarta dimensão do espaço.

A CONSTRUÇÃO DE UM CONCEITO

A presente obra de Bakhtin se funda em conceitos variados, entre os quais o de cronotopo, que ocupa o maior espaço de análise por ser o nervo central dessa obra, e o de poética histórica, que é igualmente importante, mas ao qual dedicaremos um breve comentário.

Bakhtin assistiu em 1925 a uma conferência do biólogo e erudito russo Ukhtómski sobre o cronotopo em biologia e também em teoria estética, na qual ouviu essa afirmação:

> "Vivemos em um cronotopo. [...] Se existem velocidades da luz e corpos absolutamente sólidos, posso alcançar o passado que se afasta e ver o porvir. Em algum ponto do agora ainda existem acontecimentos do passado, que apenas se afastam de nós. E em algum outro ponto já existem acontecimentos futuros, que se aproximam de nós."[1]

Paralelamente ao surgimento do termo "cronotopo", o sentido abrangente de sua ideia também vinha ao encontro da futura concepção bakhtiniana do papel das fronteiras temporais na história e na cultura, especialmente da tese de que o passado ainda não se extinguiu, e de que a realidade está em formação e já se vislumbram indícios do futuro, tese essa que se plasma com especial vigor em outra tese bakhtiniana, segundo a qual o romance relê o passado à luz do presente, e na perspectiva do futuro. Essa é uma questão central da gênese do romance desenvolvida na teoria de Bakhtin.

Para Bakhtin, o conceito de cronotopo era uma grande novidade, um conceito novo como tal, mas cuja essência não lhe era estranha. Àquela altura, ele já havia escrito o tratado de filosofia e estética intitulado *Por uma filosofia do ato*

---

[1] Mikhail Bakhtin, *Sobránie sotchiniênii v siêmi tomakh* (*Obras reunidas em sete tomos*), tomo 3, Moscou, Iazikí Slaviánskikh Kultur, 2012, p. 798. A transcrição integral da palestra de Ukhtómski foi publicada no livro *Dominanta duchí: iz gumanitárnogo nasliédia* (*A dominante da alma: da herança humanista*), Petersburgo, Ribinsoie Podvore, 2000.

(1919-21) e o livro de teoria da literatura *O autor e o herói na atividade estética* (1922-24), que só seriam publicados mais de meio século depois (o primeiro em 1986, e o segundo em 1979 como primeira parte do livro *Estética da criação verbal*). Em várias passagens de *Por uma filosofia do ato* já encontramos a fórmula do futuro amálgama do espaço-tempo, configurada na categoria de arquitetônica como o lugar onde transcorre a ação do enredo literário enquanto fenômeno espacial e o tempo como época ou período grávido de cultura, no qual se desenrola essa ação. Esses dois elementos — espaço e tempo — formam a arquitetônica do universo real dos acontecimentos, a "arquitetônica real do universo vivenciado da vida", no qual age "a consciência ativo-participativa" do autor e percebe-se a singularidade única de um outro, "tanto estético, como real", já se prenunciando aí o futuro diálogo autor-personagem como uma das marcas do dialogismo estrutural no romance, que aparecerá em 1929 no já clássico *Problemas da obra de Dostoiévski* (mais tarde, em 1963, ampliado e renomeado em sua edição definitiva como *Problemas da poética de Dostoiévski*).

Nessa obra de estreia, Bakhtin já trata de uma questão que será recorrente em toda a sua posterior teoria do romance: o homem concreto como centro irradiador dos valores do universo da visão estética, compreendida esta como a unidade arquitetônica concreta e "princípio tanto da forma quanto do conteúdo" dessa visão em sua "unidade e interpenetração". Assim, o homem é o centro de tudo e só o que gravita em torno dele como produto humano pode adquirir significação, sentido e valor. Aliás, essa ideia é retomada e reafirmada pelo filósofo russo Vitali Mákhlin em artigo publicado em 1996:

> "O homem e a voz humana constituem a *unidade da visão* em todas as obras de Bakhtin. Não se trata de uma abstração ideal do 'sujeito' nem de

uma abstração material (ou materialista) do seu 'apagamento' ou 'ausência'."[2]

Note-se que *Por uma filosofia do ato* é escrita entre 1919 e 1921, Bakhtin está com uns vinte e cinco anos, em pleno início de sua atividade como teórico e já vê a cultura numa perspectiva antropocêntrica, com o homem histórico ("concreto") no centro da produção de valores (observe-se que só a cultura produz valores!), norteando a criação literária ou "visão estética" e amalgamando dois conceitos intrínsecos à obra literária: o conteúdo e a forma. Portanto, em meio a uma filosofia ontológica com passagens bem abstratas, percebe-se, nessa obra incipiente, uma concepção de literatura como produto da cultura, cujas marcas são inscritas por um tempo definido num espaço igualmente definido.

Thomas Kuhn afirma que "a descoberta de um novo tipo de fenômeno é necessariamente um acontecimento complexo, que envolve o reconhecimento *tanto da existência de algo, como de sua natureza*", e comenta que essa descoberta passa por um processo de demorada maturação intelectual, sendo sua "assimilação à teoria [...] um processo que exige tempo".[3] Mas Kuhn ressalta que tal assimilação não implica mera repetição da essência desse fenômeno.

Como se verifica na história da construção de sua teoria do romance, Bakhtin levou mais de uma década para incorporar definitivamente a ela o cronotopo enquanto conceito,

---

[2] Vitali Mákhlin, "Litsom k litsu: programma M. M. Bakhtina v arkhitektonike bitiia-sobitiia XX viéka" ("Face a face: o programa de M. M. Bakhtin no desenvolvimento do cotidiano arquitetônico do século XX"), *Vopróssi Literaturi* (*Questões de Literatura*), Moscou, nº 3, maio-jun. 1996, p. 85.

[3] Thomas S. Kuhn, *A estrutura das revoluções científicas*, tradução de Beatriz Vianna Boeira e Nelson Boeira, São Paulo, Perspectiva, 2000, p. 81.

e é aí que a antiga arquitetônica dá lugar a essa categoria como um amálgama de "espaço-tempo", que ele assim define em *As formas do tempo e do cronotopo no romance*: "Chamaremos de *cronotopo* (que significa 'tempo-espaço') a interligação essencial das relações de espaço e tempo como foram artisticamente assimiladas na literatura" (p. 11). Aqui Bakhtin difere de Ukhtómski, para quem o conceito de cronotopo tem uma aplicação mais universalizante, abrange o mundo inteiro, ao passo que para o primeiro o que importa é "a forma do tempo como base na vida posterior dos enredos literários", é o universo particular e específico da obra literária, separado do mundo ao redor, onde o cronotopo se adensa e se materializa nas séries espaçotemporais do "encontro", da "separação", da "estrada", do "mundo alheio" ou mundo do outro, do "castelo", do "salão", do "vilarejo", que a princípio aparecem em forma abstrata, mas que acabam ganhando concretude e corporeidade no processo narrativo. Daí a necessidade de revestir o cronotopo de corporeidade, de visibilidade e concretude:

> "No cronotopo artístico-literário,[4] ocorre a fusão dos indícios do espaço e do tempo num todo apreendido e concreto. Aqui o tempo se adensa, ganha corporeidade,[5] torna-se artisticamente visível; o espaço se intensifica, incorpora-se ao movimento do tempo, do enredo e da história. Os sinais

---

[4] Em russo, *khudójestvenni*, que tanto pode ser "artístico" como "ficcional", uma vez que se trata de literatura de ficção (*khudójestvennaia literatura*). Aliás, em Bakhtin o cronotopo é especificamente ficcional: aplica-se tanto a uma obra isolada como a um gênero.

[5] Bakhtin emprega o verbo *uplotniátsia*, traduzido como "condensar-se", "estreitar-se". Mas Bakhtin o emprega de acordo com sua etimologia, onde ele deriva do radical *plot*, que significa "carne", "corpo", o que sugere a ideia de materialidade e visibilidade do tempo.

Posfácio

do tempo se revelam no espaço e o espaço é apreendido e medido pelo tempo. Esse cruzamento de séries e a fusão de sinais caracterizam o cronotopo artístico. O cronotopo tem um significado fundamental para os *gêneros* na literatura." (p. 12)

Observe-se o cuidado de trazer para o centro da literatura uma relação que está no mundo real, de onde a literatura a assimila a seu modo, ou seja, pela via artística, como ficção. Observe-se ainda a ênfase no tempo como nervo central do cronotopo, visto como uma categoria na qual se sedimenta a própria essência da literatura em seu devir histórico:

"Pode-se dizer, sem rodeios, que o gênero e as modalidades de gênero são determinados justamente pelo cronotopo, e, ademais, que na literatura o princípio condutor no cronotopo é o tempo. O cronotopo como categoria de conteúdo-forma determina (em grande medida) também a imagem do homem na literatura; essa imagem sempre é essencialmente cronotópica." (p. 12)

As referidas definições se constituem na alma da reflexão teórica de *As formas do tempo e do cronotopo no romance*. Mas a visão que atravessa essa reflexão estende-se ao conjunto da teoria do romance de Bakhtin, tanto que a encontramos em *O romance de educação e sua importância na história do realismo* e em outros escritos da mesma época.

Bakhtin parte de uma observação longa e percuciente dos movimentos da cultura no curso da história da literatura, à luz de uma poética histórica dos gêneros literários, e desse conjunto vai haurindo os elementos que sedimentarão sua própria concepção de cronotopo, mais concentrada, concreta e sintética do que aquela sugerida por Ukhtómski. Nesse processo, cabe um destaque especialíssimo à sua interpretação da noção de tempo a partir das sociedades antigas, onde se forma pela primeira vez um sentimento do tempo decorrente do trabalho coletivo agrícola, base das primeiras sensações da materialidade, da concretude e da forma de observação do tempo. Dentro desse espírito, ele arrola dois tempos essenciais, que revestem de materialidade sua reflexão sobre o cronotopo: 1) o tempo cíclico num variado grau de intensidade, que se revela primordialmente na natureza e é preenchido por elementos como "o movimento do sol, das estrelas, o canto dos galos, os objetos sensoriais, objetos visíveis das estações do ano; tudo isso, em uma relação indissolúvel com os respectivos momentos da vida humana, dos costumes, da atividade (do trabalho)"; 2) o tempo histórico, cujos indícios notórios e complexos "são vestígios visíveis da criação do homem, vestígios de suas mãos e da sua inteligência: cidades, ruas, casas, obras de arte, técnicas, organizações sociais, etc. Com base nesses elementos, o artista interpreta as intenções mais complexas dos homens, das gerações, das épocas, das nações, dos grupos e classes sociais. O trabalho do olho que vê se combina aqui com os mais complexos processos de pensamento".[6]

Essas afirmações de Bakhtin datam de 1937 e 1938, época da escrita de *O romance de educação...* (parte tardia de *Estética da criação verbal*, que teria sua primeira publicação na URSS em 1979), mas ele sente a necessidade de maior concretização, materialização e visibilidade do tempo (ou dos tempos) no cronotopo como uma questão tão essencial que mais tarde a retoma em "Em torno do 'romance de educação'", que não integrou a edição de 1979. Esse texto foi encontrado entre os cadernos de Bakhtin pelos organizadores da última edição da referida obra, mas como não está data-

---

[6] Mikhail Bakhtin, "O tempo e o espaço nas obras de Goethe", em *Estética da criação verbal*, tradução de Paulo Bezerra, São Paulo, Martins Fontes, 2003, p. 225.

do, pode-se deduzir que foi escrito depois de 1939. Veja-se o empenho de dar ainda mais materialidade e visibilidade ao tempo em sua relação com a cultura humana e a história:

> "Cada um desses tempos tem os seus medidores humanos (diferentes formas de vida, atividade, luta, esforços e trabalho do homem), os seus 'sinais' e 'marcas', e cada um se revela em seus respectivos cronotopos. A compreensão e a apreciação de todos esses 'tempos' devem ser determinadas por sua relação com o tempo histórico real e único. Todos esses 'tempos' são diferentes fases da assimilação do tempo histórico real pelo romance (com base numa sensação geral do tempo), são fases da assimilação do particular que engloba os diferentes aspectos desse tempo concreto; concomitantemente, eles ainda são diferentes métodos artísticos de penetração (parcial) no romance e em sua exibição--representação."[7]

E ele completa sua reflexão sobre o tempo cronotópico enquanto amálgama da forma da representação literária fundamental para a concretização da tessitura do romance e sua história:

> "A todos esses tempos corresponde uma determinada *estrutura da imagem do homem*, por cuja vida e atividade eles são medidos. Cada um desses tempos dispunha (e continua dispondo) desse ou daquele grau de eficácia realista; todos eles foram

[7] Mikhail Bakhtin, "K 'romanu vospitániia'" ("Em torno do 'romance de educação'"), em *Sobránie sotchiniênii v siêmi tomakh* (*Obras reunidas em sete tomos*), tomo 3, Moscou, Iazikí Slaviánskikh Kultur, 2012, p. 288.

consolidados pela tradição dos gêneros e exerceram influência tanto produtiva quanto inibidora no desenvolvimento posterior do romance. O realismo, enquanto supremo resultado do desenvolvimento artístico da humanidade, fornece o critério para uma apreciação diferenciada do papel dos referidos tempos nas diferentes etapas de desenvolvimento do gênero romanesco."[8]

É por traduzir essa materialidade que o tempo atua como portador da marca da ação humana, isto é, da cultura humana num determinado espaço. Então, o espaço-tempo, amalgamado na ideia de cronotopo, é a única chave de acesso aos sentidos, isto é, os sentidos presentes em uma obra só podem ser objetivados se revestidos de uma expressão de espaço-tempo. Como só a cultura produz sentidos, a ideia de cronotopo está diretamente vinculada à ideia de cultura. Aliás, o próprio Bakhtin reitera a ideia de cultura como alimento da ação humana nesse amálgama de espaço-tempo e do homem como centro, ideia já enunciada em *Por uma filosofia do ato* e posteriormente reforçada no estudo sobre o romance de educação e em outras obras:

"O cronotopo é profundamente antropocêntrico. Em seu centro estão o homem e as relações humanas, nele e através dele são assimilados e unificados o espaço e o tempo. Trata-se do espaço humano e do tempo humano medidos pelo trabalho, pelos esforços e pela vida do homem, assimilados por seu ativismo, por suas necessidades, por sua prática humana. O homem unifica um mundo integral de objetos no espaço e no tempo. A natureza

[8] *Idem.*

é objeto de sua ação, os demais objetos são produtos de sua atividade, do seu trabalho, de seu ativismo criador. Quanto mais ampla e essencial é a compreensão do ativismo do homem, quanto mais longo é o alcance em que são tomadas as perspectivas de sua atividade, quanto mais ampla é a abrangência do futuro, tanto mais substancial e histórico é o cronotopo."[9]

Tem havido muita confusão em torno do conceito de cronotopo, e muitas interpretações abstratas de sua função na literatura. Isto talvez se deva a certa dificuldade de perceber a corporeidade do tempo como marca da ação e da cultura humana num determinado espaço, e Bakhtin parece ter intuído essa dificuldade, pois, com o passar do tempo, procura revestir cada vez mais seu conceito de uma concretude capaz de lhe dar o máximo de inteligibilidade. Sua poética histórica permite perceber a historicidade das formas de representação na literatura, observar como a mudança das coordenadas temporais acarreta também a "mudança da imagem do homem na literatura", tendo em vista que o cronotopo, enquanto categoria de conteúdo-forma, "determina (em grande medida) também a imagem do homem na literatura; essa imagem sempre é essencialmente cronotópica" (p. 12).

Lapidando o conceito: "Observações finais"

Mas todas as reflexões até agora arroladas datam de fins dos anos 1930, época da elaboração da teoria bakhtiniana do romance materializada nas obras *As formas do tempo e*

---

[9] *Idem*, p. 289.

do cronotopo no romance e *O romance como gênero*, que seriam publicadas, no entanto, apenas em 1975, o ano de sua morte, no volume *Questões de literatura e de estética*. Poder-se-ia imaginar que a essa altura Bakhtin já tivesse chegado à forma acabada desse seu conceito. Mas não. Dois anos antes ele voltou ao tema, reescrevendo partes de *As formas do tempo e do cronotopo no romance* e redigindo o capítulo final do livro, "Observações finais", onde reitera sua visão do cronotopo como um universo independente no qual se desenvolvem os acontecimentos que povoam a obra de arte literária, ressaltando que cabe ao cronotopo a concretização do enredo:

> "Em que consiste o significado dos cronotopos que analisamos? Em primeiro lugar, é evidente seu significado *de enredo*. Eles são os centros organizacionais dos acontecimentos basilares que sedimentam o enredo do romance. Nos cronotopos atam-se e desatam-se os nós do enredo." (p. 226)

Nesse texto final, Bakhtin conclui a análise do cronotopo revestindo-o de corporeidade, concretude e visibilidade, ampliando a abrangência de sua função na obra de arte literária, mostrando que nesse amálgama de espaço-tempo,

> "[...] o tempo adquire um caráter pictórico-sensorial [...], os acontecimentos do enredo se concretizam, ganham corpo, enchem-se de sangue. Pode-se comunicar um acontecimento, informar sobre ele, oferecer indicações precisas sobre o lugar e o tempo de sua realização. [...] O próprio cronotopo fornece um terreno importante para a exibição-representação dos acontecimentos. E isso se deve justamente a uma condensação espacial e à concretização dos sinais do tempo — do tempo da vida humana,

do tempo histórico — em determinados trechos do espaço." (pp. 226-7)

E arremata com uma definição fundamental para o romance:

"Dessa forma, o cronotopo como materialização predominante do tempo no espaço é o centro da concretização figurativa, da encarnação para todo o romance. Todos os elementos abstratos do romance — as generalizações filosóficas e sociais, as ideias, as análises das causas e efeitos, etc. — gravitam em torno do cronotopo e através dele se enchem de carne e sangue, comungam na figuralidade ficcional. Esse é o significado figurativo do cronotopo." (p. 227)

Portanto, o tempo tatua num espaço determinado as marcas da atividade do homem, da cultura humana, e nisso consiste a função do cronotopo na literatura.

Toda a reflexão teórica que se estende do início ao fim de *As formas do tempo e do cronotopo no romance* tem como substrato uma vasta teoria da cultura, centrada no homem e em sua atividade criadora ao longo da história, teoria essa que, como sedimento da teoria bakhtiniana do romance, sugere que a vejamos como uma espécie de teoria antropológica da literatura e especialmente do romance. É o que encontramos nesse texto final:

"Evidentemente, esses homens reais — autores e ouvintes-leitores — podem (e costumam) encontrar-se em diferentes tempos e espaços, às vezes separados por séculos e pela distância espacial, mas mesmo assim se encontram num mundo histórico real uno e inacabado, que está separado do mundo *representado* no texto por uma nítida fronteira principial. Por isso podemos chamar esse mundo de mundo *criador* do texto: ora, todos os seus elementos — a realidade refletida no texto, os autores que o criam, os interpretadores do texto (se eles existem) e, por último, os ouvintes-leitores que o recriam e nessa recriação o renovam — participam igualmente da criação do mundo representado. É dos cronotopos reais desse mundo que representa que se originam os cronotopos refletidos e *criados* do mundo representado na obra (no texto)." (p. 230)

A maneira como Bakhtin aplica o conceito de cronotopo ao longo dos dez capítulos do presente livro é uma orientação fundamental para que um pesquisador, ao empregá-lo, não se limite a indicar sua simples presença numa determinada obra. Como se trata de um conceito guia, cabe ao pesquisador explicitar e analisar a cultura e os diversos valores que o sedimentam, mostrando seu papel na construção dos sentidos que emanam do contexto de tal obra, que a povoam e alimentam.

A poética histórica

A análise dos vários cronotopos, empreendida por Mikhail Bakhtin à luz de sua poética histórica, mostra como as formas da cultura que sedimentam a literatura mudam, ou se alternam, sob o efeito das mudanças das coordenadas do tempo num espaço determinado, ou no vasto espaço em que se desenvolve a ação da literatura universal. Tais mudanças suscitam uma nova sensação do tempo e de seus efeitos sobre o dia a dia dos homens, assim como sobre as formas de representá-lo, e tudo isso transcorre num vasto lapso temporal que Bakhtin chama de "grande tempo", cujo sentido geral procurei resumir em meu posfácio às suas *Notas sobre literatura, cultura e ciências humanas*:

> "As obras dissolvem as fronteiras de sua época, vivem nos séculos, isto é, no 'grande tempo', onde são lidas de um modo novo, interpretadas e reavaliadas noutros contextos culturais, ganham mais intensidade, ampliam-se e se enriquecem à custa de novas conquistas nos campos da história, da estética, da antropologia, da ciência, da cultura, das artes em geral e das novas formas de recepção, podendo-se incluir entre essas conquistas a história das mentalidades. Em suma, as obras renascem em outro contexto cultural, onde se revelam as profundezas do sentido até então desconhecidas porque eles são inesgotáveis, infinitos."[10]

Assim, ao ler *As formas do tempo e do cronotopo no romance*, o leitor pode observar a evolução, as mudanças e alternâncias dos diversos cronotopos à luz das novas realidades históricas e culturais que se alternam nos diferentes enredos literários, e perceber que cada época vai criando suas próprias formas de representação ficcional do mundo real. Isto se deve a uma mudança na natureza da recepção, da percepção subjetiva da realidade e do modo de sua representação ficcional, que consegue dar visibilidade aos movimentos interno e externo da literatura e das formas da cultura. Ao

---

[10] Paulo Bezerra, "Bakhtin: remate final", em Mikhail Bakhtin, *Notas sobre literatura, cultura e ciências humanas*, São Paulo, Editora 34, 2017, pp. 86-7.

fazer uma análise comparativa de "Os fundamentos folclóricos do cronotopo rabelaisiano", de "O cronotopo rabelaisiano" e dos cronotopos das outras modalidades de romance, o leitor perceberá como as tradições se renovam e como os traços de antigos cronotopos renascem em novas formas literárias. Assim, perceberá como o folclore antigo se materializa em novas formas nos cronotopos de Petrônio, Apuleio, Boccaccio, Rabelais, Cervantes e outros representantes do romance na Idade Moderna, enfim, poderá acompanhar o movimento interno e externo da literatura como um sistema universal de valores e modos de representação da vida e da cultura humana ao longo de séculos de escrita. E tudo isso graças à poética histórica das formas de representação concretizadas no cronotopo, antídoto contra o resvalo num evolucionismo ingênuo.

O CRONOTOPO ALÉM DA LITERATURA

O início da atividade teórica de Bakhtin coincide com o início da atividade dos fundadores da Escola dos Anais, particularmente Marc Bloch e Lucien Febvre. Esta escola mudaria a historiografia do século XX ao incluir as mentalidades como objeto de análise e reflexão teórica. A construção da teoria do romance de Bakhtin coincide em termos temporais com os primeiros experimentos da Escola dos Anais e até antecipa alguns de seus aspectos. O grande medievalista soviético Aaron Guriêvitch, autor de *A síntese histórica e a Escola dos Anais*, considera que, pelas análises do romance de Rabelais, a questão das "mentalidades coletivas está no centro da atenção de Bakhtin", e, referindo-se ao conceito de cronotopo e à sua fecunda aplicação a uma série de fenômenos da história da cultura, acrescenta: "Esse conceito da unidade de espaço-tempo do texto literário medieval oferece uma nova chave para a interpretação da mentalidade dos criadores dessas obras, assim como do público a quem elas se destinavam".[11]

Hoje, o conceito de cronotopo vem sendo empregado em diversos campos das ciências humanas na Rússia, destacando-se seu emprego bastante eficaz em filosofia, teoria da história, sociologia, antropologia e filologia, assim como na arte dramática. Em artigo que trata do emprego específico do cronotopo no teatro, Ekaterina Poliákova escreve: "O cronotopo teatral não é apenas um espaço teatral como parte do universo artístico do romance, mas também um escorço da representação, que determina a visão artística do romancista e, particularmente, sua posição em face de suas personagens e dos acontecimentos que descreve".[12]

Uma leitura atenta do conjunto da obra bakhtiniana mostra que no jovem Bakhtin de *Por uma filosofia do ato* já está o Bakhtin de toda a sua teoria do romance, inclusive elementos e outros componentes de *Problemas da poética de Dostoiévski*.

[11] Aaron Guriêvitch, "Resposta ao 'Questionário'", *Dialog, Karnaval, Khronotop*, nº 4, Moscou, 1996, pp. 13-4.

[12] Ekaterina Andrêievna Poliákova, "Teatrálni khronotrop" ("O cronotopo teatral"), *Diskurs*, nº 11, Moscou, 2003, p. 86.

Sobre o autor

Mikhail Bakhtin nasceu em 17 de novembro de 1895 em Oriol, na Rússia, em uma família aristocrática, e passou a infância nas cidades de Oriol, Vilna e Odessa. Ingressou na Universidade de Odessa em 1913 e prosseguiu os estudos na Universidade Imperial de Petrogrado (hoje Universidade Estatal de São Petersburgo), onde permaneceu até 1918. Neste ano mudou-se para Nével (na atual Bielorrússia), onde foi professor de história, sociologia e língua russa durante a guerra civil, transferindo-se em 1920 para a capital regional Vitebsk. Nessa época liderou um grupo de intelectuais que ficaria mais tarde conhecido como Círculo de Bakhtin, e que incluía nomes como Matvei Kagan, Maria Iúdina, Lev Pumpianski, Ivan Solertinski, Valentin Volóchinov e Pável Medviédev. Em 1921 casou-se com Ielena Aleksándrovna Okólovitch, e em 1924 o casal se mudou para São Petersburgo, então chamada Leningrado.

Em dezembro de 1928, Bakhtin foi preso por participar do círculo filosófico-religioso Voskressênie (Ressurreição). Nessa mesma época, publicou um de seus trabalhos mais importantes, *Problemas da obra de Dostoiévski* (1929), mais tarde revisto. Em 1928 e 1929 também são publicados dois livros fundamentais do Círculo da Bakhtin: respectivamente *O método formal dos estudos literários*, de Medviédev, e *Marxismo e filosofia da linguagem*, de Volóchinov, que chegaram a ser atribuídos ao próprio Bakhtin. Inicialmente condenado a cinco anos em um campo de trabalhos forçados, Bakhtin teve, devido à saúde frágil, a pena comutada para o exílio em Kustanai, no Cazaquistão, onde viveu entre 1930 e 1936.

Mesmo depois de terminado o período de degredo, Bakhtin continuou proibido de viver em grandes cidades e permaneceu com extrema dificuldade para publicar seus trabalhos. Depois de algumas mudanças estabeleceu-se em Saransk, onde trabalhou no Instituto Pedagógico da Mordóvia entre 1936 e 1937. Com a turbulência política, precisou abandonar Saransk ainda em 1937, morando clandestinamente em casas de amigos em Moscou e Leningrado, e depois conseguindo uma residência em Saviólovo, próximo a Moscou, no distrito de Kimri, onde lecionou em duas escolas de ensino médio até 1945. Ainda em 1938, a doença crônica de que sofria, a osteomielite, se agravou, e Bakhtin precisou amputar uma perna. Nesse período redigiu sua famosa tese de doutorado sobre François Rabelais, defendida no Instituto de Literatura Mundial, em Moscou, em 1946. A tese gerou polêmica, e o título pleno de doutor lhe foi negado. Também nessa época foi escrito o ciclo de trabalhos sobre o gênero romanesco, nos quais o autor desenvolveu o conceito de cronotopo. As obras desse produtivo período em Saviólovo só seriam publicadas décadas mais tarde. De volta a Saransk, em 1945, o autor retomou o posto de professor de literatura universal no Instituto Pedagógico da Mordóvia, instituição que recebeu o status de universidade em 1957, e na qual permaneceu até se aposentar, em 1961.

Desde 1930 Bakhtin não havia publicado quase nada e estava isolado dos principais circuitos acadêmicos e literários da União Soviética. Em 1960, três estudantes de Moscou — Vadim Kójinov, Serguei Botcharov e Gueórgui Gátchev — redescobriram seu livro sobre Dostoiévski e, surpresos em saber que o autor seguia vivo e morava em Saransk, escreveram-lhe uma carta. A partir desse momento seguiu-se uma série de publicações que trouxeram seu nome de volta ao cenário intelectual soviético: a obra sobre Dostoiévski foi completamente revista e publicada novamente sob o título *Problemas da poética de Dostoiévski* (1963); em seguida, publicou *A cultura popular na Idade Média e no Renascimento: o contexto de François Rabelais* (1965) e preparou a coletânea de ensaios *Questões de literatura e de estética*, publicada logo após sua morte. A obra de Bakhtin só veio a ser conhecida no Ocidente a partir de 1967, mesmo ano em que o autor foi oficialmente reabilitado pelo governo russo. Faleceu em 1975 em Moscou, onde seis anos antes fixara residência.

Sobre o tradutor

Paulo Bezerra estudou língua e literatura russa na Universidade Lomonóssov, em Moscou, especializando-se em tradução de obras técnico-científicas e literárias. Após retornar ao Brasil em 1971, fez graduação em Letras na Universidade Gama Filho, no Rio de Janeiro; mestrado (com a dissertação "Carnavalização e história em *Incidente em Antares*") e doutorado (com a tese "A gênese do romance na teoria de Mikhail Bakhtin", sob orientação de Afonso Romano de Sant'Anna) na PUC-RJ; e defendeu tese de livre-docência na FFLCH-USP, "*Bobók*: polêmica e dialogismo", para a qual traduziu e analisou esse conto e sua interação temática com várias obras do universo dostoievskiano. Foi professor de teoria da literatura na Universidade do Estado do Rio de Janeiro, de língua e literatura russa na USP e, posteriormente, de literatura brasileira na Universidade Federal Fluminense, pela qual se aposentou. Recontratado pela UFF, é hoje professor de teoria literária nessa instituição. Exerce também atividade de crítica, tendo publicado diversos artigos em coletâneas, jornais e revistas, sobre literatura e cultura russas, literatura brasileira e ciências sociais.

Na atividade de tradutor, já verteu do russo mais de quarenta obras nos campos da filosofia, da psicologia, da teoria literária e da ficção, destacando-se: *Fundamentos lógicos da ciência* e *A dialética como lógica e teoria do conhecimento*, de P. V. Kopnin; *A filosofia americana no século XX*, de A. S. Bogomólov; *Curso de psicologia geral* (4 volumes), de R. Luria; *Problemas da poética de Dostoiévski*, *O freudismo*, *Estética da criação verbal*, *Teoria do romance I, II e III*, *Os gêneros do discurso* e *Notas sobre literatura, cultura e ciências humanas*, de M. Bakhtin; *A poética do mito*, de E. Melietinski; *As raízes históricas do conto maravilhoso*, de V. Propp; *Psicologia da arte*, *A tragédia de Hamlet, príncipe da Dinamarca* e *A construção do pensamento e da linguagem*, de L. S. Vigotski; *Memórias*, de A. Sákharov; no campo da ficção traduziu *Agosto de 1914*, de A. Soljenítsin; cinco contos de N. Gógol reunidos no livro *O capote e outras histórias*; *O herói do nosso tempo*, de M. Liérmontov; *O navio branco*, de T. Aitmátov; *Os filhos da rua Arbat*, de A. Ribakov; *A casa de Púchkin*, de A. Bítov; *O rumor do tempo*, de O. Mandelstam; *Em ritmo de concerto*, de N. Dejniov; *Lady Macbeth do distrito de Mtzensk*, de N. Leskov; além de *O sonho do titio* e *Sonhos de Petersburgo em verso e prosa* (reunidos no volume *Dois sonhos*), *O duplo*, *Escritos da casa morta*, *Bobók*, *Crime e castigo*, *O idiota*, *Os demônios*, *O adolescente* e *Os irmãos Karamázov*, de F. Dostoiévski.

Em 2012 recebeu do governo da Rússia a Medalha Púchkin, por sua contribuição à divulgação da cultura russa no exterior.

Obras do Círculo de Bakhtin publicadas pela Editora 34

Mikhail Bakhtin, *Questões de estilística no ensino da língua*, tradução, posfácio e notas de Sheila Grillo e Ekaterina Vólkova Américo, apresentação de Beth Brait, São Paulo, Editora 34, 2013.

Mikhail Bakhtin, *Teoria do romance I: A estilística (O discurso no romance)*, tradução, prefácio, notas e glossário de Paulo Bezerra, São Paulo, Editora 34, 2015.

Mikhail Bakhtin, *Os gêneros do discurso*, organização, tradução, posfácio e notas de Paulo Bezerra, São Paulo, Editora 34, 2016.

Valentin Volóchinov, *Marxismo e filosofia da linguagem: problemas fundamentais do método sociológico na ciência da linguagem*, tradução, notas e glossário de Sheila Grillo e Ekaterina Vólkova Américo, ensaio introdutório de Sheila Grillo, São Paulo, Editora 34, 2017.

Mikhail Bakhtin, *Notas sobre literatura, cultura e ciências humanas*, organização, tradução, posfácio e notas de Paulo Bezerra, São Paulo, Editora 34, 2017.

Mikhail Bakhtin, *Teoria do romance II: As formas do tempo e do cronotopo*, tradução, posfácio e notas de Paulo Bezerra, São Paulo, Editora 34, 2018.

Mikhail Bakhtin, *Teoria do romance III: O romance como gênero literário*, tradução, posfácio e notas de Paulo Bezerra, São Paulo, Editora 34, 2019.

Valentin Volóchinov, *A palavra na vida e a palavra na poesia: ensaios, artigos, resenhas e poemas*, organização, tradução, ensaio introdutório e notas de Sheila Grillo e Ekaterina Vólkova Américo, São Paulo, Editora 34, 2019.

Este livro foi composto em Sabon, pela Bracher & Malta, com CTP da New Print e impressão da Graphium em papel Pólen Soft 80 g/m² da Cia. Suzano de Papel e Celulose para a Editora 34, em maio de 2021.